40 Jahre innerdeutsche Beziehungen

Jahrbuch 1989

SCHRIFTENREIHE
DER GESELLSCHAFT FÜR DEUTSCHLANDFORSCHUNG
BAND 29

Jahrbuch 1989

40 Jahre innerdeutsche Beziehungen

Herausgegeben von

Maria Haendcke-Hoppe
Erika Lieser-Triebnigg

Duncker & Humblot · Berlin

CIP-Titelaufnahme der Deutschen Bibliothek

40 [Vierzig] Jahre innerdeutsche Beziehungen / hrsg. von
Maria Haendcke-Hoppe; Erika Lieser-Triebnigg. — Berlin:
Duncker u. Humblot, 1990
  (Schriftenreihe der Gesellschaft für Deutschlandforschung; Bd. 29:
  Jahrbuch; 1989)
  ISBN 3-428-06952-8
NE: Haendcke-Hoppe, Maria [Hrsg.]; Gesellschaft für
  Deutschlandforschung: Schriftenreihe der Gesellschaft für
  Deutschlandforschung / Jahrbuch

Alle Rechte vorbehalten
© 1990 Duncker & Humblot GmbH, Berlin 41
Satz: Volker Spiess, Berlin 30
Druck: Werner Hildebrand, Berlin 65
Printed in Germany

ISSN 0935-5774
ISBN 3-428-06952-8

INHALT

Vorwort 7

Eckart Klein, Mainz
Die innerdeutschen Beziehungen und das Wiedervereinigungsgebot ... 11

Jens Hacker, Regensburg
Die Entwicklung bis zum Grundlagenvertrag 33

Detlef Kühn, Bonn
Die innerdeutschen Beziehungen seit dem Grundlagenvertrag 89

Hans Heinrich Mahnke, Bonn
Berlin in den innerdeutschen Beziehungen 99

Maria Haendcke-Hoppe, Berlin
Die Wirtschaftsbeziehungen zwischen beiden deutschen Staaten.
Legende und Wirklichkeit 119

Manfred Ackermann, Bonn
Die Kulturbeziehungen seit Abschluß des Kulturabkommens. Eine
aktuelle Stellungnahme und Einschätzung 141

Gilbert Gornig, Bayreuth
Die innerdeutschen Städtepartnerschaften. Eine rechtliche Würdigung 153

Peter Jochen Winters, Berlin
Zwischen Annäherung und Abgrenzung. Die innerdeutschen Beziehungen aus der Sicht der DDR 179

Die Verfasser und die Herausgeber 195

VORWORT

Mit dem Generalthema der Jahrestagung 1989 „40 Jahre innerdeutsche Beziehungen" am 2. und 3. März 1989 im Berliner Reichstagsgebäude eröffnete die Gesellschaft für Deutschlandforschung den Reigen der zahlreichen Veranstaltungen anläßlich des 40jährigen Bestehens zweier Staaten in Deutschland: Der Bundesrepublik Deutschland und der Deutschen Demokratischen Republik. Im Jahr 1989 jährt sich aber auch zum 50. Mal der Tag des Ausbruchs des Zweiten Weltkrieges, in dessen Folge Deutschland geteilt wurde.

Nicht ohne Stolz darf die Bundesrepublik für sich in Anspruch nehmen, einen freiheitlichen, demokratischen und sozialen Rechtsstaat, der in die westliche Werteordnung eingebunden ist, auf deutschem Boden aufgebaut zu haben. Neben dieser politischen Leistung muß auch die ökonomische Leistung gewürdigt werden, darunter die Tatsache, daß die Bundesrepublik mit umfangreichen materiellen Leistungen gegenüber den Verfolgten, die überlebt haben, Verantwortung auf sich genommen hat. Dazu gehört auch das einmalige Instrument des „Lastenausgleichs", das für die friedliche Eingliederung von Millionen von Flüchtlingen und Vertriebenen in das neue Staatsgebilde von existentieller Bedeutung war. Dazu gehört aber auch das Bemühen, alle die Deutschen zu integrieren, die noch immer durch Übersiedlung oder Flucht den Weg in die Freiheit suchen und sich für ein Leben in der Bundesrepublik Deutschland entschieden haben.

Der berechtigte Stolz auf die Leistungen in der Rückschau auf 40 Jahre Bestehen wird aber dadurch überschattet, daß das in der Präambel des Bonner Grundgesetzes verankerte, alle Staatsorgane verpflichtende Staatsziel, „in freier Selbstbestimmung die Einheit und Freiheit Deutschlands zu vollenden", nicht erreicht werden konnte.

Auch die DDR feiert ihre 40jährige Existenz. Eingebunden in das militärische und wirtschaftliche Bündnis der sozialistischen Staaten bezeichnet sie sich als den ersten sozialistischen Arbeiter- und Bauernstaat auf deutschem Boden. Wiederaufbau und Leistungskraft der Deutschen in der DDR, unter schwierigen Bedingungen und ohne Starthilfen, sind nicht weniger hoch einzuschätzen als in der Bundesrepublik Deutschland. Aber Freiheit ist im Verständnis der DDR-Führung nur Freiheit für Rechtgläubige und Selbstbestimmung nur Bestimmung nach dem Willen der marxistisch-leninistischen Partei. Freiheitlich demokratische Elemente werden als identitätsbedrohend abgelehnt, eine Wiedervereinigung von Bundesrepublik und DDR als ebenso unmöglich bezeichnet wie eine Vereinigung von Feuer und Wasser.

40 Jahre Bundesrepublik und 40 Jahre DDR bedeuten also vor allem auch eine 40jährige staatliche Spaltung Deutschlands und damit eine 40jährige Offenheit der deutschen Frage.

Die Einheit der Nation ist allerdings in den vergangenen 40 Jahren nicht zerstört worden. Gemeinsam sind die geschichtlichen Wurzeln und damit die Identität der Nation. Auch die Einheit von Sprache und Kultur besteht fort, wenn auch manche Sonderentwicklungen zu beobachten sind. Die familiären und freundschaftlichen Bindungen zwischen hüben und drüben sind nach wie vor gegeben. Vor allem besteht auch heut noch ein Zusammengehörigkeitsgefühl unter den Deutschen, das sich vor allem in den zunehmenden gegenseitigen Besuchsreisen dokumentiert.

Eine Vereinigung wie die Gesellschaft für Deutschlandforschung mußte sich zwangsläufig die Frage stellen, wie es um das Verhältnis der beiden Staaten zueinander während der letzten 40 Jahre bestellt war. Der mühselige Weg, der zurückgelegt werden mußte, um die nach dem Mauerbau vom 13. August 1961 totale Abgrenzungspolitik der DDR zu überwinden und nach Abschluß des Grundlagenvertrages vom 21. Dezember 1972 wenigstens ein Stückchen „Normalität" im Alltag der deutschen Teilung zu etablieren, wird in den Beiträgen des vorliegenden Bandes untersucht. Diese sind teilweise gegenüber den mündlichen Vorträgen auf der Jahrestagung erheblich erweitert.

Zu Beginn steht die Untersuchung von Eckart Klein (Mainz) über das Verhältnis der Beziehungen zwischen den zwei in Deutschland etablierten Staaten zum Wiedervereinigungsgebot des Bonner Grundgesetzes. Jens Hacker (Regensburg) und Detlef Kühn (Bonn) analysieren die Entwicklung bis zum Abschluß des Grundlagenvertrages von 1972 und seit dem Grundlagenvertrag bis 1989. Der auf Grund der rechtlichen Sonderstellung komplizierten Rolle Berlins in den innerdeutschen Beziehungen geht Hans Heinrich Mahnke (Bonn) nach.

Der zweite Teil des Buches ist Spezialbereichen gewidmet. Maria Haendcke-Hoppe (Berlin) weist dabei auf die herausragende Stellung der Wirtschaftsbeziehungen hin, deren wichtigster Bestandteil, der innerdeutsche Handel, über lange Jahre der einzig vertraglich geregelte Bereich im innerdeutschen Beziehungsgeflecht war. Manfred Ackermann (Bonn) stellt die für beide Seiten positiven Ansätze der kulturellen Beziehungen nach Abschluß des Kulturabkommens vom Mai 1986 vor. Gilbert Gornig (Würzburg) widmet seine Rechtsanalyse den Problemen besonderer Art, die bei den ebenfalls noch neuen Städtepartnerschaften zwischen Bundesrepublik und DDR auftreten. Im letzten Beitrag untersucht Peter Jochen Winters (Berlin) die innerdeutschen Beziehungen aus der Sicht der DDR, die ständig einem Wechselbad von Annäherung und Abgrenzung ausgesetzt waren.

August 1989   Die Herausgeber

Nachschrift

Das Zerbrechen der Mauer am 9. November 1989, als Folge der friedlichen Revolution in der DDR, leitete das Ende der deutschen Zweistaatlichkeit ein.

Das vorliegende Buch ist damit zur abgeschlossenen Darstellung der komplizierten Sonderbeziehungen in der über 40 Jahre währenden Geschichte der deutschen Teilung geworden.

Mai 1990   Die Herausgeber

Eckart Klein

DIE INNERDEUTSCHEN BEZIEHUNGEN UND DAS WIEDERVEREINIGUNGSGEBOT

I.

Die Beziehungen zwischen der Bundesrepublik Deutschland und der Deutschen Demokratischen Republik — den „zwei Staaten in Deutschland" bzw. den „beiden deutschen Staaten"[1] — sind in hohem Maß von politischen Rahmenbedingungen (insbesondere der Zugehörigkeit zu verschiedenen politischen Blöcken und der jeweiligen Blockstruktur, aber auch der allgemeinen politischen Großwetterlage) abhängig.[2] Sie bestimmen sowohl Intensität (Dichte) als auch den Geist dieser Beziehungen. Neben diesen stets zu berücksichtigenden politischen Faktoren werden die innerdeutschen Beziehungen nun aber in einem jedenfalls für zwischenstaatliche Beziehungen ganz ungewöhnlichen Ausmaß von *rechtlichen Vorgaben,* völkerrechtlicher und verfassungsrechtlicher Art, geprägt. Es handelt sich dabei um die Rechte und Verantwortlichkeiten der vier Mächte, den völkerrechtlichen Tatbestand des Fortbestehens des deutschen Gesamtstaates und des nicht abgeschlossenen, die DDR betreffenden Sezessionsvorgangs sowie um verfassungsrechtliche Aussagen in beiden deutschen Staaten, wobei in diesem Zusammenhang das Wiedervereinigungsgebot des Grundgesetzes eine besonders einschlägige und weitreichende Norm darstellt.

1. a) Die *Rechte und Verantwortlichkeiten der vier Mächte* sind durch die Vorgänge, die zur Aufhebung der Besatzungsregimes und damit zur Souveränität von Bundesrepublik Deutschland und DDR geführt haben, aber auch durch spätere Ereignisse nicht erloschen. Sie wurden freilich dadurch inhaltlich reduziert. In ihrer Souveränitätserklärung gegenüber der DDR vom 25.3.1954 behielt sich die Sowjetunion die Funktionen vor, die sich aus ihren Verpflichtungen

---

[1] Die Formel von den „zwei Staaten in Deutschland" findet sich in der Regierungserklärung von Bundeskanzler W. Brandt vom 28.10.1969, Bulletin des Presse- und Informationsamtes der Bundesregierung 1969 Nr. 132 vom 29.10.1969, S. 1121 ff. (1122), die Formel von den „beiden deutschen Staaten" in der Präambel des Vertrags über die Grundlagen der Beziehungen zwischen der Bundesrepublik Deutschland und der Deutschen Demokratischen Republik vom 21.12.1972 (BGBl. 1973 II S. 423); dazu auch J. A. Frowein: Die Rechtslage Deutschlands und der Status Berlins, in: Benda/Maihofer/Vogel (Hrsg.): Handbuch des Verfassungsrechts (1983), S. 29 ff. (38).

[2] Dazu auch G. Ress: Grundlagen und Entwicklung der innerdeutschen Beziehungen, in: Isensee/Kirchhof (Hrsg.): Handbuch des Staatsrechts der Bundesrepublik Deutschland, Bd. I (1987), S. 449 ff. (450 ff.).

aus den Viermächteabkommen ergeben.³ Eine genaue Definition findet sich weder hier noch in dem Vertrag über die Beziehungen zwischen der DDR und der Sowjetunion vom 29.9.1955⁴ noch im Beschluß des Ministerrats der DDR über die Auflösung der Hohen Kommission der UdSSR in Deutschland vom selben Tag.⁵ Die späteren Freundschaftsverträge enthalten zwar listige Inbezugnahmen der alten Rechtsakte,⁶ bieten aber keine inhaltliche Präzisierung. Genauer beschreiben Art. 2 und 4 Abs. 2 des Deutschlandvertrages von 1952/54, was gemeint ist: es handelt sich um die von den Drei Mächten bisher „ausgeübten oder innegehabten Recht und Veranwortlichkeiten in bezug auf Berlin und auf Deutschland als Ganzes einschließlich der Wiedervereinigung Deutschlands und einer friedensvertraglichen Regelung" sowie das verbliebene Recht der Stationierung von Streitkräften in Deutschland, soweit sie für die Ausübung der vorbenannten Rechte erforderlich sind.⁷ Was hier für die Drei Mächte festgehalten ist, gilt auch für die vierte Macht, die Sowjetunion. Gründliche Untersuchungen haben ergeben, daß auch die Sowjetunion bei allen bewußten Verunklarungsaktionen doch am Objekt der Vier-Mächte-Rechte – Berlin und Deutschland als Ganzes – festhält.⁸ Wie anders hätte sie ihre in der DDR stationierten Streitkräfte ausgerechnet „Gruppe der sowjetischen Streitkräfte in Deutschland" (GSSD) nennen können?

b) Was folgt aus diesen Rechten und Verantwortlichkeiten für die innerdeutschen Beziehungen? Bundesrepublik Deutschland und DDR ist es nicht möglich, einzeln oder auch gemeinsam auf den Bereich regelnd zuzugreifen, der von diesen Rechten und Verantwortlichkeiten der vier Mächte erfaßt wird. Da sich die vier Mächte ihre Rechte und Verantwortlichkeiten nicht nur von ihrem jeweiligen deutschen Partner haben vertraglich bestätigen lassen,⁹ sondern die Souveränität der Bundesrepublik und der DDR nur nach Maßgabe der „Beibehaltung" der definierten Rechte eingeräumt haben, würden beide deutschen Staaten nicht nur vertragswidrig, sondern ohne internationale Kompetenz, also ultra vires handeln.¹⁰ Diese Rechtsauffassung haben sich beide deutsche Staaten

---

³ Text bei D. Rauschning (Hrsg.): Rechtsstellung Deutschlands (1985), S. 219 f.
⁴ Text ebd., S. 221 ff.
⁵ Text bei I. v. Münch (Hrsg.): Dokumente des geteilten Deutschland (1968), S. 331.
⁶ Vgl. Art. 9 des Freundschafts- und Beistandspaktes zwischen der Union der Sozialistischen Sowjetrepubliken und der Deutschen Demokratischen Republik vom 12.6.1964 und Art. 10 des Vertrags über Freundschaft, Zusammenarbeit und gegenseitigen Beistand zwischen der Deutschen Demokratischen Republik und der Union der Sozialistischen Sowjetrepubliken vom 7.10.1975; Texte bei Rauschning (Anm. 3), S. 224 und 228.
⁷ Text des Vertrages über die Beziehungen zwischen der Bundesrepublik Deutschland und den Drei Mächten (Deutschlandvertrag) in BGBl. 1955 II S. 301.
⁸ Etwa J. Hacker: Die deutschlandrechtliche und deutschlandpolitische Funktion der Vier-Mächte-Verantwortung, in: Meissner/Zieger (Hrsg.): Staatliche und nationale Einheit Deutschlands und ihre Effektivität (1984), S. 75 ff. (80 ff., 94 f. m. w. N.).
⁹ Vgl. den Deutschlandvertrag (Art. 7) und die in Anm. 4 und 6 zitierten Verträge der UdSSR mit der DDR.

spätestens Anfang der 70er Jahre zu eigen gemacht. Während im Zusammenhang mit dem Abschluß des Moskauer Vertrages (1970) die Bundesrepublik Deutschland in ihrer Note an die Westmächte davon ausging, daß die „Frage der Rechte der Vier Mächte" von dem mit der Sowjetunion abzuschließenden Vertrag nicht berührt wird, haben die Westmächte in ihrer Antwortnote wohl sehr bewußt formuliert, daß diese Rechte „nicht berührt werden und nicht berührt werden können".[11] In der Note, die sie an die drei Westmächte bei Abschluß des Warschauer Vertrages (1970) richtete, hatte die Bundesregierung diese Lektion offenbar bereits gelernt.[12] Bei Abschluß des Grundlagenvertrags (1972) übermittelten Bundesrepublik Deutschland und DDR an die Westmächte bzw. die Sowjetunion eine Note des Inhalts, daß beide deutschen Staaten „unter Bezugnahme auf Art. 9 des Vertrages über die Grundlagen der Beziehungen vom 21. Dezember 1972 (feststellen), daß die Rechte und Verantwortlichkeiten der Vier Mächte und die entsprechenden diesbezüglichen vierseitigen Vereinbarungen, Beschlüsse und Praktiken durch diesen Vertrag nicht berührt werden können".[13] Abgesehen vom Fall besonderer Ermächtigung (Beispiel Transitabkommen[14]) sind deshalb Berlin betreffende Maßnahmen der Regelungsbefugnis beider deutscher Staaten entzogen. Dies schließt eine enge Abstimmung mit den jeweiligen Schutz-(Besatzungs-)mächten nicht aus.[15] Grenzfragen (z. B. Oder-Neiße-Linie) können von den deutschen Staaten nur für sich selbst und nur bis zum Zeitpunkt eines Friedensvertrages geregelt werden, weil dann die von den vier Mächten vorläufig vorgenommene Zuweisung endet und durch eine endgültige territoriale Regelung zu ersetzen ist, an der sich die vier Mächte mitzuwirken vorbehalten haben. Verschiebungen der innerdeutschen Grenze (Stich-

---

[10] Zur Frage der obligatorischen (vertraglichen) oder dinglichen (originären) Natur der Drei- bzw. Vier-Mächte-Vorbehalte eingehend G. Ress: Die Rechtslage Deutschlands nach dem Grundlagenvertrag vom 21. Dezember 1972 (1978), S. 34 ff. in Auseinandersetzung mit den Thesen von K. Doehring: Bindungen der Bundesrepublik aus dem Deutschlandvertrag, NJW 1971, S. 449 f.

[11] Notenwechel zum Vertrag zwischen der Bundesrepublik Deutschland und der UdSSR vom 12.8.1970 (BGBl. 1972 II S. 354) zwischen der Bundesrepublik Deutschland und den Westmächten (Bulletin der Bundesregierung Nr. 109 vom 17.8.1970, S. 1095 f.).

[12] Der Notenwechsel zum Vertrag zwischen der Bundesrepublik Deutschland und der Volksrepublik Polen über die Grundlagen der Normalisierung ihrer gegenseitigen Beziehungen vom 7.12.1970 (BGBl. 1972 II S. 362) ist abgedruckt bei Rauschning (Anm. 3). S. 129 f.

[13] BGBl. 1973 II S. 429; im GBl. DDR nicht veröffentlicht.

[14] Abkommen zwischen der Regierung der Bundesrepublik Deutschland und der Regierung der Deutschen Demokratischen Republik über den Transitverkehr von zivilen Personen und Gütern zwischen der Bundesrepublik Deutschland und Berlin (West) vom 17.12. 1971, BAnz 174/72 Beilage 24/72, S. 7. Dazu Ress (Anm. 2), S. 481 ff., und R. Dolzer: Die rechtliche Ordnung des Verhältnisses der Bundesrepublik Deutschland zur Deutschen Demokratischen Republik, in: Isensee/Kirchhof (Hrsg.): Handbuch des Staatsrechts der Bundesrepublik Deutschland, Bd. I (1987), S. 547 ff. (570 f.). In dem von der Akademie für Staats- und Rechtswissenschaft der DDR herausgegebenen Staatsrecht der DDR (2. Aufl. 1984), S. 102 f., wird das Transitabkommen als Ausfluß souveräner Entscheidung der DDR dargestellt.

[15] Vgl. etwa Art. 6 Deutschlandvertrag.

wort: Elbgrenze) tangieren hingegen bereits jetzt die jeweiligen Mächterechte, weil die ehemaligen Besatzungszonen, so wie sie von den Mächten festgelegt wurden, das territoriale Substrat für die Ausübung ihrer auf Deutschland als Ganzes und Berlin bezogenen Rechte und Verantwortlichkeiten bilden.[16] Dies ergibt sich eindeutig aus dem ihre Streitkräfte betreffenden Stationierungsvorbehalt der Mächte.[17] Auch hier bedürfte es daher einer ausdrücklichen Handlungsermächtigung der vier Mächte für die beiden deutschen Staaten. Entsprechendes gilt für die gesamtdeutsche Staatsangehörigkeit. Als wichtiges konstitutives Element des von den Vier-Mächte-Rechten in bezug genommenen Deutschland als Ganzes bleibt es einseitiger oder gemeinsamer innerdeutscher Regelung entzogen. Sehr deutlich haben die Vereinigten Staaten beim Abschluß ihres Konsularvertrages mit der DDR (1979) zum Ausdruck gebracht, daß er ihre Rechte und Verantwortlichkeiten „with respect to Berlin and Germany as a whole, among which is included German nationality" nicht berühren könne.[18]

2. a) Von erheblichem Einfluß auf die innerdeutschen Beziehungen ist der völkerrechtliche Tatbestand,[19] daß der deutsche *Gesamtstaat (Deutsches Reich) nicht untergegangen* ist, also weiterhin existiert, und daß der Teil Deutschlands, der früher die Sowjetisch Besetzte Zone (SBZ) war und jetzt die DDR ist, sich aus diesem Gesamtstaat bisher nicht vollständig hat herauslösen können. Ganz wesentlicher Grund hierfür sind die – eben auf Deutschland als Ganzes bezogenen – Rechte und Verantwortlichkeiten der vier Mächte. Auf ihre Klammerfunktion ist immer wieder und zu Recht aufmerksam gemacht worden.[20] Vor allem sie haben einen völkerrechtlichen Tatbestand des Staatsuntergangs ebenso verhindert wie eine Sezession der DDR. Hierauf ist von seiten des Bundesverfassungsgerichts zuletzt in seinem Teso-Beschluß ausdrücklich hingewiesen worden.[21] Von besonderer Bedeutung ist, daß dort zusätzlich das Selbstbestimmungsrecht des deutschen Volkes als Klammer erkannt wurde.[22] Solange dieses Recht

---

[16] Zur Elbgrenzproblematik vgl. G. Zieger: Rechtsfragen zum Regierungsprotokoll über die innerdeutsche Grenze, Deutschland-Archiv 1980, S. 29 ff.; Ress (Anm. 2), S. 505.

[17] Vgl. dazu auch BVerfGE 68, 1 (110 f.).

[18] Nachweis bei H. v. Mangoldt: Zur Einheit der deutschen Staatsangehörigkeit im Spiegel jüngerer Konsularverträge, ArchVR 22 (1984), S. 141 ff. (153).

[19] Auf die vorrangige Bedeutung des Völkerrechts in dieser Frage habe ich schon früher hingewiesen; vgl. E. Klein: Die Rechtsprechung des Bundesverfassungsgerichts zu den Ostverträgen, insbesondere zu den Rechtspositionen der Ostdeutschen, in: Uibopuu/Uschakow/Klein/Zieger: Auslegung der Ostverträge und gesamtdeutsche Staatsangehörigkeit (1980), S. 67 ff. (69 f.); s. auch Dolzer (Anm. 14), S. 556 ff.

[20] Vor allem Ress (Anm. 10), S. 214 ff.; BVerfGE 36, 1 (16). Auch R. Bernhardt: Deutschland nach 30 Jahren Grundgesetz, VVDStRL 38 (1980), S. 7 ff. (19 ff.) hält dies immerhin für möglich.

[21] BVerfGE 77, 137 (160).

[22] BVerfGE 77, 137 (161 ff.); dazu W. Fiedler: Die staats- und völkerrechtliche Stellung der Bundesrepublik Deutschland, JZ 1988, S. 132 ff. (137); D. Blumenwitz: Die deutsche Staatsangehörigkeit und der deutsche Staat, JuS 1988, S. 607 ff. (611, 613). Auf die Bedeutung des Selbstbestimmungsrechts als Gegenargument zur These vom Reichsunter-

nicht frei ausgeübt werden kann, ist es völkerrechtlich zulässig, vom Fortbestand Gesamtdeutschlands auszugehen und daher an gesamtdeutsche Tatbestände, wie insbesondere die (gesamt-) deutsche Staatsangehörigkeit, anzuknüpfen.

b) Schon der Begriff der „innerdeutschen Beziehungen" ist nur von der Prämisse der Existenz einer beide deutsche Staaten umfassenden Einheit sinnvoll. Die DDR, die eine solche Einheit leugnet – sie geht vom Untergang des deutschen Gesamtstaates aus –,[23] parallelisiert daher rechtlich in vollem Umfang ihre Beziehungen zur Bundesrepublik Deutschland mit denen, die sie zu anderen Staaten unterhält, lehnt also „besondere" Beziehungen zur Bundesrepublik strikt ab, soweit damit über die Rechtsnatur dieser Beziehungen etwas gesagt sein soll. Inhaltlich Besonderes wie z. B. die Regelungen über den innerdeutschen Handel oder die Hervorhebung einer Verantwortungs- oder Sicherheitsgemeinschaft oder das Postulat, es dürfe von deutschem Boden kein Krieg, sondern nur Frieden ausgehen, werden akzeptiert,[24] ja sogar von der DDR selbst vorgebracht, weil derartige Einschätzungen, Abreden oder Vereinbarungen auch auf rein völkerrechtlicher Basis denkbar und gestaltbar sind. Anders ist die Haltung gegenüber einer gemeinsamen Staatsangehörigkeit, da hier ein konstitutives Merkmal der Staatlichkeit und der Abgrenzung gegenüber der Bundesrepublik Deutschland betroffen ist. So akzeptiert die DDR auch die Theorie von der Gemengelage völkerrechtlicher und staatsrechtlicher Rechtssätze, die für das Verhältnis beider deutscher Staaten maßgebend seien, nicht.[25] Auf diese Fragen ist zurückzukommen. Klar ist jedenfalls, daß der Fortbestand des gesamtdeutschen Staates bzw. die Akzeptierung oder Ablehnung dieses Tatbestandes durch Bundesrepublik Deutschland und DDR entscheidende Bedeutung für die rechtliche Qualifikation und die materielle Ausgestaltung ihrer Beziehungen zueinander hat.

3. a) Die *verfassungsrechtliche Situation* in den beiden deutschen Staaten steht mit ihrer völkerrechtlichen Einschätzung in Einklang, jedenfalls nicht in Widerspruch. Die gegenwärtige *Verfassung der DDR*[26] unterstreicht die These

---

gang habe ich bereits früher aufmerksam gemacht; E. Klein: Kontinuitätsproblematik und Rechtsstellung der deutschen Ostgebiete, in: Meissner/Zieger (Hrsg.): Staatliche Kontinuität unter besonderer Berücksichtigung der Rechtslage Deutschalnds (1983), S. 129 ff. (132 ff.).

[23] Staatsrecht der DDR (Anm. 14), S. 48.

[24] Vgl. etwa die Gemeinsame Erklärung über das Gespräch des Bundeskanzlers mit dem Staatsratsvorsitzenden der DDR in Moskau am 12.3.1985, Bulletin der Bundesregierung Nr. 28 vom 14.3.1985, S. 230, und das Gemeinsame Kommuniqué über den offiziellen Besuch des Generalsekretärs des Zentralkomitees der Sozialistischen Einheitspartei Deutschlands und Vorsitzenden des Staatsrates der Deutschen Demokratischen Republik, Erich Honecker, in der Bundesrepublik Deutschland vom 7.–11. September 1987, Bulletin Nr. 83 vom 10.9.1987, S. 710 ff. (711). Zur Herkunft des Satzes (kein Krieg, sondern Frieden) vgl. O. Schnakenberg: Innerdeutsche Städtepartnerschaften, Diss. Mainz 1989, S. 73 Fußnote 172.

[25] Ress (Anm. 2), S. 493 f.

[26] Verfassung vom 6.4.1968 i. d. F. v. 7.10.1974, GBl. I S. 432.

von der Eigenstaatlichkeit, was sich allerdings vor allem aus den Abweichungen und Weglassungen im Verhältnis zu den vorangegangenen Verfassungstexten ergibt, insbesondere aus der 1974 erfolgten Streichung des Begriffs der deutschen Nation und dem neuen Bekenntnis zur sozialistischen Nation.[27] In diesem Sinn auch ist die Präambel der geltenden DDR-Verfassung zu lesen, wonach „das Volk der Deutschen Demokratischen Republik in Übereinstimmung mit den Prozessen der geschichtlichen Entwicklung unserer Epoche sein Recht auf sozial-ökonomische, staatliche und nationale (!) Selbstbestimmung verwirklicht (hat) und die entwickelte sozialistische Gesellschaft (gestaltet)". Jede Forderung nach einer Ausübung des Selbstbestimmungsrechts des Deutschen Volkes stößt sich damit nicht nur an der Negation eines einheitlichen Selbstbestimmungssubjekts, sondern – allerdings damit zusammenhängend – auch an dem andersartigen Verständnis des Selbstbestimmungsrechts als Ausdruck einer gesellschaftlichen, nicht reversiblen Entwicklung, die sich nach objektiven Gesetzmäßigkeiten vollzieht und von der marxistisch-leninistischen Partei als der Avantgarde der Arbeiterklasse definiert wird.[28] Zwar hat die Leugnung der deutschen Nation für deren Existenz weder rechtliche noch unmittelbar faktische Folgen. Die darin liegende und, wie gezeigt, verfassungsrechtlich auch greifbare Kontroverse wirkt sich aber selbstverständlich auf die Gestaltung der Beziehungen beider deutscher Staaten zueinander aus. Nicht alles läßt sich im Wege der Ausklammerung, des konsentierten Dissenses, der Formelkompromisse lösen. Dabei ist freilich einzuräumen, daß die von der DDR-Verfassung ausgehenden Wegweisungen nicht überschätzt werden sollten. Die Verfassung ist nur die oberste Norm innerhalb des von der *Staats*organisation gesetzten Rechts (vgl. Art. 89 Abs. 3).[29] Die kommunistische Partei steht jedoch über dem Staat und seinem Recht. Neue Akzentuierungen in der Deutschlandfrage und damit auch im Verhältnis zur Bundesrepublik Deutschland werden daher von der DDR-Verfassung nicht verhindert; sie ist Instrument, nicht Grenze der von der Partei bestimmten Politik.

b) Von ganz anderer Art und Intensität ist die Prägung, die das *Grundgesetz* den innerdeutschen Beziehungen aufdrückt. Freilich kann – bei aller Bindung der Staatsgewalt an das Grundgesetz – die Verfassung selbst keine völkerrechtlichen Tatbestände in dem Sinn schaffen, daß der Fortbestand des Deutschen Reiches oder die Nach-wie-vor-Zugehörigkeit der DDR zum gesamtdeutschen Staat nur deshalb gesichert seien, weil das Grundgesetz hiervon ausgeht.[30] Das

---

[27] Dazu S. Mampel: Die sozialistische Verfassung der Deutschen Demokratischen Republik, Kommentar (2. Aufl. 1982), Art. 1 Rn. 51 ff.

[28] R. Arzinger: Das Selbstbestimmungsrecht im allgemeinen Völkerrecht der Gegenwart (Berlin-Ost 1966), S. 225. Zur Suprematie der SED vgl. Mampel (Anm. 27), Art. 1 Rn. 28 ff.

[29] Mampel (Anm. 27), Art. 49 Rn. 12.

[30] Die Formulierungen im Grundlagenvertragsurteil (BVerfGE 36, 1/19) lassen manchmal die Vermutung aufkommen, daß sich das BVerfG dieser Tatsache nicht immer bewußt

Grundgesetz kann nur aus gegebenen völkerrechtlichen Tatbeständen Konsequenzen im Sinne von normativen Handlungsanweisungen ziehen, die ihrerseits diesen Tatbeständen adäquat sind, d. h. ihnen jedenfalls insoweit entsprechen, als daraus keine Verstöße gegen allgemeine völkerrechtliche Verpflichtungen folgen. Die bewußte Einbeziehung der Bundesrepublik Deutschland in die internationale Ordnung[31] schließt eine Interpretation von Verfassungssätzen aus, die in Widerspruch zu den allgemeinen Regeln des Völkerrechtes gerät.

Es liegt auf der Hand, daß die Auslegung des Wiedervereinigungsgebots und des Art. 146 GG zu je anderen Schlußfolgerungen kommen muß, je nachdem ob oder ob nicht vom Fortbestand Gesamtdeutschlands und der Zugehörigkeit der DDR hierzu auszugehen ist. Ist nach völkerrechtlicher Analyse der gesamtdeutsche Staat untergegangen oder ist die Sezession der DDR vollendet, so verliert Art. 146 GG seinen ursprünglichen Sinn: nämlich den verfassunggebenden Akt, der zum Grundgesetz führte, als in seiner zeitlichen Wirkung deshalb für begrenzt zu erklären, weil nicht alle an diesem Akt mitwirken konnten, die nach der Theorie von der verfassunggebenden Gewalt des Volkes dabei mitzuwirken berechtigt waren. Auch wenn es richtig ist, daß Art. 146 GG bei vollständiger Abspaltung der DDR nicht ohne weiteres wegfiele,[32] enthielte er eben doch einen ganz anderen Inhalt – die Befristung des Geltungsbereichs des Grundgesetzes wäre nunmehr davon abhängig, daß es zu einem Zusammenschluß zweier auch rechtlich getrennter Staaten nach den völkerrechtlichen Regeln der Staatenvereinigung kommt und ein ethnisch gesehen noch bestehendes deutsches Volk eine Verfassung in freier Entscheidung beschließt. Deutlicher wird die Diskrepanz, die für das Wiedervereinigungsgebot bezüglich der beiden Alternativen auftritt. Sind der Gesamtstaat und sein Volk definitiv auseinandergebrochen, kann das Wiedervereinigungsgebot nurmehr als Irredentismus verstanden werden.[33] Dies ist zwar denkbar und wäre auch keineswegs per se völkerrechtswidrig, gäbe dem Wiedervereinigungsgebot jedoch eine völlig andere moralische und auch rechtliche Ausrichtung. Das Wahrungsgebot liefe leer, weil es nichts mehr zu wahren gäbe; dies hätte, wie der Teso-Beschluß zeigt, unmittelbare Folgen für staatsangehörigkeitsrechtliche Fragen.[34] Was bliebe, wäre die verfassungsrechtliche Verpflichtung, eine Vereinigung beider deutscher Staaten anzu-

---

war; im Ergebnis ist dem Gericht allerdings zu folgen, weil die völkerrechtliche Lage der von ihm angenommenen verfassungsrechtlichen entspricht.

[31] Dazu E. Klein: Die Stellung des Staates in der internationalen Rechtsordnung, Zeitschrift für vergleichende Rechtswissenschaft 77 (1978), S. 79 ff.

[32] Dazu D. Murswiek: Die verfassunggebende Gewalt nach dem Grundgesetz für die Bundesrepublik Deutschland (1978), S. 112.

[33] E. Klein: Die territoriale Reichweite des Wiedervereinigungsgebots (2. Aufl. 1984), S. 12 ff. Zum Problem vgl. auch G. Ress: Das Wiedervereinigungsgebot des Grundgesetzes, in: Zieger (Hrsg.): Fünf Jahre Grundvertragsurteil des Bundesverfassungsgerichts (1979), S. 265 ff. (282 ff.).

[34] BVerfGE 77, 137 (150 f.).

streben, die als zukunftsgestaltender Auftrag wohl zwangsläufig von einem großen politischen Spielraum begleitet wäre.[35] Die Einforderung des Selbstbestimmungsrechts könnte mit nur geringem rechtlichen Gewicht erfolgen, berücksichtigt man die Ergebnisse der völkerrechtlichen Entwicklung des Verhältnisses von Selbstbestimmungsrecht und staatlicher Souveränität.[36]

Die folgenden Überlegungen zum Wiedervereinigungsgebot gehen indessen von der völkerrechtlich verifizierbaren und vom Grundgesetz zugrunde gelegten Ansicht aus, daß der deutsche Gesamtstaat unter Einschluß von Bundesrepublik Deutschland und DDR nach wie vor besteht.

II.

1. Das Wiedervereinigungsgebot knüpft an die dargestellte völkerrechtliche Situation an und setzt die sich daraus ergebenden Handlungsspielräume jedenfalls zum Teil in verfassungsrechtlich verbindliche[37] Handlungsanweisungen um.

Hervorzuheben ist zunächst das *Wahrungsgebot* als erstes Element des Wiedervereinigungsgebots. Ihm kommt desto größere Bedeutung zu, je länger die faktische Spaltung andauert und je weniger Perspektiven ihrer Überwindung vorhanden sind. Das Bundesverfassungsgericht hat schon im Saar-Urteil die Verpflichtung der Bundesrepublik „zur Wahrung der gesamtdeutschen Interessen" betont und damit die Abwehr einer Entwicklung verbunden, „die eine ständig fortschreitende Entfremdung dieses Gebiets (d. h. des Saargebiets) von Deutschland zur Folge hätte".[38] Daraus ergibt sich die Pflicht, an den Elementen festzuhalten, die das noch bestehende Ganze — „die nationale und staatliche Einheit" (Präambel) — reflektieren bzw. „alles zu unterlassen, was die Wiedervereinigung vereiteln würde".[39] Ein Verzicht auf diese Rechtspositionen wäre — unabhängig von der Frage seiner völkerrechtlichen Wirksamkeit — verfassungswidrig. Keinen Verzicht stellt, so das Bundesverfassungsgericht, das zeitweilige Nichtgebrauchmachen von einem Rechtstitel dar; allerdings ist zu berücksichtigen, wie sehr völkerrechtlich begründete Positionen von der Artikula-

---

[35] Vgl. R. Bernhardt: Die deutsche Teilung und der Status Gesamtdeutschlands, in: Isensee/Kirchhof (Hrsg.): Handbuch des Staatsrechts der Bundesrepublik Deutschland, Bd. I (1987), S. 321 ff. (341).

[36] Vgl. dazu G. Zieger: Gebietsveränderungen und Selbstbestimmungsrecht, in: Blumenwitz/Meissner (Hrsg.): Das Selbstbestimmungsrecht der Völker und die deutsche Frage (1984), S. 73 ff. (85 ff.); E. Klein: Vereinte Nationen und Selbstbestimmungsrecht, ebd., S. 107 ff. (113 ff.).

[37] Zur Verbindlichkeit des Wiedervereinigungsgebots BVerfGE 5, 35 (127 f.); 36, 1 (17 f.); 77, 137 (149).

[38] BVerfGE 4, 157 (171); vgl. dazu E. Klein: Die Verantwortung der Bundesrepublik Deutschland für Deutschland als Ganzes, in: Festschrift H. Czaja (1985), S. 159 ff.

[39] BVerfGE 36, 1 (18); 77, 137 (149).

tion der Völkerrechtssubjekte bzw. ihrer Organe abhängen.⁴⁰ Es fügt sich daher in diesen Zusammenhang auch der Hinweis des Bundesverfassungsgerichts, daß der Wiedervereinigungsanspruch nach innen wachzuhalten und nach außen beharrlich zu vertreten sei.⁴¹ Von der Bundesrepublik Deutschland wird daher mehr verlangt, als bloß die Verwirkung dieses Anspruchs zu vermeiden; oder genauer gesagt, da das Selbstbestimmungsrecht des Volkes nicht verwirkbar ist, wird von der Bundesrepublik mehr verlangt als bloß solche Maßnahmen zu unterlassen, die ihr beim Einfordern des Selbstbestimmungsrechts des Deutschen Volkes entgegengehalten werden könnten.

2. Damit ist bereits das zweite Element des Wiedervereinigungsgebots angesprochen, nämlich das Gebot, „in freier Selbstbestimmung die Einheit und Freiheit Deutschlands zu vollenden" (Präambel). Das *Vollendungsgebot* faßt die Rückgängigmachung bzw. Überwindung der faktischen Spaltung ins Auge. Das Grundgesezt gibt insoweit eine Zielvorgabe und macht die Zielerreichung von einem Akt der Selbstbestimmung abhängig.⁴² Er hat letztlich die Antwort auf die offene deutsche Frage zu geben. Der Weg dahin ist verfassungsrechtlich nicht determiniert und daher dem politischen Gestaltungsermessen nicht entzogen;⁴³ er ist allerdings normativ eingegrenzt durch das völkerrechtliche Gewaltverbot einerseits, dem schon erwähnten Wahrungsgebot andererseits, drittens aber auch durch die Verpflichtung auf die Freiheit. Sie darf von der Bundesrepublik Deutschland auf dem Weg zur Wiedervereinigung nicht aufs Spiel gesetzt werden.⁴⁴ Solange die Bundesrepublik Deutschland handelt, ist sie auf die freiheitliche Ordnung des Grundgesetzes verpflichtet; seine Gültigkeit endet erst mit dem Inkrafttreten einer Verfassung, die vom Deutschen Volk „in freier Entscheidung" beschlossen worden ist (Art. 146).⁴⁵ Die Verbesserung und Intensivierung der Beziehungen zwischen Bundesrepublik Deutschland und der DDR dürfen daher nicht auf Kosten rechtsstaatlicher Grundsätze gehen; erinnert sei insofern an die in der Brückmann-Entscheidung des Bundesverfassungsgerichts behandelte Zulieferungsproblematik.⁴⁶

3. Die Verpflichtung, die das Grundgesetz der Bundesrepublik mit dem Wiedervereinigungsgebot auferlegt hat, gibt ihr die Position eines *Treuhänders* für die Ausübung des Selbstbestimmungsrechtes durch das deutsche Volk.⁴⁷ Neben

---

⁴⁰ Vgl. BVerfGE 50, 349 (367 f.).
⁴¹ BVerfGE 36, 1 (18).
⁴² Vgl. W. Wengler: Das Offenhalten der deutschen Frage, in: Zieger (Hrsg.): Fünf Jahre Grundvertragsurteil des Bundesverfassungsgerichts (1979), S. 323 ff. (328).
⁴³ BVerfGE 5, 85 (127 f.); 36, 1 (17, 18); 77, 137 (149).
⁴⁴ Ress (Anm. 2), S. 500 f. Zur Problematik auch K. Doehring: Verfassungsrechtliche Bindungen der Bundesregierung bei Bestrebungen zur Wiedervereinigung Deutschlands, in: Deutschlandvertrag, westliches Bündnis und Wiedervereinigung (1985), S. 43 ff.
⁴⁵ Vgl. auch BVerfGE 5, 85 (128 f.).
⁴⁶ BVerfGE 37, 57 (65 ff.).
⁴⁷ Vgl. Wengler (Anm. 42), S. 327; Klein (Anm. 38), S. 165.

die normative Grundlage tritt insoweit der Aspekt der demokratischen Legitimation, weil die Bundesrepublik Deutschland als einziger Teil Deutschlands über frei vom Volk bestellte Organe verfügt. Die Rolle des Treuhänders kann sich dabei nicht nur im Verhältnis zur DDR auswirken. Sie muß sich auch den vier Mächte gegenüber zur Geltung bringen, indem sie deren Rechte und Verantwortlichkeiten ein Ziel setzt: die vier Mächte sind verantwortlich, eine solche Lösung der deutschen Frage zu finden, in der es dem deutschen Volk möglich ist, über seinen politischen Status in freier Selbstbestimmung zu entscheiden.[48] Unabhängig von dem alle vier Mächte bindenden Selbstbestimmungsrecht der Völker haben die drei Westmächte der Bundesrepublik Deutschland gegenüber diese Verpflichtung im Deutschlandvertrag (Art. 7) anerkannt. Es besteht kein Anlaß, sie hierauf nicht immer wieder hinzuweisen.

4. Die geschilderten Inhalte des Wiedervereinigungsgebots zur Geltung zu bringen, ist der Bundesrepublik Deutschland auch gegenüber der DDR *nicht verwehrt*. Wie man auch immer ihre gegenseitigen Rechtsbeziehungen qualifiziert, es dürfen dabei nicht die rechtlich erheblichen Akte der Bundesrepublik vergessen werden, mit denen sie sich einer verfassungswidrigen vertraglichen Bindung entzogen hat. Es seien hier der Präambeldissens im Grundlagenvertrag, dessen Art. 9 und der Brief zur deutschen Einheit sowie der Protokollvermerk zur deutschen Staatsangehörigkeit genannt.[49] Ihre Treuhänderstellung für die Ausübung des Selbstbestimmungsrechts durch das deutsche Volk hat die Bundesrepublik nicht eingebüßt; ob sie ihr immer gerecht wird, soll dahingestellt bleiben.

III.

Im folgenden will ich diskutieren, welche *Auswirkungen* das Wiedervereinigungsgebot auf die Gestaltung der innerdeutschen Beziehungen hat. Da das Grundgesetz nur die Staatsorgane der Bundesrepublik Deutschland bindet, handelt es sich um einseitige Handlungs- bzw. Unterlassungsanweisungen, die sich freilich auf die DDR auswirken. Nicht einbezogen wird die Frage, inwieweit sich schon aus den Vier-Mächte-Rechten und -Verantwortlichkeiten entsprechende Kompetenzeinbußen ergeben.

1. Eine Frage ist, ob das Wiedervereinigungsgebot die *Anwendung von Völkerrecht* in den innerdeutschen Beziehungen ausschließt. Die Frage ist in dieser Form allerdings falsch gestellt. Wenn das Völkerrecht die maßgebliche Rechtsordnung im Verhältnis zwischen Bundesrepublik Deutschland und DDR ist,

---

[48] Wengler (Anm. 42), S. 326. – Vgl. dazu die neuerliche Betonung des Selbstbestimmungsrechts in Prinzip 4 des Abschließenden Dokuments der KSZE-Folgekonferenz von Wien (1989), Bulletin der Bundesregierung Nr. 10 v. 31.1.1989, S. 77.

[49] Dazu E. Klein: Wiedervereinigungsgebot und Völkerrecht, in: Deutschlandvertrag, westliches Bündnis und Wiedervereinigung (1985), S. 55 ff. (72).

könnte daran die Verfassung der Bundesrepublik nichts ändern, sie könnte allenfalls, sofern dies das Völkerrecht zuläßt, die Rechtsfolgen in der innerstaatlichen Ordnung abfangen; es ginge dann wohl eher darum, daß die Bundesrepublik Deutschland Zurückhaltung übte in der Aktivierung des völkerrechtlichen Normenpotentials.

Auch in den 50er und 60er Jahren, als der DDR von Seiten der Bundesrepublik (und von anderer Seite)[50] die Staatsqualität bestritten wurde, war damit nicht geleugnet, daß es sich jedenfalls um ein etabliertes de facto-Regime handelte, dem in bestimmten Bereichen Völkerrechtssubjektivität zukam und das dem Schutz des allgemeinen Völkerrechts unterstand. Das wichtigste Beispiel ist das völkerrechtliche Gewaltverbot. Diese Norm entfaltete sich auch im Verhältnis zur Bundesrepublik Deutschland.[51]

Ein völliger Ausschluß des Völkerrechts aus den innerdeutschen Beziehungen ist also rebus sic stantibus völkerrechtlich gar nicht möglich und eine entsprechende Forderung kann daher auch vom Wiedervereinigungsgebot sinnvollerweise nicht erhoben werden. Kritischer ist der Abschluß völkerrechtlicher Verträge zu sehen, da es hier — anders als bei den Normen des allgemeinen Völkerrechts — unmittelbar auf den Willen der Beteiligten ankommt. Es entspricht dieser Logik, daß daher völkerrechtliche Verträge mit der DDR zunächst nicht abgeschlossen wurden, jedenfalls wurde der völkerrechtliche Charakter etwa der Interzonenhandelsabkommen von der Bundesrepublik Deutschland in Abrede gestellt.[52] Generell wurde eine erhebliche Zurückhaltung im Hinblick auf Vertragsabschlüsse geübt, da dadurch der anderen Seite zumindest die Argumentation von einer völkerrechtlichen Vereinbarung eröffnet worden wäre. Aus der Rückschau sollte man einräumen, daß es die Politik der Jahre 1949—69 durchaus verstanden hat, die Besonderheiten der Stellung der DDR zu akzeptieren. Es soll nicht behauptet werden, daß sie erfolgreich auf Dauer fortzusetzen war. Wenn man aber heute, wieder nach 20 Jahren, auf die Jahre ab 1969 zurückschaut, ist die Wiedervereinigung in dieser Zeit auch nicht nähergerückt. Diese Jahre haben zwar — was zweifellos positiv ist — mehr Kooperation und eine Intensivierung menschlicher Verbindungen gebracht, aber auch umso mehr Möglichkeit für die DDR, als selbständiger, souveräner Staat auch gegenüber der Bundesrepublik Deutschland aufzutreten und damit dieser die Betonung einheitswahrender Elemente zu erschweren.[53] In den Jahren nach 1969 hat

---
[50] Vgl. die Erklärung der drei Westmächte vom 26.6.1964 zu dem Vertrag über Freundschaft, gegenseitigen Beistand und Zusammenarbeit zwischen der DDR und der UdSSR vom 12.6.1964, abgedruckt bei v. Münch (Anm. 5), S. 453 f.
[51] Ress (Anm. 2), S. 475.
[52] Vgl. H. Kronstein: Interzonenhandel, Wörterbuch des Völkerrechts Bd. 2 (1961), S. 148; zur Problematik insgesamt auch J. A. Frowein: Das de facto-Regime im Völkerrecht (1968), S. 107 ff.
[53] Allerdings nahm und nimmt die Bundesrepublik Deutschland keineswegs alle Möglichkeiten wahr, um die Besonderheiten hervorzuheben; vgl. etwa Wengler (Anm. 42), S. 338.

nicht nur die DDR die Abgrenzung auch verfassungsrechtlich eindeutig realisiert,[54] heute scheint sich das Ergebnis der 1969 eingeschlagenen Politik auch in der Bundesrepublik darin zu dokumentieren, daß selbst renommierte Wissenschaftler die Sezession der DDR für vollendet ansehen[55] und daß von politischer, ebenfalls ernst zu nehmender Seite das Wiedervereinigungsgebot zur Disposition gestellt wird.[56]

Man muß allerdings einräumen, daß die Lösung wichtiger, gerade auch die Menschen in beiden deutschen Staaten angehender Fragen, nur auf dem Verhandlungs- und Vereinbarungsweg erreichbar ist. Es ist das Dilemma der Deutschlandpolitik, daß sie zunächst Distanz zugestehen muß, um Nähe herstellen zu können.[57] Ein plastisches Beispiel ist – vom Grundlagenvertrag selbst einmal ganz abgesehen – das innerdeutsche Kulturabkommen. Kulturabkommen sind, so wird grundsätzlich völlig zu Recht ausgeführt, „ein Mittel der politischen Annäherung durch wechselseitige kulturelle Durchdringung. Die Vertragschließenden öffnen ihre Grenzen den Kultureinflüssen ihrer Partner und versuchen, das Verständnis der Völker für einander zu wecken".[58] So ungefähr sieht wohl auch die DDR die Funktion des innerdeutschen Kulturabkommens; demgegenüber kommt es für die Bundesrepublik Deutschland darauf an, das geschlossene Kulturabkommen so zu nutzen, daß ein anderes, das der gegebenen Funktionsbeschreibung entspricht, nicht abgeschlossen zu werden braucht.[59]

Da das Kulturabkommen einer der sogenannten Folgeverträge ist, hängt seine rechtliche Einordnung von der des Grundlagenvertrages ab. Über die Rechtsnatur dieses Vertrages ist viel geschrieben worden.[60] Das Bundesverfassungsgericht hat ihn seiner Art nach als völkerrechtlichen Vertrag qualifiziert, allerdings hinzugefügt, daß er seinem Inhalt nach inter-se-Beziehungen regele.[61] Auch wenn die rechtliche Zuordnung davon nicht berührt ist, ist der Hinweis auf den Inhalt gerade unter dem Aspekt des Wiedervereinigungsgebotes wichtig.

---

[54] Dazu K. W. Fricke: Der ungeliebte Staat. Die DDR im 40. Jahr, Die politische Meinung Nr. 241/1988, S. 4 ff. (7 f.); vgl. auch die Nachweise bei Schnakenberg (Anm. 24), S. 124.

[55] Bernhardt (Anm. 35), S. 340 f.

[56] Vgl. dazu Bericht der FAZ v. 20.7.1988, S. 5 über Äußerungen des SPD-Politikers Egon Bahr.

[57] Vgl. dazu E. Klein: Das Abkommen zwischen der Regierung der Bundesrepublik Deutschland und der Regierung der Deutschen Demokratischen Republik über kulturelle Zusammenarbeit, in: Gedächtnisschrift für W. K. Geck (1989), S. 2 f. Zu den Grenzen einer Distanzierung vgl. Ress (Anm. 2), S. 499.

[58] H. Mosler: Kulturabkommen des Bundesstaates, ZaöRV 16 (1955), S. 1 ff. (2).

[59] Ähnliches gilt für die innerdeutschen Städtepartnerschaften.

[60] Eingehend dazu H.-H. Mahnke: Die besonderen Beziehungen zwischen den beiden deutschen Staaten, in: Zieger (Hrsg.): Fünf Jahre Grundvertragsurteil des Bundesverfassungsgerichts (1979), S. 145 ff. (150 ff. m.v.N.).

[61] BVerfGE 36, 1 (24).

Soweit wegen der Stellung der DDR auf das Verhältnis, auch Vertragsverhältnis, Völkerrecht Anwendung findet, schließt das Wiedervereinigungsgebot den Abschluß von — dem Völkerrecht zuzurechnenden — Verträgen nicht aus. Das Wiedervereinigungsgebot enthält, auch zu diesem Preis, kein Kooperationsabstinenzgebot. Auf solche Verträge sind die üblichen Regeln des völkerrechtlichen Vertragsrechts, insbesondere auch die Interpretationsregeln anzuwenden.[62]

Allerdings — und eben dies ist die vom Bundesverfassungsgericht angesprochene inhaltliche Dimension — müssen die Verträge mit der DDR dem Wiedervereinigungsgebot entstammende Direktiven beachten. Diesen darf zwar auch durch Verträge mit anderen Staaten nicht zuwider gehandelt werden, doch wird das Wiedervereinigungsgebot in solchen Fällen nur selten tangiert sein. Beim Abschluß völkerrechtlicher Verträge mit der DDR ist demgegenüber *stets* darauf zu achten, daß die Tatsache der völkerrechtlichen Vereinbarung von der DDR nicht gegen die Inhalte des Wahrungs- und Vollendungsgebotes mobilisiert werden können. Es bedarf also der Formulierung der Rechtsposition der Bundesrepublik Deutschland, zumindest aber des Hinweises darauf, daß der Vertrag nicht anders verstanden werden darf. Die Einbringung dieses Grunddissenses ist bekanntlich im Grundlagenvertrag erfolgt[63] und von da an die Folgevereinbarungen weitergegeben worden. Der Verkehrsvertrag, von dem der damalige Staatssekretär Bahr erklärte, daß die Geschichte ihn als den ersten Vertrag verzeichnen werde, den Bundesrepublik und DDR „aus ihrer eigenen Verantwortung heraus miteinander geschlossen haben" und der in seiner Präambel das Bestreben hervorhebt, „normale gutnachbarliche Beziehungen beider Staaten zueinander zu entwickeln, wie sie zwischen voneinander unabhängigen Staaten üblich sind",[64] ist freilich unter diesem Aspekt gerade wegen seiner Pionierrolle nicht unproblematisch. Freilich kann man auf die Formulierung „*wie* zwischen unabhängigen Staaten üblich" und auf den nachfolgenden Grundlagenvertrag verweisen, der auch als nachgeschobene „Grundlage" für den Verkehrsvertrag zu verstehen ist. Notwendig ist, daß gerade bei Beachtung der völkervertragsrechtlichen Interpretationsregeln die DDR bei der Auslegung der mit der Bundesrepublik Deutschland geschlossenen Verträge keine Möglichkeit erhält, die Auffassung vom Untergang des deutschen Gesamtstaates bzw. ihrer Sezession völkerrechtlich begründet zu vertreten.

2. Das Einbringen des Grunddissenses in Vereinbarungen, Erklärungen, Gemeinsamen Kommuniqués in Erfüllung des Wahrungsgebots erlaubt es in völkerrechtlich zulässiger Weise, an staatsrechtlichen Gemeinsamkeiten, insbesondere der deutschen Staatsangehörigkeit, gegenüber der DDR festzuhalten und

---

[62] Ebenso Dolzer (Anm. 14), S. 563 f.
[63] Ress (Anm. 10), S. 83 ff., 120 ff., 372 ff.
[64] Zitatnachweise bei I. v. Münch: Dokumente des geteilten Deutschland seit 1968, Bd. II (1974), S. 247 ff. und 262.

damit die Beziehungen zum anderen deutschen Staat der rein völkerrechtlichen Sphäre zu entziehen. Das Ergebnis ist jene vielbesprochene *Gemengelage* von völkerrechtlichen und staatsrechtlichen Normen, die im Verhältnis der beiden deutschen Staaten zueinander gelten und zur Anwendung kommen.[65] Im Hinblick auf das Vollendungsgebot handelt es sich ferner bei allen Abkommen mit der DDR um *modi vivendi*. Zwar hat das Bundesverfassungsgericht den Grundlagenvertrag gerade nicht als vereinbarten modus vivendi gewertet, es hat diese Aussage aber darauf bezogen, daß der Vertrag nicht „in absehbarer Zeit durch eine andere grundsätzliche Neubestimmung des Verhältnisses" zwischen beiden deutschen Staaten abgelöst werden soll.[66] Kein Zweifel aber ist, daß das Bundesverfassungsgericht den Grundlagenvertrag nicht als endgültige Lösung angesehen hat, und in diesem Sinne handelt es sich — wie beim Berlin-Abkommen — sehr wohl um einen modus vivendi.[67] Die Verbindlichkeit des Vereinbarten wird dadurch nicht berührt.

3. Die Absicherung des Grunddissenses darf nicht zur bloßen Formel erstarren und dadurch den Charakter eines reinen *Verbalvorbehalts* annehmen. Er muß sich vielmehr auf das Verhalten der Bundesrepublik selbst auswirken. Auch die z. T. recht fein gesponnene Auffassung, man müsse zwischen Bundesrepublik Deutschland und Gesamtdeutschland — trotz aller Identitätstheorie — differenzieren, darf nicht dazu führen, daß die Last der offenen deutschen Frage auf Gesamtdeutschland abgewälzt wird.[68] Das Wiedervereinigungsgebot verpflichtet die Bundesrepublik Deutschland.

Der Grunddissens darf also nicht folgenlos bleiben. Die Rechtstatsache, daß neben dem Völkerrecht immer noch staatsrechtliche Bande zwischen beiden deutschen Staaten bestehen und die DDR insoweit kein „normaler" Drittstaat, daher nicht Ausland ist,[69] muß in ihren Konsequenzen erfaßt werden, was das entsprechende Handeln bzw. Unterlassen einschließt. Auf die Frage der völkerrechtlichen Anerkennung, der diplomatischen Vertretungen und der Staatsangehörigkeit komme ich noch zu sprechen. In diesen Bereich gehört auch die konsequente Nichteinbeziehung des Auswärtigen Amtes in die Verhandlungen mit der DDR und stattdessen — es sei denn, es geht um spezielle Ressortbeziehungen — die Beteiligung des Ministeriums für innerdeutsche Beziehungen.[70] Auch im übrigen bedarf es wegen dieser Besonderheiten und zu ihrer notwendi-

---

[65] Vor allem Ress (Anm. 10), S. 170 ff.; H. Steinberger: Diskussionsbeitrag, in: Finis Germaniae? (1977), S. 94 f.; Frowein (Anm. 1), S. 39. Auch Bernhardt (Anm. 20), S. 22, hält eine Gemengelage von Staats- und Völkerrecht für jedenfalls diskutabel.
[66] BVerfGE 36, 1 (21).
[67] W. Rudolf: Modus vivendi, in: Bernhardt (ed.): Encyclopedia of Public International Law, Instalment 9 (1986), S. 269 f.
[68] Dazu Klein (Anm. 38), S. 172.
[69] BVerfGE 36, 1 (17, 31); 37, 57 (64); Ress (Anm. 2), S. 494 f.
[70] Vgl. die Liste der Gesprächsteilnehmer im Gemeinsamen Kommuniqué von 1987 (Anm. 24), S. 710.

gen Verdeutlichung eines überlegten Einsatzes und Verständnisses der einschlägigen verfassungsrechtlichen Normen. Entgegen der herrschenden Lehre meine ich, daß Art. 32 Abs. 1 GG auf das Verhältnis zur DDR keine Anwendung finden kann, da diese kein „auswärtiger Staat" ist.[71] Die Bundeskompetenz ergibt sich vielmehr aus der „Natur der Sache", die notwendig dem Bund die Aufgabe zuweist, eine geschlossene und mit den drei Westmächten abgestimmte Deutschlandpolitik zu verfolgen. Hingegen ist die Anwendbarkeit von Art. 59 Abs. 2 GG, der das Parlament beim Abschluß von Verträgen bestimmter Kategorien zur Mitwirkung berechtigt, nicht zu bestreiten. Die Verträge mit der DDR sollten aber nach wie vor einem besonderen Ratifikationsverfahren unterworfen werden[72] und auch die Regeln der Vertragsunterzeichnung sind – bezogen auf die DDR – modifiziert zu handhaben.[73] Dementsprechend hat es durchaus guten Grund, den Bundesgesetzblatt-Fundstellennachweis B mit „Völkerrechtliche Vereinbarungen und Verträge mit der DDR" zu betiteln; diese Praxis einfach mit der „Scheu" erklären zu wollen, in der Frage der rechtlichen Einordnung solcher Verträge Stellung zu beziehen, wird m. E. der Sache nicht gerecht.[74]

4. Das Wiedervereinigungsgebot schließt eine *völkerrechtliche Anerkennung* der DDR durch die Bundesrepublik Deutschland aus. Völkerrechtliche Anerkennung bedeutet, daß (auch) nach Auffassung des Anerkennenden allein Völkerrecht die Rechtsbeziehungen zwischen diesen Staaten regelt.[75] Eine solche Anerkennung würde „die letzte Verbindung" zwischen den beiden deutschen Staaten kappen, „welche sie noch zu dem Völkerrechtssubjekt ‚Gesamtdeutschland' oder ‚Deutschland als Ganzes' zusammenfaßt".[76] Dem Wahrungsgebot wäre diametral zuwider gehandelt.

Es ist falsch, den häufig wiederholten Hinweis der Bundesregierung, eine völkerrechtliche Anerkennung der DDR durch die Bundesrepublik komme

---

[71] Klein (Anm. 57), S. 11 m. w. N.; anders z. B. G. Ress, in: Doehring/Ress: Die parlamentarische Zustimmungsbedürftigkeit von Verträgen zwischen der BRD und der DDR (2. Aufl. 1972), S. 21 ff.; O. Rojahn, in: I. v. Münch (Hrsg.): Grundgesetz-Kommentar (2. Aufl. 1983), Art. 32 Rn. 11.

[72] Zum Grundlagenvertrag vgl. dessen Art. 10 und BVerfGE 36, 1 (7, 23).

[73] Werden völkerrechtliche Vereinbarungen im Ausland unterzeichnet, nimmt diese Aufgabe grundsätzlich der Missionschef der Bundesrepublik Deutschland wahr, die Unterzeichnung von Staatsverträgen und Regierungsabkommen im Inland ist grundsätzlich dem Bundesminister des Auswärtigen vorbehalten. Das Kulturabkommen ist in Berlin (Ost) von Staatssekretär Bräutigam unterzeichnet worden, allerdings nicht in seiner Eigenschaft als Leiter der Ständigen Vertretung, sondern in der des Leiters der Verhandlungsdelegation; dies wird allerdings im Text nicht ausdrücklich gesagt. Regierungsabkommen mit der DDR, die in Bonn unterzeichnet werden, werden von den jeweils besonders betroffenen Ressortchefs unterschrieben; vgl. Klein (Anm. 57), S. 9.

[74] So aber Bernhardt (Anm. 35), S. 331 Fn. 30.

[75] A. J. Frowein: Recognition, in: Bernhardt (ed.): EPIL 10 (1987), S. 340 ff. (342).

[76] Vgl. dazu B. Zündorf: Die Ostverträge (1979), S. 214, der dabei freilich vor allem die Vier-Mächte-Rechte nennt; die Argumentation ist aber in gleicher Weise für das Wiedervereinigungsgebot zutreffend.

„nicht in Betracht", schlichtweg zum rechtlich irrelevanten Verbalvorbehalt zu erklären.[77] Zunächst sind im Völkerrecht Aussagen von Staaten, die ganz bestimmte Rechtswirkungen ihrer Erklärungen ausschließen wollen, ohnehin von erheblichem Gewicht, das allenfalls dann unbeachtlich würde, wenn nach Treu und Glauben eine solche Ausschlußwirkung nicht mehr vertretbar wäre. Dies ist im Verhältnis zur DDR in keiner Weise der Fall, da die Bundesrepublik Deutschland immer wieder die Besonderheit ihrer Beziehungen zur DDR nicht nur verbal zum Ausdruck bringt, sondern daran Konsequenzen knüpft. Das Bundesverfassungsgericht hat deshalb im Teso-Beschluß die Ansicht vom Verbalvorbehalt zu Recht eindeutig zurückgewiesen.[78] Wenn das Gericht im Grundlagenvertragsurteil die Anerkennung der DDR durch die Bundesrepublik als „faktische Anerkennung besonderer Art" qualifiziert, so wird damit im gegenwärtigen Stadium der Nichtendgültigkeit des politischen Status beider deutscher Staaten die Tatsache verdeutlicht, daß eben nicht nur Völkerrecht ihre Beziehungen zueinander regelt.[79]

5. Das Wiedervereinigungsgebot läßt damit zusammenhängend die Herstellung „normaler" *diplomatischer Beziehungen* mit der DDR nicht zu. Die Aufwertung der *Ständigen Vertretungen* zu Botschaften und die unmittelbare Anwendung der Wiener Konvention über diplomatische Beziehungen von 1961[80] wären verfassungswidrig; denn auch damit würde die Bundesrepublik Deutschland die Vorstellung von besonderen, im Sinne auch von staatsrechtlichen Regeln geprägten Beziehungen und damit von der Nicht-Ausland-Eigenschaft der DDR aufgeben.[81]

6. Das Wiedervereinigungsgebot verbietet den Verzicht auf das Institut der (gesamt-)*deutschen Staatsangehörigkeit;* daraus ergeben sich sogar — wie das Bundesverfassungsgericht zutreffend gefolgert hat — Akzeptanzpflichten im Hinblick auf von der DDR vorgenommene Einbürgerungen.[82] Die Respektierung der DDR-Staatsbürgerschaft, soweit mit ihr die Entlassung aus der deutschen Staatsangehörigkeit verbunden sein soll, ist daher nicht möglich.[83] Allerdings bestreitet die Bundesrepublik Deutschland der DDR nicht das Recht, eine eigene DDR-Staatsbürgerschaft zu praktizieren.[84] Für die Bundesrepublik Deutschland ergeben sich hieraus aber allein aus ihrer Fürsorgepflicht herleit-

---

[77] So aber Bernhardt (Anm. 35), S. 340.
[78] BVerfGE 77, 137 (165 f.).
[79] BVerfGE 36, 1 (22 f.); dazu auch Ress (Anm. 2), S. 477; Mahnke (Anm. 60), S. 179 ff.
[80] Dazu Zündorf (Anm. 76), S. 260 ff.; Frowein (Anm. 76), S. 260 ff.; Frowein (Anm. 1), S. 39; Dolzer (Anm. 14), S. 562 f.
[81] Ebenso Ress (Anm. 2), S. 516; G. Zieger: Das Verhältnis der beiden Staaten in Deutschland zueinander unter Gesichtspunkten des modernen Völkerrechts, in: Festschrift für H. Czaja (1985), S. 285 ff. (289 f.). Vgl. auch Mahnke (Anm. 60), S. 168 ff.
[82] BVerfGE 77, 137 (148 ff.).
[83] Ress (Anm. 2), S. 516.
[84] Zieger (Anm. 81), S. 292.

bare Konsequenzen, nämlich von der Inanspruchnahme deutscher Staatsangehöriger, die DDR-Bürger sind, im Einzelfall abzusehen.[85] Entsprechend zurückhaltend möchte ich das Problem zwischendeutscher kollisionsrechtlicher Anknüpfung an die DDR-Staatsbürgerschaft beantworten.[86]

7. Eng mit der Fürsorgepflicht für die deutschen Staatsangehörigen, die gleichzeitig Bürger der DDR sind, hängt das Problem der *Zentralen Erfassungsstelle der Landesjustizverwaltungen in Salzgitter* zusammen. Unter dem Gesichtspunkt der staatlichen Schutzpflicht ist die Aufrechterhaltung der Zentralen Erfassungsstelle zwar durchaus auch rechtlich bedeutsam;[87] eine notwendige Konsequenz aus dem Wiedervereinigungsgebot ist sie aber nicht. Auch der Einsatz der Bundesrepublik Deutschland für die *Respektierung der Menschenrechte* in der DDR ist eine notwendige Konsequenz der ihr obliegenden Schutzpflicht. In Zeiten, in denen andere das Ziel der nationalen und staatlichen Einheit fördernde Maßnahmen wenig Erfolg versprechen, kommt der Anmahnung eines akzeptablen Besuchs- und Ausreiseverkehrs große Bedeutung zu.[88] Konkrete Pflichten lassen sich dem Wiedervereinigungsgebot insoweit aber nicht entnehmen. Ein Verstoß wäre es freilich, wenn sich die Bundesrepublik Deutschland dazu verpflichten würde, Bemühungen zur Aufrechterhaltung bzw. Förderung der menschlichen Beziehungen zu unterlassen.

8. Unmittelbar ableitbar aus dem Wahrungsgebot ist hingegen die Pflicht der Bundesrepublik Deutschland, die *innerdeutsche Grenze* nicht als Zollgrenze auszugestalten, d. h. ihrerseits einem Versuch zu widerstehen, den innerdeutschen Handel in Richtung auf eine weitere Annäherung an außenhandelsartige Verhältnisse zu modifizieren.[89] Da der innerdeutsche Handel Ausdruck der besonderen Beziehungen ist,[90] muß die Bundesrepublik Deutschland hieran festhalten. Richtig ist, daß es nicht allein bei der Bundesrepublik Deutschland liegt, ob der innerdeutsche Handel im bisherigen Umfang aufrechterhalten bleibt; das mag sich u. a. im Zuge des Abschlusses von Handelsabkommen von Mitgliedstaaten des Rates für gegenseitige Wirtschaftshilfe (RGW) mit den Europäischen Gemeinschaften (EG) ändern. Nicht der Umfang der direkten Han-

---

[85] Vgl. näher E. Klein: Die Bedeutung des Staatsbürgerschaftsrechts der DDR für die (gesamt-) deutsche Staatsangehörigkeit, JuS 1987, S. 279 ff. (280).
[86] Zum Problem R. Scholz/R. Pitschas: Effektive Staatsangehörigkeit und Grundgesetz, NJW 1984, S. 2721 ff.; W. Wengler: Staatsangehörigkeit als Anknüpfungsmoment im zwischendeutschen Kollisionsrecht, NJW 1981, S. 904 ff.
[87] Ress (Anm. 2), S. 516; Zieger (Anm. 81), S. 293 f.
[88] Dolzer (Anm. 14), S. 566 f.
[89] BVerfGE 36, 1 (17, 33); dazu E. Klein: Die rechtliche Qualifizierung der innerdeutschen Grenze, in: Zieger (Hrsg.): Fünf Jahre Grundvertragsurteil des Bundesverfassungsgerichts (1979), S. 95 ff. (110 f.).
[90] So zutreffend Ress (Anm. 2), S. 523. Es stimmt allerdings damit nicht recht überein, wenn Ress (Anm. 10), S. 367 f., an der verfassungsrechtlichen Ableitung des Zollgrenzverbotes zweifelt.

delsbeziehungen ist jedoch entscheidend, sondern die Tatsache, daß die innerdeutsche Grenze nicht den Charakter einer Zollgrenze erhält.[91]

9. Die in Art. 1 des Grundlagenvertrags vereinbarte *Entwicklung von normalen gutnachbarlichen Beziehungen* auf der Grundlage der Gleichberechtigung darf sich aus der Perspektive der Bundesrepublik nur unter Beachtung der grundgesetzlichen Maßgaben vollziehen.[92] Vertragsrechtlich ist dies durch den Grunddissens abgesichert. Auch die Gleichberechtigungsmaxime verlangt keine gegenseitige Behandlung nach Art von Drittstaaten;[93] sie bedeutet vielmehr „eine Gleichberechtigung im Rahmen des Fortbestandes der deutschen Nation und des Deutschen Reiches und der alliierten Rechte und Verantwortlichkeiten für Deutschland, also im Rahmen von Sonderbeziehungen".[94] Dies legt der praktischen Politik gewisse Fesseln an. In einem Verfassungsstaat ist dies allerdings nichts Ungewöhnliches. Weiter könnte die zitierte Leitbestimmung des Grundlagenvertrages jedenfalls schwerlich reichen; es ist wohl richtig, wenn gesagt wird, daß damit „die Grenze der verfassungsrechtlich zulässigen Vertragspolitik erreicht" ist.[95]

10. Resümierend läßt sich sagen, daß das Wiedervereinigungsgebot in vielfältiger Weise der Bundesrepublik Deutschland *Direktiven* für die Ausgestaltung und Handhabung der innerdeutschen Beziehungen gibt; es verpflichtet die Bundesrepublik, die innerdeutschen Beziehungen als *Sonderbeziehungen* zu verstehen und zu behandeln. Der Fortbestand des gesamtdeutschen Staates und der deutschen Nation führt zu einer Senkung der Interventionsschwelle im innerdeutschen Verhältnis, soweit es um die Aktivierung des Rechts des deutschen Staatsvolkes auf Selbstbestimmung geht.[96] Von dieser Möglichkeit muß gegenüber der DDR – und den vier Mächten – zielgerichtet Gebrauch gemacht werden. Unterlassung verletzt das Wiedervereinigungsgebot, auch wenn Ort, Zeit und Gelegenheit der Geltendmachung nicht immer unmittelbar aus dem Grundgesetz deduziert werden können.

Auf ein Sonderproblem ist noch kurz hinzuweisen. Die innerdeutschen Beziehungen, die im Sinne des Wiedervereinigungsgebots instrumental zu verstehen sind, lassen sich als intranationale Beziehungen nicht so wie normale internationale Beziehungen auf den Grundsatz der *Reziprozität* gründen.[97] Das

---

[91] Vgl. zum Gesamtproblem auch E. Klein: Die deutsche Frage in der Europäischen Gemeinschaft, in: Blumenwitz/Meissner (Hrsg.): Die Überwindung der europäischen Teilung und die deutsche Frage (1986), S. 65 ff.
[92] Vgl. auch Art. 7 Grundlagenvertrag.
[93] Zündorf (Anm. 76), S. 228.
[94] Ress (Anm. 2), S. 521.
[95] Dolzer (Anm. 14), S. 568.
[96] Ress (Anm. 10, S. 112 ff.; ders. (Anm. 33), S. 283; Klein (Anm. 33), S. 13 f.
[97] Zu seiner Bedeutung als Baustein des Völkerrechts vgl. A. Verdross/B. Simma: Universelles Völkerrecht (3. Aufl. 1984), S. 48 ff.

heißt nicht, daß nicht ein Mindestmaß an Ausgewogenheit in der Übernahme vertraglicher Pflichten anzustreben sei,[98] vor allem weil damit die Frage der politischen Akzeptanz berührt ist. Man muß sich aber darüber klar sein, daß fehlende Vertragserfüllung auf seiten der DDR häufig entsprechende Reaktionen auf seiten der Bundesrepublik Deutschland nicht wird herbeiführen können; dies gilt vor allem immer dann, wenn Personen betroffen sind, für die als Deutsche die Bundesrepublik besondere Verantwortung trägt. So ist etwa klar – um ein Beispiel aus dem Bereich des Kulturabkommens aufzugreifen –, daß Zugangsbeschränkungen, die in der DDR den Einblick in Archivmaterial für Deutsche aus der Bundesrepublik erschweren, nicht hier mit entsprechenden Maßnahmen beantwortet werden könnten.[99] Auch bei – völkerrechtlich an sich zulässigen – Repressalien ist stets abzuwägen, ob der damit verbundene Beugezwang, zu rechtmäßigem Verhalten zurückzukehren, vertretbar ist. Denkbare Beispiele bieten sich aus dem Bereich des innerdeutschen Handels an.[100] Das Wahrungselement des Wiedervereinigungsgebots stellt jedenfalls insofern einen wichtigen Merkposten dar.

IV.

1. Weder das Wiedervereinigungsgebot noch die Konsequenzen, die das Bundesverfassungsgericht daraus gezogen hat und die vor allem für die „Folgeverträge" bedeutsam sind, haben sich für die Entwicklung der innerdeutschen Beziehungen als wirklich hinderlich erwiesen.[101] Die fehlende Bereitschaft der DDR, sich – am internationalen Maßstab gemessen – in „normaler" Weise zu öffnen, ist nicht auf die verfassungsrechtlichen Bindungen der Bundesrepublik Deutschland zurückzuführen; eine Analyse der Beziehungen der DDR zu ihren Partnern im Warschauer Pakt würde dies sehr schnell belegen können. Bedenklicher ist, daß in der Bundesrepublik Deutschland die Überlegung an Raum zu gewinnen scheint, wonach die deutsche Zweistaatlichkeit auf Dauer eine historische Chance für die friedliche Entwicklung in Europa und in der Welt sei. An dieser Stelle legt man die Axt an das Wiedervereinigungsgebot, in dem man zu Recht den entscheidenden Hinderungsgrund für die Realisierung solcher Gedankengänge erkennt. Man beginnt mit der rechtlichen Reduktion des Wiedervereinigungsgebots auf das Ziel menschenrechtlicher Verbesserungen unter Wegfall aller statusrechtlichen Probleme, also die Entstaatlichung der deutschen Frage;[102] daß das Bundesverfassungsgericht das Festhalten an einer gemeinsa-

---

[98] Dies mahnt etwa Zieger (Anm. 81), S. 294 f., zutreffend an.
[99] Vgl. Klein (Anm. 57), S. 16.
[100] Ress (Anm. 10), S. 370 f. mit Fn. 115.
[101] Klein (Anm. 57), S. 8.
[102] Etwa G. Gaus, Frankfurter Allgemeine Zeitung v. 29.1.1981, S. 4.

men Kulturnation für nicht ausreichend hält und auch unter territorialem Aspekt die bestehende Situation als nicht endgültig versteht,[103] wird geflissentlich unterschlagen. Noch weiter gehen Behauptungen von einem Obsoletgewordensein des Wiedervereinigungsgebots insgesamt.[104] Sie sind allerdings derart abwegig,[105] daß sie kaum viele Nachfolger finden werden. Nicht von ungefähr wird daher eine Änderung des Grundgesetzes mit dem Ziel der Streichung des Wiedervereinigungsgebotes postuliert.[106] In allen diesen Überlegungen haben die innerdeutschen Beziehungen nicht mehr die Funktion, der Wiederherstellung der staatlichen Einheit dienlich zu sein, sondern sie verselbständigen sich im Sinne einer Alternative bzw. sogar eines Gegensatzes zur Wiedervereinigung. Das geltende Verfassungsrecht erteilt solcher Entfunktionalisierung der innerdeutschen Beziehungen natürlich eine klare Absage. Ob das Wiedervereinigungsgebot verfassungsänderungsfest ist, möchte ich an dieser Stelle nicht erörtern.[107] Verfassungspolitisch halte ich eine solche Vorstellung jedenfalls für inakzeptabel, insbesondere deshalb, weil sich darin eine ungeheure Verachtung der Deutschen in der DDR manifestiert. Nicht hinnehmbar im Lichte des Wiedervereinigungsgebots sind schließlich (west-)europäische Engagements der Bundesrepublik Deutschland, die ihr die eigenständige Verfolgung dieses Verfassungsauftrags rechtlich oder faktisch unmöglich machen würden.[108]

2. Eigenartig berührt in diesem Zusammenhang die Argumentation, man müsse endlich den *Realitäten* gerecht werden. Daß auch geltendes Recht real ist, wird dabei freilich übersehen. Es ist zynisch, eine vordergründige Realität — nämlich die rechtswidrige Nichterfüllung eines Anspruchs — dem Anspruch als solchem entgegen zu halten, wenn man gleichzeitig erkennt und für richtig hält, daß Rechtsansprüche nur gewaltfrei durchzusetzen sind. Das Selbstbestimmungsrecht der Völker und damit auch seine verfassungsrechtliche Entsprechung, das Wiedervereinigungsgebot, können unter der Geltung des Gewaltverbots noch weniger als früher vom Zeitablauf abhängig sein.[109] Was Helmut Quaritsch vor 10 Jahren einprägsam gesagt hat, gilt noch heute: „Rechtspositio-

---

[103] Vgl. BVerfGE 36, 1 (19, 28).

[104] J. Rottmann: Über das Obsolet-Werden von Verfassungsnormen, in: Festschrift für W. Zeidler (1987), S. 1097 ff. (1100 ff.).

[105] Dazu E. Klein: Die Staatsräson der Bundesrepublik Deutschland, in: Festschrift für K. Doehring (1989), S. 459 ff. (471 f.).

[106] Nachweis bei J. Hacker: Der Abschied der SPD von Deutschland, FAZ v. 8.3.1989, S. 11 f.

[107] Dagegen etwa D. Wilhelm: Ist die Präambel des Bonner Grundgesetzes abänderbar?, Zeitschrift für Rechtspolitik 1986, S. 267 ff.; D. Murswiek: Wiedervereinigung Deutschlands und Vereinigung Europas — zwei Verfassungsziele und ihr Verhältnis zueinander, in: Blumenwitz/Meissner (Hrsg.): Die Überwindung der europäischen Teilung und die deutsche Frage (1986), S. 103 ff. (120 ff.). Ich selbst habe den gegenteiligen Standpunkt vertreten (Anm. 33), S. 10 f. Vgl. auch Ress (Anm. 2), S. 534.

[108] So zutreffend Murswiek (Anm. 107), S. 115 ff.

[109] Ress (Anm. 2), S. 544.

nen sind geistige Realitäten. Sie können von den sichtbaren Fakten der Grenzpfähle und Uniformen nicht schon nach dreißig Jahren ‚überholt' werden. Im Rechtsleben der Völker gelten nicht die Verjährungsfristen des BGB".[110]

---

[110] H. Quaritsch: Diskussionsbeitrag zum Referat Bernhardts (Anm. 20), VVDStRL 38 (1980), S. 130.

Thesen

1. Die innerdeutschen Beziehungen sind in einem für zwischenstaatliche Beziehungen ungewöhnlichen Ausmaß durch rechtliche (völker- und verfassungsrechtliche) Vorgaben geprägt.
2. Eine entscheidende Rahmenfunktion für die Ausgestaltung der innerdeutschen Beziehungen kommt zunächst den Rechten und Verantwortlichkeiten der vier Mächte zu.
3. Ein gleichfalls wesentliches Datum setzt der völkerrechtliche Tatbestand des Fortbestandes des gesamtdeutschen Staates unter Einschluß der DDR. Die rechtliche Beurteilung ist allerdings zwischen den beiden deutschen Staaten streitig.
4. Während der heute geltenden Verfassung der DDR keine unmittelbaren Direktiven für die Deutschlandpolitik zu entnehmen sind, will das grundgesetzliche Wiedervereinigungsgebot auf seiten der Bundesrepublik Deutschland entscheidenden Einfluß hierauf nehmen.
5. Das Wahrungs- und das Vollendungselement des Wiedervereinigungsgebots weisen der Bundesrepublik Deutschland die Rolle eines Treuhänders für die Ausübung des Selbstbestimmungsrechtes durch das deutsche Staatsvolk zu. Völkerrecht steht der Wahrnehmung dieser Rolle nicht entgegen.
6. Das Wiedervereinigungsgebot kann die Geltung völkerrechtlicher Rechtssätze für die innerdeutschen Beziehungen nicht ausschließen und verhindert auch nicht den Abschluß dem Völkerrecht zuzuordnender Verträge, soweit der Grunddissens in der deutschen Frage und damit die fortbestehenden staatsrechtlichen Verbindungen gewahrt bleiben. Der Gesamtzustand des zwischen den beiden deutschen Staaten geltenden Rechts ist durch die Begriffe „Gemengelage" und „modi vivendi" charakterisiert.
7. Es ist darauf zu achten, daß der Grunddissens nicht zu einem bloßen Verbalvorbehalt erstarrt. Daraus ergeben sich konkrete Konsequenzen für die rechtliche Behandlung von Vereinbarungen im Recht der Bundesrepublik Deutschland, aber vor allem auch für die Ausgestaltung der Beziehungen zur DDR (Stichworte: Anerkennung, diplomatische Vertretungen).
8. Konkrete Direktiven ergeben sich aus dem Wiedervereinigungsgebot im Hinblick auf die deutsche Staatsangehörigkeit und den innerdeutschen Handel.
9. Das Wiedervereinigungsgebot verhindert eine unbesehene Anwendung des Gegenseitigkeitsprinzips im Verhältnis zur DDR.
10. Versuchen, die innerdeutschen Beziehungen dem Wiedervereinigungsgebot zu entziehen und insoweit zu entfunktionalisieren, ist zu widerstehen.

Jens Hacker

DIE ENTWICKLUNG BIS ZUM GRUNDLAGENVERTRAG

I. Vorbemerkung

Als am 21. Dezember 1972 der Vertrag über die Grundlagen der Beziehungen zwischen der Bundesrepublik Deutschland und der Deutschen Demokratischen Republik[1] unterzeichnet wurde, stellten viele Beobachter der deutschen Szenerie verblüfft fest, daß darin der Begriff Deutschland nur noch als Namensteil der Bundesrepublik erscheint. Nicht weniger überrascht waren viele darüber, daß in dem unbefristet geschlossenen Vertrag weder vom deutschen Volk noch gar von der deutschen Nation, sondern nur von den „Menschen in den beiden deutschen Staaten" die Rede ist. Selbst für unverbesserliche Optimisten stand von vornherein fest, daß der Grundlagenvertrag keinerlei Aussagen über die Wiedervereinigung oder Vereinigung Deutschlands machen würde. Im Grundlagenvertrag, der von der staatlichen Spaltung Deutschlands ausgeht, haben sich beide Seiten nur über einen „Konsens über den Dissens"[2] in der nationalen Frage zu einigen vermocht – in der Feststellung, daß sie dazu „unterschiedliche Auffassungen" haben.

Noch deutlicher als die 1970 zwischen der Bundesrepublik Deutschland und der Sowjetunion sowie Polen geschlossenen Verträge markiert der innerdeutsche Grundlagenvertrag einen der wichtigsten Einschnitte in der Geschichte der beiden Staaten Deutschlands, da er den „rechtlich und politisch komplizierten Prozeß einer sich über mehr als zwei Jahrzehnte erstreckenden Deutschland-Politik der Bundesrepublik Deutschland gegenüber der DDR zu einem weitgehenden Abschluß"[3] bringt. Daran kann auch die Tatsache nichts ändern, daß nach Ansicht der Bundesrepublik Deutschland – im Gegensatz zur Position der

---

[1] Im folgenden wird die Kurzformel Grundlagenvertrag verwandt; gebräuchlich ist auch die Bezeichnung Grundvertrag.

[2] So Martin Kriele in seinem Plädoyer im Grundlagenvertrags-Verfahren vor dem Bundesverfassungsgericht. Text in: Eve Cislar/Johannes Hampel/Franz Christoph Zeitler: Der Streit um den Grundvertrag. Eine Dokumentation, München/Wien 1973, S. 209–228 (212) und in: Der Grundlagenvertrag vor dem Bundesverfassungsgericht. Dokumentation zum Urteil vom 31. Juli 1973 über die Vereinbarkeit des Grundlagenvertrages mit dem Grundgesetz. Hrsg. vom Presse- und Informationsamt der Bundesregierung in Zusammenarbeit mit dem Bundesverfassungsgericht, Karlsruhe und Heidelberg o. J. (1976), S. 209–226 (211).

[3] So Georg Ress: Die Rechtslage Deutschlands nach dem Grundlagenvertrag vom 21. Dezember 1972, Berlin/Heidelberg/New York 1978, S. 1.

DDR — der Grundlagenvertrag die Teilung Deutschlands nicht legalisiert hat, sondern die deutsche Frage auch weiterhin rechtlich, politisch und historisch offenhält.

Die entscheidende Frage, warum der Grundlagenvertrag so sehr auf das Faktum der Spaltung Deutschlands abstellt und nur mittelbar und in seinen Begleitdokumenten gesamtdeutsche Bezüge enthält, läßt sich nur beantworten, wenn man den Blick zurück über das Jahr 1949 hinaus bis in die Zeit des Zweiten Weltkrieges wendet. Auch mein Thema, das die deutschlandpolitische Szenerie von 1949 bis 1972 behandeln soll, setzt die Kenntnis der einschneidenden Vorgänge der Jahre bis 1949 voraus und umschließt die Frage nach den Ursachen der Spaltung Deutschlands und den deutschlandpolitischen Absichten und Zielen der späteren für Deutschland verantwortlichen Vier Mächte. Man macht es sich zu einfach, wenn man den Verlust der nationalstaatlichen Existenz des deutschen Volkes allein auf die abenteuerliche Politik Hitlers reduziert. Zweifellos hat Hitler mit der im Jahre 1939 geschaffenen „imperialistischen Partnerschaft mit der UdSSR", oder — um mit Karl Dietrich Bracher zu sprechen — mit dem „Interessenbündnis zweier Todfeinde"[4] den „Deich geöffnet", um dann im Juni 1941 durch den Angriff auf die Sowjetunion jenes widernatürliche Bündnis zustande zu bringen, das die Rote Armee bis an Werra und Weser geführt hat. Hier, d.h. in der sowjetischen Expansion, tief nach Mitteleuropa hinein, liegt im realen Wirkungszusammenhang das für den Vollzug der Teilung entscheidende Moment".[5]

Daß die Übergangsperiode der Jahre 1945 bis 1949 sowohl der Bundesrepublik Deutschland als auch der DDR ihren Stempel aufgedrückt hat, ist schon häufig festgestellt und belegt worden. Tragende Strukturelemente und Bewußtseins-Orientierungen, die den Lebensweg des westdeutschen Staates bestimmen sollten, sind damals ausgeformt worden — die Rahmenbedingungen des internationalen Systems ebenso wie die vorherrschenden außenpolitischen Orientierungen in Deutschland selbst, die Strukturen der politischen Grundordnung, aber auch konstitutive Elemente der Wirtschaftsordnung. So dürfte — wie Hans-Peter Schwarz feststellt — die paradoxe Formulierung nicht zu überspitzt sein, daß die Geschichte der Bundesrepublik Deutschland zu einem guten Teil vorentschieden wurde, bevor diese überhaupt ans Licht der Welt trat.[6] Das gilt in noch stärkerem Maße für die DDR.

---

[4] Karl Dietrich Bracher: Die Krise Europas — 1917—1975. Propyläen Geschichte Europas. Band 6, Berlin 1976, S. 186.

[5] So Hans Rothfels: Geschichtliche Betrachtungen zum Problem der Wiedervereinigung, in: Vierteljahrshefte für Zeitgeschichte, Jg. 6/1958, S. 327—339 (336).

[6] Hans-Peter Schwarz: Die außenpolitischen Grundlagen des westdeutschen Staates, in: Richard Löwenthal/Hans-Peter Schwarz (Hrsg.): Die zweite Republik — 25 Jahre Bundesrepublik Deutschland. Eine Bilanz, Stuttgart 1974, S. 27.

Eine weitere Vorbemerkung erscheint notwendig: Der Rahmen jeder Bonner Politik gegenüber der DDR war und ist durch bestimmte völkerrechtliche und verfassungsrechtliche Prämissen abgesteckt: völkerrechtlich durch die fortbestehenden Rechte und Verantwortlichkeiten der drei Westmächte und der Sowjetunion, die aus den gemeinsamen 1944/45 getroffenen Abmachungen resultieren, verfassungsrechtlich durch einige zentrale Aussagen des Grundgesetzes — wie die auch für die in der DDR lebenden Deutschen fortexistierende deutsche Staatsangehörigkeit und das vom Bundesverfassungsgericht aus der Präambel des Grundgesetzes entwickelte und rechtlich verbindliche Wiedervereinigungsgebot. Die vor und nach 1969 in der Bundesrepublik Deutschland entwickelten deutschlandpolitischen Konzepte und Initiativen hatten immer zu beachten, daß sich die drei Westmächte in dem am 5. Mai 1955 in Kraft getretenen Deutschland-Vertrag ihre Rechte und Verantwortlichkeiten in wichtigen deutschlandpolitischen Bereichen vorbehalten haben. Die UdSSR hat gleichfalls von 1949 bis in die Gegenwart stets darauf geachtet, sich in politisch relevanten Verträgen mit der DDR ihre Rechte und Verantwortlichkeiten vorzubehalten.

Nicht einfach ist es, das Verhältnis der Bundesrepublik Deutschland zur DDR von 1949 bis 1972 sinnvoll zu periodisieren, da sich verschiedene Möglichkeiten anbieten. Einmal könnte man chronologisch vorgehen und wichtige Zäsuren darstellen. Sowohl unter deutschlandrechtlichen und -politischen Aspekten bildet das Jahr 1955 den wichtigsten Einschnitt in der Entwicklung der deutschen Frage seit der Konstituierung beider Staaten: Beendigung des Besatzungsregimes mit der Erlangung der Souveränität durch die Bundesrepublik Deutschland und „Bestätigung" der Souveränität der DDR unter Aufrechterhaltung von Vorbehaltsrechten der drei Westmächte gegenüber der Bundesrepublik Deutschland und der UdSSR gegenüber der DDR sowie die Einbeziehung beider in die jeweilige multilaterale Militärallianz.

Weitere wichtige Zäsuren bilden die Jahre 1958/59, als die sowjetische Führung unter Nikita S. Chruschtschow die Welt mit ihrem Berlin-Ultimatum überraschte und einige Monate später die bisher letzte Außenminister-Konferenz der Vier Mächte über Deutschland in Genf scheiterte. Überblickt man die Entwicklung der deutschen Frage in den folgenden zehn Jahren bis 1969, dann ist das Jahr 1961 als der bedeutsamste Einschnitt zu werten: der mit ausdrücklicher Billigung der Warschauer Pakt-Mächte erfolgte Bau der Mauer in Berlin im August und der Ausbau der innerdeutschen Demarkationslinie zu einer nahezu unüberwindlichen Grenze.

Daß die deutsche Frage und damit auch das Verhältnis der beiden Staaten in Deutschland zueinander nicht isoliert, sondern nur unter Berücksichtigung der internationalen Dimension behandelt werden können, verdeutlicht schließlich die den zeitlichen Rahmen dieser Analyse abschließende Phase von 1969/70 bis zur Unterzeichnung des Grundlagenvertrags am 21. Dezember 1972. Am 5. Mai

1969 richtete die finnische Regierung ein Memorandum an die Regierungen aller europäischen Staaten, der USA und Kanadas mit dem Vorschlag, eine Sicherheitskonferenz in Helsinki abzuhalten. Die sowjetische Führung unter Parteichef Leonid Breschnew mußte sich jedoch noch einige Jahre gedulden, bis die finnische Regierung diplomatische Vertreter von 32 europäischen Staaten sowie der USA und Kanadas einladen konnte, um vorbereitende Konsultationen für eine Konferenz über Sicherheit und Zusammenarbeit in Europa (KSZE) zu führen, da die westliche Seite ein doppeltes Junktim geschaffen hatte: Die Bundesregierung machte ab Ende Januar 1971 die Ratifizierung des Moskauer Vertrags vom 12. August und des Warschauer Vertrags vom 7. Dezember 1970 von einem befriedigenden Abschluß der am 26. März 1970 begonnenen Vier-Mächte-Verhandlungen über Berlin abhängig, nachdem der Nordatlantik-Rat auf seiner Tagung Anfang Dezember 1970 in Brüssel das Zustandekommen einer europäischen Sicherheitskonferenz an ein befriedigendes Ergebnis der Berlin-Verhandlungen geknüpft hatte.

In dem dem Moskauer Vertrag beigegebenen Bahr-Papier hatten die Regierungen der Bundesrepublik Deutschland und der UdSSR ihr Einvernehmen darüber erklärt, daß die von Bonn angestrebten entsprechenden Abkommen mit anderen sozialistischen Ländern, „insbesondere die Abkommen mit der Deutschen Demokratischen Republik, der Volksrepublik Polen und der Tschechoslowakischen Sozialistischen Republik ein einheitliches Ganzes bilden". Der Abschluß des Moskauer Vertrags und die daraus resultierenden möglichen Folgen für die Beziehungen zwischen der UdSSR und der Bundesrepublik Deutschland haben neben den Vier-Mächte-Verhandlungen über Berlin entscheidend dazu beigetragen, daß sich Ost-Berlin im Oktober 1970 zu einem Meinungsaustausch mit der Bundesregierung bereitfand. Andernfalls wäre die DDR in eine bedenkliche außen- und deutschlandpolitische Isolierung geraten.

Nach dem Abschluß des Berlin-Abkommens vom 3. September 1971 konnte die DDR dem innerdeutschen Dialog schon deshalb nicht ausweichen, da die vier Signatare des Abkommens bestimmt hatten, daß die konkreten Regelungen über den zivilen Durchgangsverkehr auf den Land- und Binnenschiffahrtswegen zwischen Berlin (West) und dem Bundesgebiet von den zuständigen deutschen Behörden vereinbart werden. Diese Regelungen trafen die Regierungen der Bundesrepublik Deutschland und der DDR im Transitabkommen vom 17. Dezember 1971.

Am 26. Mai 1972, wenige Tage nach der Annahme der Verträge von Moskau und Warschau durch den Deutschen Bundestag am 17. Mai 1972, wurde der Verkehrsvertrag zwischen der Bundesrepublik Deutschland und der DDR geschlossen, und am 3. Juni 1972 traten das Berlin-Abkommen und der Moskauer und Warschauer Vertrag in Kraft. Der am 15. Juni 1972 aufgenommene innerdeutsche Meinungsaustausch konnte am 8. November 1972 mit der Paraphierung des Grundlagenvertrags abgeschlossen werden.

Eine letzte Vorbemerkung: Die rechtlichen Grundlagen[7] und die Entwicklung der innerdeutschen Wirtschafts-Beziehungen bleiben im folgenden unerörtert.[8]

II. Die „deutsche Frage" von 1945 bis 1949

Da die drei Westmächte auf der einen und die Sowjetunion auf der anderen Seite sehr unterschiedliche Vorstellungen über die auf der Potsdamer Konferenz (17. Juli – 2. August 1945) vereinbarten Ziele der Besetzung Deutschlands hatten, sollte sich in der zweiten Hälfte der vierziger Jahre bald herausstellen, daß eine einheitliche Behandlung Deutschlands nicht möglich war. Die Gegensätze zwischen den Vorstellungen der drei Westmächte und der UdSSR zeigten sich nicht nur in der Arbeit des Kontrollrats, sondern auch im Rat der Außenminister, der in Potsdam beschlossen worden war und eine friedliche Regelung für Deutschland vorbereiten sollte. Mit ihrer Politik der Gleichschaltung, der totalen politischen, ökonomischen und gesellschaftlichen Umstrukturierung und der wirtschaftlichen Ausbeutung der von ihr kontrollierten Länder und auch der Sowjetischen Besatzungszone (SBZ) während der beiden ersten Nachkriegsjahre hat die UdSSR vor allem auf amerikanischer Seite Reaktionen provoziert, die 1947 in das Containment-Konzept, die Politik der Eindämmung des expansiven Sowjetkommunismus, mündeten. Ausdruck dieser neuen Europa-Politik der USA bildeten die Truman-Doktrin vom 12. März 1947, mit der Griechenland und der Türkei geholfen wurde, sowie das breit und großzügig angelegte Programm der Wirtschaftshilfe für Europa vom 5. Juni 1947, das als Marshall-Plan in die Geschichte eingegangen ist. Nicht das Angebot der USA an alle europäischen Staaten, einschließlich der UdSSR, sondern Stalins kompromißlose Ablehnung, die Sowjetunion und die von ihr in ihren Machtbereich einbezogenen europäischen Staaten am amerikanischen Hilfsprogramm partizipieren zu lassen, implizierte die ökonomische Spaltung Europas.[9]

Spätestens zur Jahreswende 1947/48 waren die drei Westmächte und die UdSSR endgültig zu der Einsicht gelangt, daß ihre Vorstellungen über ein einheitliches Deutschland nicht auf einen Nenner zu bringen waren. Während der abrupte Abbruch der 5. Konferenz des Rats der Außenminister in London am 15. Dezember 1947 das Scheitern der Vier-Mächte-Politik gegenüber Deutschland manifestiert, markiert der 20. März 1948 – an jenem Tag verließ die

---

[7] Vgl. zu den Rechtsgrundlagen Bernhard Jansen: EWG und DDR nach Abschluß des Grundlagenvertrages. Baden-Baden 1977; Hans Buchheim: Deutschlandpolitik – 1949–1972. Der politisch-diplomatische Prozeß, Stuttgart 1984, S. 116 f.
[8] Vgl. dazu den Beitrag von Maria Haendcke-Hoppe in diesem Band.
[9] Vgl. dazu und zu den Erwartungen, die man in der SBZ an den Marshall-Plan knüpfte, die Nachweise bei Jens Hacker: Der Ostblock. Entstehung, Entwicklung und Struktur 1939–1980, 2. Aufl. Baden-Baden 1985, S. 326–348 (340).

sowjetische Delegation den Alliierten Kontrollrat in Berlin – das Ende der Vier-Mächte-Verwaltung für Deutschland. Stalin wußte das Verhältnis zu den drei Westmächten noch dadurch erheblich zu belasten, daß er am 24. Juni 1948 – am 16. Juni hatte die UdSSR ihre Mitarbeit in der Alliierten Kommandantur der Stadt Berlin eingestellt – die vollständige Blockade der drei Westsektoren Berlins mit dem Ziel anordnete, die drei westlichen Alliierten aus der Stadt zu vertreiben. Stalin hat die entschiedene Haltung der drei Westmächte, vor allem der USA, und den Selbstbehauptungswillen der Berliner Bevölkerung falsch eingeschätzt, so daß er im Mai 1949 die Blockade aufhob.[10]

Die Berliner Blockade, als eine „Wasserscheide der Nachkriegszeit"[11] bezeichnet, erwies sich nicht nur als ein „kolossaler Fehlschlag für die Sowjets, was ihr öffentliches Ansehen anging, sondern sie war auch ein Hauptfaktor in der Auslösung einer ganzen Kausalkette, die schließlich zur Bildung der Westlichen Allianz führte".[12] General Clay hat die Blockade als „das Dümmste" apostrophiert, „was die Russen machen konnten".[13] Wichtig ist Clays weiterer Hinweis:

„Die Luftbrücke und unsere vernichtende Gegenblockade hatten den Effekt, den Franzosen zu zeigen, wo die Hauptbedrohung ihrer Sicherheit lag, und sie auf Dauer dazu zu bringen, sich an der Errichtung einer westdeutschen Regierung zu beteiligen und Schritte zu einer französisch-deutschen Annäherung zu unternehmen."[14]

Seit dem Frühjahr 1948 stand nicht nur für die vier Besatzungsmächte, sondern auch für die damals in den einzelnen Besatzungszonen maßgeblichen deutschen Politiker fest, daß man aus der Spaltung Deutschlands Konsequenzen ziehen müsse. Obwohl die Sowjetunion bereits vor dem spektakulären Schritt, die Arbeit des Kontrollrats lahmzulegen, entscheidende Vorbereitungen getroffen hatte, auf ihrem Besatzungsgebiet einen Separatstaat zu errichten, vermochte sie damals den Eindruck hervorzurufen, als sei sie nur den Intentionen der drei westlichen Alliierten gefolgt, auf dem Territorium ihrer Besatzungszonen einen westdeutschen Staat zu schaffen.

Die UdSSR überließ Vorbereitung und Propagierung eines staatlichen Gemeinwesens in ihrer Besatzungszone dem von der SED beherrschten Block antifaschistisch-demokratischer Parteien. Diese suchten den Anschein zu erwecken, als entspringe die Gründung der DDR spontanem Volkswillen. Die Ausru-

---

[10] Dies geschah mit dem New Yorker Abkommen des Rates der Außenminister vom 4. Mai 1949. Text in: Dokumente zur Berlin-Frage 1944–1966. Hrsg. vom Forschungsinstitut der Deutschen Gesellschaft für Auswärtige Politik, Bonn, in Zusammenarbeit mit dem Senat von Berlin, 3., durchgesehene und erw. Aufl. München 1967, S. 107–110.
[11] So Martin J. Hillenbrand: Berlin: Politische Situation, Sicherheit und symbolische Bedeutung, in: Martin J. Hillenbrand (Hrsg.): Die Zukunft Berlins, Berlin o. J., S. 11–56 (19).
[12] So M. J. Hillenbrand, ebenda.
[13] Zit. bei M. J. Hillenbrand, ebenda, S. 19 mit Anm. 9.
[14] Nachweis, ebenda.

fung der DDR am 7. Oktober 1949 erfolgte einen Monat nach der Konstituierung der Bundesrepublik Deutschland. Wenn auch die Schaffung der DDR äußerlich ein „Nachvollzug" war, ihrem Wesen nach war sie „jedoch eine vorgeplante Etappe in der revolutionären Umgestaltung Deutschlands oder wenigstens eines Teiles dieses Landes: Sie war ein Glied in der Entscheidungskette der sowjetischen Deutschland-Politik."[15]

Während das Grundgesetz für die Bundesrepublik Deutschland vom 23. Mai 1949 von dem auf parlamentarischer Basis zustande gekommenen Parlamentarischen Rat ausgearbeitet, beschlossen und anschließend von den frei und demokratisch gewählten Landtagen der Bundesländer – mit Ausnahme Bayerns[16] – gebilligt wurde, hat die Verfassung der DDR eine völlig andere Entstehungsgeschichte; sie geht auf die Volkskongreß-Bewegung mit ihren drei Volkskongressen zurück.[17] Zwar vermied die sowjetische Besatzungsmacht damals eine formelle Intervention bei der Entstehung der ersten DDR-Verfassung. Doch zeigte sich schon bei der Vorgeschichte des ersten „Volkskongresses für Einheit und gerechten Frieden" sehr deutlich, daß sie ihren Einfluß in viel stärkerem Maße geltend machte und durchsetzte, als dies die drei westlichen Besatzungsmächte bei der Schaffung des Grundgesetzes getan haben.

Die Volkskongreß-Bewegung stützte sich auf die Tätigkeit derjenigen politischen Parteien, die bereits im Sommer 1945 als zentralistische Organisationen von der Sowjetischen Militär-Administration für Deutschland (SMAD) lizensiert worden waren und deren Entwicklung schon lange vor dem Zusammentritt des 1. Volkskongresses durch ständige Einflußnahme der Sowjets gekennzeichnet war.[18] Erinnert sei hier an die Zwangsfusion von SPD und KPD zur SED am 20./21. April 1946,[19] an das erzwungene Ausscheiden der beiden CDU-Vorsit-

---

[15] So Thilo Vogelsang: Das geteilte Deutschland, 11. Aufl. München 1982, S. 119; Ernst Deuerlein (Hrsg.): DDR – Geschichte und Bestandsaufnahme, München 1966, S. 7–46.

[16] Seine Zugehörigkeit zum deutschen Gesamtstaat wurde von Bayern seit 1945 niemals in Frage gestellt. So lautet Art. 178 der bayerischen Verfassung vom 2. Dezember 1946: „Bayern wird einem künftigen deutschen demokratischen Bundesstaat beitreten". Vgl. zur Ratifizierung des Grundgesetzes durch die Landtage die Übersicht bei Klaus von Beyme: Das politische System der Bundesrepublik Deutschland. Eine Einführung, 2. Aufl. München 1980, S. 18–20.

[17] Vgl. dazu Jens Hacker: Der Rechtsstatus Deutschlands aus der Sicht der DDR, Köln 1974, S. 211–223.

[18] Vgl. dazu die mit zu knappen Einleitungen versehenen umfangreichen Dokumentationen, die über die Entwicklung der Parteien in der SBZ/DDR informieren: Hermann Weber (Hrsg.): Parteiensystem zwischen Demokratie und Volksdemokratie. Dokumente und Materialien zum Funktionswandel der Parteien und Massenorganisationen in der SB//DDR 1945–1950, Köln 1982; Siegfried Suckut: Blockpolitik in der SBZ/DDR 1945–1949. Die Sitzungsprotokolle des zentralen Einheitsfront-Ausschusses. Quellenedition, Köln 1986.

[19] Vgl. dazu aus dem neueren Schrifttum Dietrich Staritz: Zur Gründung der SED. Forschungsstand, Kontroversen, offene Fragen, in: Dietrich Staritz/Hermann Weber (Hrsg.) unter Mitwirkung von Manfred Koch: Einheitsfront-Einheitspartei. Kommunisten und Sozialdemokraten in Ost- und Westeuropa 1944–1988, Köln 1989, S. 38–75.

zenden Andreas Hermes und Walther Schreiber aus dem Zentralausschuß der Partei am 19. Dezember 1945, was kein einmaliger Vorgang blieb. Auf den Tag genau wiederholte sich zwei Jahre darauf der Willkürakt an den beiden nachfolgenden CDU-Vorsitzenden Jakob Kaiser und Ernst Lemmer.[20]

Wenn bundesdeutsche Zeithistoriker gern über die deutschlandpolitischen Ziele Stalins in der Nachriegszeit spekulieren, liegen inzwischen von sowjetischer Seite genügend Zeugnisse vor, die belegen, daß es Stalin darum ging, ganz Deutschland zu „volksdemokratisieren".[21] Eines der wichtigsten Dokumente dazu bilden die Erinnerungen von Sergej Tulpanow, der ab Juni 1945 die Informationsabteilung der SMAD in Berlin geleitet und „Das Problem der Einheit Deutschlands und die Besatzungsmächte" so umschrieben hat:

„Die Beziehungen zwischen SMAD und den deutschen Werktätigen der sowjetischen Besatzungszone sowie ganz Deutschlands waren in dem Maße, wie die SMAD über den Alliierten Kontrollrat Einfluß auf sie nahm, wesentlich geprägt von der internationalistischen Hilfe der Sowjetunion und ihrer Kommunistischen Partei für die deutschen Werktätigen. Vor allem galt diese Hilfe der Arbeiterklasse und ihrer Kommunistischen Partei als konsequentester Verfechterin der Grundinteressen aller werktätigen Schichten ... Klassenmäßig gesehen, waren die Beziehungen zwischen der SMAD und der KPD und später der SED Beziehungen des Bündnisses und der Zusammenarbeit zwischen zwei nationalen Abteilungen der internationalen Arbeiterklasse unter spezifischen historischen Bedingungen."[22]

Tulpanow verhehlt nicht festzustellen, daß es Stalin um die Durchsetzung seiner einseitigen Interpretation der Beschlüsse der Potsdamer Konferenz in ganz Deutschland gegangen ist:

„Historisch betrachtet, drehte sich der Klassenkampf auf dem Territorium Deutschlands um eine zentrale Frage: Welche Klasse, das Proletariat oder die Bourgeoisie, wird im künftigen deutschen Staat die führende Rolle im gesellschaftlichen Leben spielen? Wer wird die Demokratie aufbauen? Welchen sozialen Inhalt wird diese Demokratie haben? Beide Seiten – die Sowjetunion und die imperialistischen Westmächte – faßten den Demokratie-Begriff und die Maßnahmen zur Schaffung dieser Demokratie inhaltlich unterschiedlich auf ...

---

[20] Vgl. dazu aus dem neueren Schrifttum Siegfried Suckut: Zum Wandel von Rolle und Funktion der Christlich-Demokratischen Union Deutschland (CDUD) im Parteiensystem der SBZ/DDR (1945–1952), in: Hermann Weber (Hrsg.), a. a. O. (Anm. 18), S. 117–128; Werner Conze: Jakob Kaiser. Politiker zwischen Ost und West 1945–1949, Stuttgart u. a. 1969.

[21] So Michael Voslensky: Vier Generäle als Regenten Deutschlands. Vor 40 Jahren löste sich mit dem Auszug der Sowjetdelegation der Alliierte Kontrollrat in Berlin auf, in: Süddeutsche Zeitung vom 19./20. März 1988.

[22] Sergej Tulpanow: Deutschland nach dem Kriege (1945–1949). Erinnerungen eines Offiziers der Sowjetarmee, Berlin (Ost) 1986, S. 309.

Die Partei der Arbeiterklasse gab den Begriffen Demokratisierung, Entnazifizierung und Entmilitarisierung die positive, konstruktive Bedeutung – Herstellung antifaschistisch-demokratischer Verhältnisse. Die Durchsetzung dieser Demokratie war folglich im Grunde gleichbedeutend mit einem revolutionären anti-monopolistischen Umschwung."[23]

Tulpanow betont außerdem, daß die sowjetischen Vertreter in keinem der Komitees des Alliierten Kontrollrats von „proletarischer oder sozialistischer Demokratie" gesprochen hatten: „Aber sie bestanden auf der konsequenten Anwendung der Beschlüsse von Potsdam." An dieser einseitigen Interpretation der Abreden der Potsdamer Konferenz vom 2. August 1945, die wenigstens nicht unterstellt, die politischen Führungen der USA und Großbritanniens hätten sich mit Stalins „Demokratie"-Verständnis identifiziert, hat der Kreml bis in die Gegenwart konsequent festgehalten.

Michael Voslensky, der damals dem sowjetischen Sekretariat beim Alliierten Kontrollrat angehört hatte, hat Tulpanows Deutung der Deutschland-Politik Stalins nachdrücklich beigepflichtet: „Wir sprachen von ‚Demokratie in Deutschland' und meinten eine ‚Volksdemokratie'. Der Kontrollrat stand dem Aufbau dieser Art ‚Demokratie' im Wege und mußte beseitigt werden."[24]

Mit der Konstituierung der Bundesrepublik Deutschland im September und der Ausrufung der DDR am 7. Oktober 1949 verlor die deutsche Frage nichts von ihrer internationalen Dimension. Von nun an stand die Deutschland-Frage unter zwei Hauptaspekten, in denen sich internationale und innerdeutsche Probleme eng verflochten: „Deutschlands Wiedereinfügung in die europäische Staatenwelt und der Neubeginn einer bewegungsfähigen deutschen Politik waren verknüpft mit der Spaltung in zwei deutsche Staaten, die aufgrund der äußeren Machtverhältnisse unter völlig verschiedenen Bedingungen und Einflüssen zu existieren und sich zu entwickeln begannen."[25]

---

[23] S. Tulpanow, ebenda, S. 312 f. Vgl. zur Auslegung des Potsdamer „Abkommens" Jens Hacker: Die Nachkriegsordnung für Deutschland auf den Konferenzen von Jalta und Potsdam, in: Winfried Becker (Hrsg.): Die Kapitulation von 1945 und der Neubeginn in Deutschland. Symposion an der Universität Passau 30.–31.10.1985, Köln/Wien 1987, S. 1–30; ders.: Einführung in die Problematik des Potsdamer Abkommens, in: Friedrich Klein und Boris Meissner (Hrsg.): Das Potsdamer Abkommen und die Deutschlandfrage. I. Teil: Geschichte und rechtliche Grundfragen. Wien 1977, S. 5–41.

[24] M. Voslensky, a. a. O. (Anm. 21).

[25] So Karl Dietrich Bracher: Weichenstellungen deutscher Politik in den Anfängen der Bundesrepublik (1949–1955), in: Die moderne Demokratie und ihr Recht. Festschrift für Gerhard Leibholz zum 65. Geburtstag. 2. Band: Staats- und Verfassungsrecht. Tübingen 1968, S. 15–34 (15).

III. Deutschlandpolitische Grundpositionen vom Herbst 1949 bis zum Herbst 1966

Im folgenden werden zunächst die deutschlandpolitischen und -rechtlichen Grundpositionen skizziert, von denen die Bundesregierung unter den Bundeskanzlern Konrad Adenauer und Ludwig Erhard ausgegangen sind. Die anschließende Analyse der Deutschland-Politik der DDR impliziert die Frage nach einer sinnvollen Periodisierung. In der Entwicklung der beiden Staaten in Deutschland bilden – um es noch einmal zu wiederholen – die Jahre 1955 und 1961 die bisher tiefsten Zäsuren. Das Jahr 1966 stellt insofern auch in der Deutschland-Politik der DDR einen Einschnitt dar, als sie nach der Bildung der Bundesregierung der Großen Koalition endgültig ihr Konföderations-Konzept aufgab. In einem gesonderten Abschnitt werden sodann einige Aspekte des vergeblichen Ringens um eine Lösung der deutschen Frage behandelt.

1. der Bundesrepublik Deutschland

Die Politik der Bundesrepublik Deutschland gegenüber der DDR in der Regierungszeit der Bundeskanzler Adenauer (15. September 1949 bis 11. Oktober 1963) und Erhard (16. Oktober 1963 bis 30. November 1966) basierte auf den gleichen rechtlichen und politischen Prämissen, so daß diese Phase im Zusammenhang behandelt werden kann. In seinem 1976 veröffentlichten Aufsatz „Außenpolitik im Übergang Adenauer-Erhard" hat Gerhard Schröder, der als Minister unter den Kanzlern Adenauer, Erhard und Kiesinger gewirkt hat, in detaillierter Form die außen- und deutschlandpolitischen Aussagen der Regierungserklärungen Adenauers und Erhards verglichen und ist im Hinblick auf die Ost- und Deutschland-Politik zu diesem Ergebnis gelangt:

„Es läßt sich mit aller Klarheit feststellen, daß der Übergang Adenauer-Erhard die deutschen Grundpositionen in der Ostpolitik wie in der Deutschland- und Berlin-Politik in gar keiner Weise verändert hat. Von einer Veränderung kann nur insoweit die Rede sein, als einige der Probleme deutlicher angesprochen wurden, als das vorher der Fall war ... Überblickt man den in den Regierungserklärungen ausgebreiteten Stoff und seine Zuordnung an Adenauer oder Erhard, so wird sicher jeder kritische Betrachter von der beinahe selbstverständlichen Übereinstimmung der Sicht beider Männer überrascht sein."[26]

---

[26] Gerhard Schröder: Außenpolitik im Übergang Adenauer-Erhard, in: Dieter Blumenwitz/Klaus Gotto/Hans Maier/Konrad Repgen/Hans-Peter Schwarz (Hrsg.): Konrad Adenauer und seine Zeit. Politik und Persönlichkeit des ersten Bundeskanzlers. Beiträge von Weg- und Zeitgenossen, Stuttgart 1976, S. 719–745 (740–742).

a) Das Verhältnis der Bundesrepublik Deutschland zum Deutschen Reich

Da die vier früheren Besatzungsmächte — die Vereinigten Staaten von Amerika, Großbritannien, Frankreich und die Sowjetunion — weder die Absicht hatten, Deutschland zu annektieren und zu teilen noch als Völkerrechtssubjekt auszulöschen, konnten die Schöpfer des Grundgesetzes für die Bundesrepublik Deutschland vom 23. Mai 1949 von der Kontinuität des deutschen Staates über das Jahr 1945 hinaus ausgehen. Über diese Aussage bestand und besteht unter den Verfassungs-Interpreten in der Bundesrepublik Deutschland kein Streit. Dieses staats- und völkerrechtliche Selbstverständnis Deutschlands hat Carlo Schmid in der 6. Sitzung des Parlamentarischen Rats am 20. Oktober 1948 auf eine eindrucksvolle Formel gebracht: „Deutschland ist von uns ... nicht neu zu *konstituieren,* sondern neu zu *organisieren.*"[27]

So geht das Grundgesetz von der rechtlichen Identität der Bundesrepublik Deutschland mit dem Deutschen Reich, also von der rechtlichen Kontinuität Deutschlands aus. Dies war die staatsrechtliche Grundkonstruktion aller von 1949 bis 1969 amtierenden Bundesregierungen; sie wurde frühzeitig vom Bundesverfassungsgericht bestätigt und lag auch der internationalen Staatenpraxis der Bundesrepublik Deutschland zugrunde.

In der politischen Praxis der Bundesrepublik Deutschland kam die Identitätsthese vor allem im Londoner Schulden-Abkommen vom 23. Februar 1953 zum Ausdruck: Darum erklärte sich die Bundesrepublik Deutschland, in Begrenzung auf ihren tatsächlichen Herrschaftsbereich, bereit, die vor dem 8. Mai 1945, dem Zeitpunkt der militärischen Kapitulation der deutschen Wehrmacht, bestehenden Schulden einschließlich der Anleihen des Deutschen Reiches zu begleichen. Nicht aus dem Gesichtspunkt der Staaten-Nachfolge, sondern aus dem Bekenntnis, den gleichen Staatsverband fortzuführen, erwuchsen der Bundesrepublik Deutschland Rechte und Pflichten: „Identität schließt die Nachfolge aus, denn ein Staat kann nicht sich selbst nachfolgen."[28] Die Identität ist „lediglich eine besondere Ausprägung der Kontinuität".[29]

b) Der Gebietsstand Deutschlands

Das Grundgesetz unterscheidet zwischen seinem eigenen örtlichen Geltungsbereich — Art. 23 Satz 1 (Aufzählung der Bundesländer) — und dem Begriff

---

[27] Text in: Parlamentarischer Rat. Stenographische Berichte. 1.–12. Sitzung. Bonn 1948/49, S. 70. Hervorhebungen im Text.
[28] So Dietrich Rauschning: Rechtsstellung Deutschlands. Völkerrechtliche Verträge und andere rechtsgestaltende Akte, München 1985, S. XVII.
[29] So Otto Kimminich: Deutschland als Rechtsbegriff und die Anerkennung der DDR, in: Deutsches Verwaltungsblatt, Jg. 85/1970, S. 437–445 (438).

„Deutschland" in der Präambel Satz 3, Art. 23 Satz 2, Art. 29 Abs. 6 Satz 2, und Art. 116 Abs. 2 Satz 2. Im staats- und völkerrechtlichen Schrifttum wird die Frage unterschiedlich beantwortet, ob das Grundgesetz mit dem Begriff „Deutschland" das Gebiet des Deutschen Reiches nach dem Stand vom 31. Dezember 1937 meint, jene Territorialformel, die nur in Art. 116 Abs. 1 Grundgesetz erscheint. Wenn es in der Präambel des Grundgesetzes heißt, das gesamte Deutsche Volk wird aufgefordert, in freier Selbstbestimmung die Einheit und Freiheit Deutschlands zu vollenden, so ergibt sich aus dem Zusammenhang, daß es sich dabei nicht nur um eine geographische Umschreibung, sondern um einen juristischen Begriff handelt. Das gleiche gilt für Art. 23, dessen Satz 2 lautet: „In anderen Teilen Deutschlands ist es – das Grundgesetz – nach deren Beitritt in Kraft zu setzen."

Es war nicht nur weise, sondern auch vorausschauend, daß die Väter des Grundgesetzes von „anderen", nicht „den anderen Teilen Deutschlands" gesprochen haben. Auch diese Formulierung bringt zum Ausdruck, daß die in Satz 1 genannten Länder nicht das Gebiet des gesamten Deutschland umfassen und es über ihnen noch den Begriff „Deutschland" gibt. Hinzuweisen ist auch darauf, daß die im Grundgesetz aus dem Rechtsbegriff „Deutschland" abgeleiteten Begriffe auf dieser Rechtslage beruhen; das gilt nicht nur für die schon genannten substantivischen, sondern auch für die adjektivischen Formeln.[30]

Das Grundgesetz unterscheidet zwischen seinem eigenen territorialen Geltungsbereich und dem Begriff „Deutschland", der das „Deutschland" in den Grenzen vom 31. Dezember 1937 meint, ohne jedoch diesen Gebietsstand verfassungsrechtlich zu garantieren. Besonders unmißverständlich umriß zuletzt die Bundesregierung unter Bundeskanzler Erhard und Außenminister Schröder in der vielbeachteten „Deutschen Friedensnote" vom 25. März 1966 diese Rechtsposition. Darin heißt es, „daß die Regelung der Grenzfragen nach den alliierten Vereinbarungen des Jahres 1945 bis zum Abschluß eines Friedensvertrages mit ganz Deutschland aufgeschoben ist und daß Deutschland völkerrechtlich in den Grenzen vom 31. Dezember 1937 fortbesteht, solange nicht eine frei gewählte gesamtdeutsche Regierung andere Grenzen anerkennt".[31] Der frühere Bundesverfassungsrichter Willi Geiger hat zu der in einem Friedensvertrag zu regelnden offenen Grenzfrage bemerkt:

„In diesen Verhandlungen – und erst in diesen Verhandlungen – steht die Grenze des neuen Deutschland zur Disposition in der vollen Breite, die sich ergibt aus der Beschreibung ‚innerhalb der Grenzen nach dem Stand vom 31. Dezember 1937' und der gegenwärtig bestehenden Grenzlinie entlang der Oder

---

[30] Vgl. dazu die Nachweise bei Jens Hacker: Deutschland als Rechtsbegriff aus der Sicht beider Staaten, in: Innerdeutsche Rechtsbeziehungen. Hrsg. von der Deutschen Richter-Akademie, Heidelberg 1988, S. 1–16 (4–9).

[31] Text der Note in: Europa-Archiv, Jg. 21/1966, S. D 171–175 (172).

und der Neiße. Das Grundgesetz engt *diese* Freiheit in keiner Weise ein, legt insbesondere die Organe der Bundesrepublik Deutschland nicht darauf fest, als Ziel der friedensvertraglichen Regelung die Wiederherstellung der Grenzen nach dem Stand vom 31. Dezember 1937 anstreben zu müssen."[32]

Eine andere Auslegung des Grundgesetzes ist schon deshalb nicht zulässig, da die Hauptalliierten in ihren Vereinbarungen über Deutschland aus den Jahren 1944/45 keine Garantie für die Wiederherstellung Deutschlands in den Grenzen vom 31. Dezember 1937 gegeben haben. Mit der Berliner Vier-Mächte-Erklärung in Anbetracht der Niederlage Deutschlands und der Übernahme der obersten Regierungsgewalt hinsichtlich Deutschlands vom 5. Juni 1945 übernahmen die Regierungen der drei Westmächte und der UdSSR die oberste Regierungsgewalt in Deutschland. Gleichzeitig betonten sie, die Übernahme dieser Regierungsgewalt und Befugnisse bewirke nicht die Annektierung Deutschlands. Außerdem vereinbarten die vier Mächte, daß sie „später die Grenzen Deutschlands oder irgendeines Teiles Deutschlands und die rechtliche Stellung Deutschlands oder irgendeines Gebietes, das gegenwärtig einen Teil deutschen Gebietes bildet, festlegen" werden.

Diese Rechtsauffassung fand auch ihren Niederschlag in dem am 26. Mai 1952 unterzeichneten Vertrag über die Beziehungen zwischen der Bundesrepublik Deutschland und den Drei Mächten (Deutschland-Vertrag in der Fassung des Protokolls über die Beendigung des Besatzungsregimes in der Bundesrepublik Deutschland vom 23. Oktober 1954). In dem am 5. Mai 1955 in Kraft getretenen Deutschland-Vertrag heißt es, „daß die endgültige Festlegung der Grenzen Deutschlands bis zu einer friedensvertraglichen Regelung für ganz Deutschland aufgeschoben werden muß".[33] Und Art. 7 Abs. 2 des Deutschland-Vertrags verpflichtet die vier Signatare, bis zum Abschluß der friedensvertraglichen Regelung zusammenzuwirken, „um mit friedlichen Mitteln ihr gemeinsames Ziel zu verwirklichen: Ein wiedervereinigtes Deutschland, das eine freiheitlich-demokratische Verfassung, ähnlich wie die Bundesrepublik, besitzt und das in die europäische Gemeinschaft integriert ist".

In seiner Einführung zum „Bonner Vertrag" betont Wilhelm G. Grewe, daß unter der „Wiedervereinigung Deutschlands" im Deutschland-Vertrag in erster Linie „die Beseitigung der noch bestehenden innerdeutschen Zonengrenzen und

---

[32] Willi Geiger: Zur Rechtslage Deutschlands, in: Neue Juristische Wochenschrift, Jg. 36/1983, S. 2302–2304 (2304); Hervorhebung im Text; ders.: Zur Genesis der Präambel des Grundgesetzes, in: Europäische Grundrechte-Zeitschrift, Jg. 13/1986, S. 121–126.

[33] So Art. 7 Abs. 1 des Deutschland-Vertrages. Die Texte der alliierten Abmachungen und Absprachen sowie der Verträge der drei Westmächte mit der Bundesrepublik Deutschland und der UdSSR mit der DDR sind in zahlreichen Dokumentationen wiedergegeben. Vgl. dazu die Nachweise bei Jens Hacker: Die deutschlandrechtliche und deutschlandpolitische Funktion der Vier-Mächte-Verantwortung, in: Dieter Blumenwitz/Boris Meissner: Staatliche und nationale Einheit Deutschlands – ihre Effektivität, Köln 1984, S. 75–96 (77, Anm. 6).

die Errichtung einer gesamtdeutschen Zentralregierung zu verstehen" sei, „die Herstellung eines einheitlichen Staatswesens also, das die Gebiete der Bundesrepublik, der sog. ‚Deutschen Demokratischen Republik' sowie West- und Ost-Berlins umfaßt ... Eine Verpflichtung, die Wiedervereinigung Deutschlands in den Grenzen vom 31.12.1937 anzustreben, ist daher von den Drei Mächten im Bonner Vertrag nicht übernommen worden..."[34]

Aufgrund der alliierten Abkommen aus den Jahren 1944/45 haben Verhandlungen über einen Friedensvertrag mit Deutschland von den Grenzen vom 31. Dezember 1937 auszugehen. Das Deutschland in diesen Grenzen ist für die Westmächte – wie es Alois Mertes, Staatsminister im Auswärtigen Amt, überzeugend formuliert hat – „ein völkerrechtlich verbindliches Ausgangsdatum, aber keine territoriale Zielvorgabe".[35] Die von den drei Westmächten und der UdSSR 1944/45 neben der Formel „Deutschland in den Grenzen vom 31. Dezember 1937" verwandte Klausel „Deutschland als Ganzes", der sich auch die Sowjetunion bis 1955 ausdrücklich bedient hat, gibt den nötigen Spielraum.

c) Der Alleinvertretungsanspruch

Zu den Kernpunkten der Außen- und Deutschland-Politik der Bundesrepublik Deutschland gehörte seit ihrer Konstituierung der Alleinvertretungsanspruch. Bundeskanzler Adenauer hat ihn erstmals in seiner Regierungserklärung vom 21. Oktober 1949 vor dem Bundestag formuliert:

„Die Bundesrepublik Deutschland ist ... bis zur Erreichung der deutschen Einheit insgesamt die alleinige legitimierte staatliche Organisation des deutschen Volkes. Hieraus ergeben sich innenpolitische und außenpolitische Folgerungen ... Die Bundesrepublik Deutschland fühlt sich auch verantwortlich für das Schicksal der 18 Millionen Deutschen, die in der Sowjetzone leben. Sie versichert sie ihrer Treue und ihrer Sorge. Die Bundesrepublik Deutschland ist allein befugt, für das deutsche Volk zu sprechen. Sie erkennt Erklärungen der Sowjetzone nicht als verbindlich für das deutsche Volk an."[36]

Als die allein demokratisch legitimierte staatliche Organisation des deutschen Volkes nahm die Bundesrepublik Deutschland also das Recht in Anspruch, Deutschland (und das deutsche Volk) in internationalen Angelegenheiten allein zu vertreten. Die drei Westmächte haben diesen Anspruch zum ersten

---

[34] So Wilhelm Grewe in seiner Einführung zu Hans Kutscher/Wilhelm Grewe: Bonner Vertrag, München und Berlin 1952, S. 14 f.; ders.: Der Alte gab nichts preis, in: Rheinischer Merkur/Christ und Welt vom 28. Juli 1989.

[35] So Alois Mertes in einem Interview, das die „Frankfurter Allgemeine Zeitung" vom 15. Januar 1984 unter der Überschrift „Mertes: Revanchismus-Vorwürfe sind auch gegen die Westalliierten gerichtet" veröffentlicht hat.

[36] Text in: Verhandlungen des Deutschen Bundestages. Stenographischer Bericht. 1. Wahlperiode 1949, S. 308.

Mal in der Erklärung der New Yorker Konferenz der Außenminister vom 19. September 1950 unterstützt, als sie feststellten:

„Bis zur Vereinigung Deutschlands betrachten die drei Regierungen die Regierung der Bundesrepublik als die einzig frei und gesetzlich konstituierte deutsche Regierung, die infolgedessen befugt ist, in internationalen Angelegenheiten als Vertreter des deutschen Volkes für Deutschland zu sprechen."[37]

Die New Yorker Formel vom 19. September 1950 ging später auch in das Pariser Vertragswerk von 1954 ein und wurde damit zur Vertragsgrundlage für alle NATO-Partner. Der Alleinvertretungsanspruch fand ab 1955 in der „Hallstein-Doktrin" seinen Ausdruck und erlangte in dem Augenblick praktische Bedeutung, in dem die Bundesrepublik Deutschland aufgrund der Vereinbarungen vom 13. September 1955 diplomatische Beziehungen mit der Sowjetunion aufnahm. Zum ersten Male gab es „von diesem Zeitpunkt an eine ausländische Regierung, bei der gleichzeitig zwei deutsche diplomatische Vertretungen akkreditiert waren, eine Hauptstadt, in der nebeneinander zwei deutsche Botschafter amtierten, die zwei verschiedene deutsche Regierungen zu vertreten beanspruchten".[38]

Die Bundesregierung trug in Moskau dafür Sorge, daß die Aufnahme der diplomatischen Beziehungen zur UdSSR nicht als Aufgabe des Alleinvertretungsanspruches gedeutet werden konnte. So führte Bundeskanzler Adenauer in seiner an die Sowjetregierung schriftlich übermittelten und von dieser entgegengenommenen, wenn auch nicht inhaltlich gebilligten Vorbehaltserklärung vom 13. September 1955 aus: „Die Aufnahme diplomatischer Beziehungen mit der Regierung der Sowjetunion bedeutet keine Änderung des Rechtsstandpunktes der Bundesregierung in bezug auf ihre Befugnis zur Vertretung des deutschen Volkes in internationalen Angelegenheiten und in bezug auf die politischen Verhältnisse in denjenigen deutschen Gebieten, die gegenwärtig außerhalb ihrer effektiven Hoheitsgewalt liegen."[39]

Vor dem Bundestag erklärte Adenauer am 22. September 1955, die Vorbehalte sollten sicherstellen, daß in der Erklärung über die Aufnahme diplomatischer Beziehungen nicht ein Verzicht auf den Rechtsstandpunkt der Bundesregierung „bezüglich ... des Rechts der Bundesregierung, Sprecher des ganzen deutschen Volkes zu sein ..., gesehen werden kann". Daß Adenauer durch den Gebrauch des Wortes „Sprecher" eine Änderung der bisherigen Rechtsauf-

---

[37] Text des New Yorker Kommuniqués über Deutschland in: Europa-Archiv, Jg. 5/1950, S. 3406 f. (3406). Vgl. dazu auch J. Hacker, a. a. O. (Anm. 17), S. 354–358.
[38] So Wilhelm G. Grewe: „Hallstein-Doktrin", in: Staatslexikon – Recht-Wirtschaft-Gesellschaft. Hrsg. von der Görres-Gesellschaft. 6., völlig neu bearb. und erw. Aufl. 10. Band, 2. Ergänzungsband. Freiburg 1970, Sp. 266–273 (267).
[39] Text in: Die Bemühungen der deutschen Regierung und ihrer Verbündeten um die Einheit Deutschlands 1955–1966. Hrsg. vom Auswärtigen Amt, Bonn 1966, S. 82.

fassung nicht beabsichtigt hat, geht aus einer Erläuterung der Ziffer 2 hervor, in der er wiederum von der „Vertretung des deutschen Volkes" sprach.[40]

Um alle Mißverständnisse auszuräumen, betonte Bundeskanzler Adenauer vor dem Bundestag am 22. September 1955: „Ich muß unzweideutig feststellen, daß die Bundesregierung auch künftig die Aufnahme diplomatischer Beziehungen mit der ‚DDR' durch dritte Staaten, mit denen sie offizielle Beziehungen unterhält, als einen unfreundlichen Akt ansehen würde, da er geeignet wäre, die Spaltung Deutschlands zu vertiefen."[41]

Diese Formulierung enthielt — wie Wilhelm G. Grewe betont — „den Kern jener Politik, die man später nach dem mit ihrer praktischen Durchsetzung hauptsächlich befaßten Staatssekretär des Auswärtigen Amtes ‚Hallstein-Doktrin' nannte. Ihre Grundgedanken waren schon auf dem Rückflug der Verhandlungsdelegation aus Moskau konzipiert worden. Sie wurden auf einer von Bundesaußenminister Heinrich von Brentano nach Bonn einberufenen Botschafterkonferenz am 8./9. Dezember 1955 eingehend erörtert. Die Erörterungen dieser Botschafterkonferenz müssen auf dem Hintergrund der nach dem Moskauer Ergebnis intensivierten Bemühungen des Ulbricht-Regimes um völkerrechtliche Anerkennung gesehen werden, die im Herbst 1955 ihren Ausdruck in verstärkten Bemühungen fanden, den Status der Handelsmissionen der Zone in Indien und Ägypten aufzuwerten. Angesichts des Lagebildes, das sich aus den Berichten der Botschafter ergab, suchte der Außenminister mit seinen Mitarbeitern jene Politik zu konkretisieren, die der Bundeskanzler am 22. September 1955 (dieses Datum wird man als die eigentliche Geburtsstunde der ‚Hallstein-Doktrin' anzusehen haben) im Bundestag verkündet hatte."[42]

In einem Interview vom 11. Dezember 1955 erläuterte Grewe, damals Leiter der Politischen Abteilung des Auswärtigen Amtes, in einer differenzierten Form die „Hallstein-Doktrin". Man könne nicht generell festlegen, wann eine Anerkennung der DDR im völkerrechtlichen Sinne vorliege, da es eine Reihe von Zwischenstufen gebe, die in der Staatenpraxis wie im Völkerrecht umstritten seien. Die Intensivierung der Beziehungen eines Landes mit der DDR werde von der Bundesregierung als unfreundlicher Akt angesehen. Darauf könne man mit verschieden gestuften Maßnahmen reagieren.

Bei den „Hallstein-Doktrin" handelte es sich also nicht um eine „Doktrin", die „einen juristischen Automatismus mit der zwangsläufigen Folge des Abbruches der diplomatischen Beziehungen in bestimmten Fällen konstatiert, sondern um eine Politik, die verschiedenartig abgestufte Gegenmaßnahmen ins Auge faßt, über die im konkreten Einzelfall eine den Umständen entsprechende

---

[40] Text, ebenda, S. 83—90 (88).
[41] Text, ebenda, S. 89.
[42] Wilhelm G. Grewe, a. a. O. (Anm. 38), Sp. 267 f.

politische Entscheidung zu treffen ist".[43] In zwei Fällen hat die Bundesregierung unter Bundeskanzler Adenauer die Aufnahme diplomatischer Beziehungen zwischen der DDR und einem dritten Staat zum Anlaß genommen, um mit dem Abbruch der diplomatischen Beziehungen zu reagieren: im Falle Jugoslawiens (Oktober 1957) und im Falle Kubas (Januar 1963).[44]

Die Politik der Alleinvertretung war notwendigerweise mit der Konsequenz verbunden, daß für die Bundesrepublik Deutschland eine völkerrechtliche Anerkennung der DDR nicht in Betracht kam — ein Postulat, an dem bis heute, nicht nur bis zum Herbst 1969, jede Bundesregierung festgehalten hat. Martin Kriele, einer der drei Prozeß-Bevollmächtigten der Bundesregierung im Normenkontrollverfahren über den Grundlagenvertrag vor dem Bundesverfassungsgericht, meint, mit Hilfe der Identitätsthese habe „ein Teil der deutschen Staatsrechtslehrer den Alleinvertretungsanspruch zusätzlich juristisch untermauern und verfassungsfest"[45] machen wollen. Es ist umgekehrt — wie Wilfried Fiedler zutreffend ausführt — der Alleinvertretungsanspruch als „besondere — und wechselnde — Ausdrucksform der Identitätssituation hinzugefügt worden".[46]

d) Die Entwicklung des völkerrechtlichen Status der Bundesrepublik Deutschland

Die Frage nach den konkreten Möglichkeiten der Bonner Deutschland-Politik in der ersten Entwicklungsphase der Bundesrepublik Deutschland läßt sich nur beantworten, wenn man sich auch den völkerrechtlichen Status der Bundesrepublik Deutschland vergegenwärtigt. In dem gleichzeitig mit dem Grundgesetz in Kraft getretenen Besatzungsstatut vom 10. April 1949 behielten sich die drei westlichen Besatzungsmächte die Befugnisse auf dem Gebiet der auswärtigen Gewalt der Bundesrepublik Deutschland vor.[47] Nachdem die Außenminister der Westmächte auf ihrer bereits erwähnten New Yorker Konferenz im September 1950 eine Änderung des Besatzungsstatuts — „unter Beibehaltung der legalen Basis der Besetzung" — und die Ermächtigung der Bundesregierung, ein

---

[43] So W. G. Grewe, ebenda.
[44] Vgl. dazu die Nachweise in: Die Auswärtige Politik. Hrsg. vom Auswärtigen Amt unter Mitwirkung eines wissenschaftlichen Beirats, Köln 1972, S. 364–366, 487–489. Vgl. dazu und zur späteren Anwendung der „Hallstein-Doktrin" W. G. Grewe, ebenda, Sp. 268–273. Den innen- und außenpolitischen Kontext und die durch die Politik der Nichtanerkennung bedingten internationalen Verhaltensmuster der beiden Staaten in Deutschland analysiert Heinrich End in: Zweimal deutsche Außenpolitik. Internationale Dimensionen des innerdeutschen Konflikts 1949–1972, Köln 1973.
[45] Martin Kriele: Das Erreichbare ist erreicht, in: Frankfurter Allgemeine Zeitung vom 21. Dezember 1972.
[46] Wilfried Fiedler: Staats- und völkerrechtliche Probleme des Staatsuntergangs. Zum rechtlichen Selbstverständnis der Bundesrepublik nach dem Grundvertrag, in: Zeitschrift für Politik, Jg. 20/1973, S. 150–178 (160).
[47] Text des Besatzungsstatuts in: Europa-Archiv, Jg. 4/1949, S. 2074 f.

Außenministerium zu errichten, angekündigt hatten, wurde das Besatzungsstatut vom 10. April 1949 erstmals am 6. März 1951 geändert. Auch jetzt behielten sich die drei westlichen Alliierten die Befugnisse auf dem Gebiet „Auswärtige Angelegenheiten einschließlich der von Deutschland oder in seinem Namen abgeschlossenen internationalen Abkommen" vor. Sie gestatteten jedoch der Bundesrepublik, die Pflege der Beziehungen mit anderen Ländern in vollem Umfang „insoweit zu ermöglichen, als dies mit den Erfordernissen der Sicherheit, mit den anderen vorbehaltenen Befugnissen und den Verpflichtungen der Besatzungsmächte in bezug auf Deutschland vereinbar ist".[48]

In der Zeit von der Konstituierung der Bundesrepublik Deutschland bis zum Frühjahr 1955, dem Inkrafttreten des Deutschland-Vertrags, war nicht nur der außen-, sondern auch der deutschlandpolitische Spielraum der Bundesrepublik äußerst gering, da sie unter dem Besatzungsregime der drei Westmächte stand und über keine Souveränität verfügte. Für Bundeskanzler Adenauer bildete die Herstellung der Souveränität der Bundesrepublik Deutschland daher eines der wichtigsten Ziele seiner Politik. Darüber hinaus ging es ihm darum zu verhindern, daß die drei Westmächte gemeinsam mit der UdSSR zum Nachteil der Bundesrepublik und auch Gesamtdeutschlands Vereinbarungen treffen könnten. Die Wiederherstellung der staatlichen Einheit Deutschlands mußte diesen beiden Zielen untergeordnet werden. Mit dem Deutschland-Vertrag hat Adenauer die ersten beiden Ziele seiner Politik erreicht: Gemäß Art. 1 wird die Bundesrepublik „die volle Macht eines souveränen Staates über ihre inneren und äußeren Angelegenheiten haben".

Es war auch im Sinne der Bundesrepublik Deutschland, daß sich die drei Westmächte im Deutschland-Vertrag ihre Rechte und Verantwortlichkeiten in bezug auf Berlin und Deutschland als Ganzes einschließlich der Wiedervereinigung Deutschlands und einer friedensvertraglichen Regelung vorbehalten haben (Art. 2). Adenauers Sorge, die drei Westmächte und die Sowjetunion könnten sich unter Außerachtlassung der Interessen der Bundesrepublik über eine „Lösung der deutschen Frage" einigen, hat der Deutschland-Vertrag endgültig ausgeräumt.

e) Die Haltung der Bundesrepublik Deutschland gegenüber der DDR

Einige wichtige Schlußfolgerungen über die Bonner Deutschland-Politik in den Jahren ab 1949 ergeben sich aus den rechtlichen und politischen Grundpositionen: vor allem aus der rechtlichen Identität der Bundesrepublik Deutschland mit dem nicht untergegangenen, aber handlungsunfähigen Deutschen Reich; dem „Deutschland"-Begriff des Grundgesetzes; der These, daß die

---

[48] Text in: Europa-Archiv, Jg. 6/1951, S. 3829 f. (3829).

Grenzen Deutschlands erst endgültig in einem Friedensvertrag mit einer gesamtdeutschen Regierung festgelegt werden können; dem Alleinvertretungsanspruch und der mit ihm eng verbundenen Politik der Nichtanerkennung der DDR sowie dem Mitspracherecht der drei westlichen Alliierten in der deutschen Frage.

Gerade wegen der Mitverantwortung der UdSSR für die Lösung der deutschen Frage, die sie bis 1955 ausdrücklich selbst anerkannt hat, konnte „Deutschland-Politik" von Anfang an nicht auf das Verhältnis der Bundesrepublik Deutschland zur DDR reduziert werden. An der Deutschland-Politik waren damals und später immer die Mächte beteiligt, die 1944/45 den Status Deutschlands nach dessen militärischer Niederringung festgelegt haben. Die Einbeziehung der SBZ und der späteren DDR in den sowjetischen Machtbereich machte es außerdem frühzeitig erforderlich, Deutschland- und Ostpolitik nicht als getrennte Bereiche zu betrachten und zu behandeln.

Eine Analyse der Deutschland-Politik Bonns seit 1949 hat auch zu beachten, daß die Bundesrepublik Deutschland in die 1950 eingeleitete Politik der europäischen Einigung von Anfang an einbezogen worden ist. Die vornehmlich von den Vereinigten Staaten forcierte Politik der Einbindung der Bundesrepublik Deutschland in die westliche Integrations- und Bündnispolitik wurde von der Bundesregierung nachdrücklich in der Hoffnung unterstützt, auf diese Weise gleichzeitig die Souveränität zu erlangen. Die von Bundeskanzler Adenauer konsequent verfolgte Politik der West-Orientierung führte nun auch noch zu scharfen innenpolitischen Auseinandersetzungen, da die parlamentarische Opposition der SPD davon ausging, daß Westintegration und Wiedervereinigung Deutschlands als Zielprojektionen einander ausschlossen.

Nicht übersehen werden darf jedoch, daß Kurt Schumacher, der als Vorsitzender der SPD der drei westlichen Besatzungszonen die politische Linie seiner Partei auch in der deutschen Frage bis zu seinem Tode am 20. August 1952 bestimmt hat, an seiner entschiedenen Westorientierung nie einen Zweifel gelassen hat. Schumacher zog aus der Verschärfung des Ost-West-Konflikts und dem beginnenden Kalten Krieg schon 1947 den Schluß, daß es nicht mehr darum gehe, die Einheit Deutschlands zu erhalten; die Aufgabe bestehe vielmehr darin, getrennte Teile Deutschlands wiederzuvereinigen. Voraussetzung dafür waren nach seiner Ansicht eine schnelle ökonomische Gesundung der aus der britischen und amerikanischen Zone am 1. Januar 1947 geschaffenen Bi-Zone. Der Bi-Zone wies er die Funktion eines „Magneten" zu, der auf die beiden anderen Besatzungszonen in Deutschland eine unwiderstehliche Anziehungskraft ausüben sollte. Hans-Peter Schwarz ist in seiner Würdigung der Persönlichkeit Kurt Schumachers zu dem klaren Ergebnis gelangt, daß er mit seiner Wiedervereinigungs-Konzeption noch am meisten Erfolg gehabt habe:

„Die Hoffnung auf den ‚Magnetismus' eines demokratischen, prosperierenden Deutschlands und Europas — im Grunde eine ‚Politik der Stärke' — wurde seit 1949 von allen bedeutenden Kräften der Bundesrepublik als maßgebendes Kalkül akzeptiert. Eine Wiedervereinigung sollte in Form des Anschlusses der Ostzone erfolgen. Auch der von Schumacher propagierte Weg der unbedingten Priorität freier Wahlen fand bis weit über seinen Tod hinaus eine ziemlich uneingeschränkte Zustimmung. Die Freiheit der Zone sollte von der Macht der Umstände erzwungen und nicht ausgehandelt werden."[49]

Die bald nach der Konstituierung der Bundesrepublik Deutschland 1949 zwischen Bundeskanzler Adenauer und Schumacher beginnenden außenpolitischen Auseinandersetzungen konzentrierten sich auf die Modalitäten der Westpolitik und dabei vor allem auf die prinzipiellen Methoden zur Wiedereingliederung Deutschlands in die europäische Staatengesellschaft. In der bedingungslosen Ablehnung der kommunistischen Diktatur in der SBZ stimmten beide überein. Somit standen die schnell unüberbrückbaren Gegensätze in der Westpolitik und die Gemeinsamkeiten im Kampf gegen die DDR nebeneinander: „Dabei mußte die SPD erleben, daß die Entscheidungen, die sie in diesen Wochen traf, ihren Kurs für die folgenden zehn Jahre ziemlich definitiv festlegten, bis sie auf die Adenauer-Linie einschwenkte. Die Politik von Regierung und Opposition gegenüber der DDR wurde sogar auf 20 Jahre fixiert. Und die vorbehaltlose Westbindung, die Adenauer schon im ersten Jahr seiner Kanzlerschaft vornahm, hat die Außenpolitik der Bundesrepublik bis heute bestimmt."[50]

Während die SPD die nach einem Jahrzehnt von ihr als richtig erkannte Politik Bundeskanzler Adenauers, die Bundesrepublik Deutschland in das europäische Staatensystem einzugliedern und im Verhandlungswege mit den drei Westmächten einen Abbau des Besatzungsstatus und die Souveränität der Bundesrepublik Deutschland zu erreichen, bitter bekämpfte,[51] zerbrach bereits 1952 die bis dahin noch vorhandene Gemeinsamkeit von Bundesregierung und Opposition in der Deutschland-Politik. Auslöser waren Stalins Noten vom 10. März und 9. April 1952. Der Streit um die von publizistischer Seite immer wieder angeheizte Diskussion um „Die Legende von der verpaßten Gelegenheit"[52] braucht hier nicht rekapituliert zu werden. Sowohl in den parteipolitischen Auseinandersetzungen von 1952 und 1958 als auch in vielen sich wissenschaftlich gerierenden Studien wurde und wird übersehen, daß in Stalins Ent-

---

[49] Hans-Peter Schwarz: Vom Reich zur Bundesrepublik. Deutschland im Widerstreit der außenpolitischen Konzeptionen in den Jahren der Besatzungsherrschaft 1945–1949, 2., erw. Aufl. Stuttgart 1980, S. 563.

[50] So Hans-Peter Schwarz: Die Ära Adenauer – Gründerjahre der Republik 1949–1957, Stuttgart, Wiesbaden 1981, S. 53–61 (60 f.), wo er ausführlich „Die Ansätze der Außenpolitik: Adenauer und Schumacher" analysiert.

[51] Vgl. dazu die Nachweise bei Jens Hacker: Die deutsche Frage aus der Sicht der SPD, in: Dieter Blumenwitz/Gottfried Zieger (Hrsg.): Die deutsche Frage im Spiegel der Parteien, Köln 1989, S. 39–65 (44–53).

[52] So der Titel des von Hans-Peter Schwarz herausgegebenen Bandes 5 der „Rhöndorfer Gespräche". Stuttgart und Zürich 1982.

wurf für einen Friedensvertrag mit Deutschland vom 10. März 1952 von der „Entwicklung Deutschlands als eines einheitlichen, unabhängigen, demokratischen und friedliebenden Staates in Übereinstimmung mit den Potsdamer Beschlüssen" die Rede war.

In den Noten vom 13. Mai und 23. August 1952 präzisierte und konkretisierte die UdSSR ihre Forderung nach Realisierung der Potsdamer Beschlüsse in der Bundesrepublik Deutschland in so prononcierter Weise, daß spätestens zu diesem Zeitpunkt feststand: Dem Kreml ist es damals gar nicht darum gegangen, die Eingliederung der Bundesrepublik Deutschland in das westliche Verteidigungssystem zu verzögern oder gar zu verhindern, sondern vornehmlich darum, sich ein Alibi zu verschaffen und die Verantwortung für die Spaltung Deutschlands den drei Westmächten zuzuschieben, um die Stabilisierung, das heißt Sowjetisierung der SBZ/DDR im Sommer 1952 zu forcieren. Die nun eingeleitete verschärfte Militarisierung und die im Juli 1952 von der 2. Parteikonferenz der SED getroffenen Beschlüsse legen dafür eindringlich Zeugnis ab.[53]

Immerhin vermochte Stalin zu erreichen, daß von jetzt an der deutschlandpolitische Konsens zwischen Regierung und Opposition in Bonn nicht mehr gegeben war: „Westverträge und Wiedervereinigungsfrage waren von jetzt an unauflöslich miteinander verbunden ... Für einige Jahre hatte die SPD nun ein weiteres, plausibles Argument, mit dem sie sich gegen die von ihr ohnehin bekämpften Westverträge wenden konnte ... Für Adenauer lautete die Alternative nicht Wiedervereinigung oder Westverträge, er war vielmehr überzeugt, daß bei dem immer noch leicht möglichen Scheitern der West-Verhandlungen eine völlig unübersichtliche und ungesicherte Lage entstehen müsse, in der Bonn nur geringe Möglichkeiten besäße, auf die Diplomatie der Großmächte im Sinn der deutschen Interessen einzuwirken."[54] Mit dem Inkrafttreten des Deutschland-Vertrags am 5. Mai 1955 war Bundeskanzler Adenauer — wie dargelegt — dieser Sorge behoben. Vier Tage später wurde die Bundesrepublik Deutschland in die NATO und Westeuropäische Union (WEU) aufgenommen.

In der zweiten Hälfte der fünfziger und verstärkt im Laufe der sechziger Jahre führte die internationale Entwicklung dazu, daß die deutsche Frage immer stärker mit der Problematik der europäischen Sicherheit gekoppelt wurde. In den deutschlandpolitischen Vorstellungen Adenauers gewann der Aspekt der Freiheit für die Bewohner der DDR immer mehr die Priorität vor dem Ziel der staatlichen Einheit. Es ist vor allem das Verdienst von Hans-Peter Schwarz und Klaus Gotto, aufgrund erst später zugänglich gewordener Quellen das von einem einflußreichen und nicht unbeträchtlichen Teil der Journalistik und Publizistik einseitig und teilweise auch verzerrt entworfene Bild der Adenauerschen

---

[53] Text des ost-westlichen Notenwechsels bei Eberhard Jäckel (Hrsg.): Die deutsche Frage 1952–1956. Notenwechsel und Konferenzdokumente der vier Mächte, Frankfurt/M., Berlin 1957, S. 23–37.
[54] So. H.-P. Schwarz, a. a. O. (Anm. 50), S. 158–160.

Deutschland-Politik ins rechte Licht gerückt zu haben. Den deutschlandpolitischen Vorstellungen Adenauers kann man nur gerecht werden, wenn man neben den „Erinnerungen" des ersten Bundeskanzlers Heinrich Krones Aufzeichnungen zur Deutschland- und Ostpolitik 1954–1969 und die beiden Fassungen des sog. Globke-Plans zur Wiedervereinigung aus den Jahren 1958/59 und 1961 heranzieht.[55]

Mit gutem Grund lasse sich – betont beispielsweise Hans-Peter Schwarz – die These vertreten, daß die Stärke des Adenauerschen Wiedervereinigungswollens erst nach Wiedergewinnung der Souveränität 1955 eigentlich getestet worden sei. Dazu bemerkte er 1975:

„Adenauers Deutschland-Politik in den Jahren 1955 bis 1963 lag bis vor wenigen Jahren noch fast außerhalb des Interesses der Forschung, und solange konnte sich auch die von Nationalliberalen und Sozialdemokraten liebevoll gehegte Legende vom alten Kanzler halten, der bis in die zweite Hälfte der sechziger Jahre hinein starrköpfig und geistig unbeweglich an juristischen Positionen wie Alleinvertretungsrecht, Hallstein-Doktrin, Nicht-Anerkennung der DDR festhielt – eine Gestalt also, die schon zu ihren Lebzeiten von der weltpolitischen Entwicklung überholt war ... So viel kann aber heute schon gesagt werden: Das Zerrbild vom ‚letzten Mohikaner' des kalten Krieges, der sich einfallslos und rein defensiv am Status quo festklammert, kann nicht mehr länger aufrechterhalten werden ... Einen ersten Zipfel von seiner zur Öffentlichkeit hin völlig abgeschirmten Deutschland-Politik lüftete der Kanzler erst einige Tage vor dem Rücktritt, als er in einem Interview mit dem ZDF am 3. Oktober 1963 mitteilte, er habe Chruschtschow gefragt, ‚ob wir nicht einen Burgfrieden für zehn Jahre schließen sollten und es auch während der zehn Jahre für die Menschen in der Sowjetzone größere Freiheiten gäbe als jetzt'. Unschwer erkannten jene wenigen aufmerksamen Beobachter in der deutschen Öffentlichkeit, die dies genauer registrierten, daß damit bereits jene Linie der Deutschland–Politik skizziert war, in der die ‚menschlichen Erleichterungen' im Mittelpunkt standen – aber nicht mehr eine kurz- oder mittelfristige Ingangsetzung des Wiedervereinigungsprozesses."[56]

---

[55] Texte der Aufzeichnungen H. Krones und der beiden Fassungen des Globke-Plans in: Rudolf Morsey/Konrad Repgen (Hrsg.): Untersuchungen und Dokumente zur Ostpolitik und Biographie. Adenauer-Studien III, Mainz 1974, S. 134–209. Weitere Nachweise bei Jens Hacker: Deutsche unter sich. Politik mit dem Grundvertrag, Stuttgart 1977, S. 27–32.

[56] Hans-Peter Schwarz: Adenauers Wiedervereinigungspolitik – Zwischen nationalem Wollen und realpolitischem Zwang, in: Die Politische Meinung, Jg. 20/1975, H. 163, S. 33–54 (33). Vgl. dazu auch „Die Auswärtige Politik", a. a. O. (Anm. 44), S. 66: „Wenn dieses Angebot, weil nach sowjetischer Auffassung immer noch nicht ausreichend, nicht angenommen wurde, dann mußte sich damals für den Beobachter die Frage aufdrängen, ob überhaupt eine Möglichkeit bestand, die Sowjetunion ohne Selbstaufgabe der Bundesrepublik zufriedenzustellen." Vgl. zu K. Adenauers Deutschland-Politik auch Klaus Gotto: Adenauers Deutschland- und Ostpolitik 1954–1963, in: Adenauer-Studien III, ebenda, S. 3–91.

Erinnert sei auch und gerade an Adenauers brisanten Vorschlag, den er am 19. März 1958 dem sowjetischen Botschafter Andrej A. Smirnow unterbreitet und über den er im 3. Band seiner nach seinem Tod 1967 erschienenen „Erinnerungen" berichtet hat. Adenauer bat Smirnow, an die sowjetische Regierung folgende Frage zu richten: „Wären Sie bereit, der Sowjetzone den Status Österreichs zu geben?" Da Adenauer befürchtete, von den „eigenen Leuten wegen dieses Vorschlags gesteinigt zu werden, bat er Smirnow, diese Frage nicht an die Öffentlichkeit zu bringen."[57]

Adenauer gab seinen erstaunlichen Vorschlag eines „Österreich-Status" für die DDR dem sowjetischen Botschafter zu bedenken — „zwei Jahre bevor phantasievolle Professoren wie Karl Jaspers und Golo Mann die Idee in die deutsche öffentliche Diskussion brachten und damit bei allen Parteien abblitzten".[58] Seither ist eine verwirrende Vielfalt von Planungsüberlegungen, Plänen und Initiativen aus dem Bundeskanzleramt bekanntgeworden, die teilweise bis in die deutsch-sowjetischen Verhandlungen im September 1955 zurückreichen und die vor allem Hans-Peter Schwarz und Klaus Gotto in detaillierter Kleinarbeit ausgewertet haben. Sie verdeutlichen, wie sehr sich Adenauer immer bewußt gewesen ist, daß die staatliche Einheit Deutschlands nur im Zusammenwirken mit den drei Westmächten und der Sowjetunion hätte wiederhergestellt werden können. Darüber hinaus geht aus Adenauers ständigen Versuchen, mit der Sowjetunion Kontakt zu halten, klar hervor, daß das Nahziel seiner Deutschland- und Ostpolitik „menschliche Erleichterungen" für die in der DDR lebenden Menschen gewesen ist.

f) Vergebliches Ringen um eine Lösung der deutschen Frage (1949–1955)

Für die Wiederherstellung der staatlichen Einheit Deutschlands blieben auch ab 1949 die vier Mächte verantwortlich, die sich jedoch aufgrund ihrer unterschiedlichen Grundpositionen über eine gemeinsame Lösung der Deutschland-Frage auch bis 1955 nicht zu verständigen vermochten. Für die drei Westmächte, die von Anfang an — wie bereits betont — in der Bundesrepublik Deutschland die allein legitimierte staatliche Organisation des deutschen Volkes

---

[57] Konrad Adenauer: Erinnerungen. Band III: 1955–1959, Stuttgart 1967, S. 377 f.
[58] So H.-P. Schwarz, a. a. O. (Anm. 56), S. 48. Dieser Beitrag von H.-P. Schwarz ist unter dem Titel „Das Spiel ist aus und alle Fragen offen, oder: Vermutungen zu Adenauers Wiedervereinigungspolitik" auch erschienen in: Helmut Kohl (Hrsg.): Konrad Adenauer 1876/1976, Stuttgart und Zürich 1976, S. 168–184. Christian Hackes Feststellung, die Deutschland-Politik habe in der Ära Adenauer aus „völkerrechtlichen Postulaten und moralischen Imperativen" bestanden, ist angesichts der weitreichenden Überlegungen des ersten Kanzlers verfehlt. Vgl. Christian Hacke: Die Deutschlandpolitik der Bundesrepublik Deutschland, in: Werner Weidenfeld/Hartmut Zimmermann (Hrsg.): Deutschland-Handbuch – Eine doppelte Bilanz 1949–1989. Hrsg. von der Bundeszentrale für politische Bildung, Bonn 1989, S. 535–550 (537).

sahen und den Anspruch der Bundesregierung, als Vertreterin des deutschen Volkes für Deutschland auch international zu sprechen, anerkannt haben, konnte die Wiedervereinigung nur durch eine freie gesamtdeutsche Willensentscheidung eingeleitet werden. Die UdSSR hingegen vertrat – dabei von der DDR-Regierung unterstützt – die Auffassung, daß zunächst ein gesamtdeutsches Gremium gebildet werden müsse und daß Wahlen in Deutschland erst später stattfinden sollten. Ein weiterer wichtiger Streitpunkt bildete die Frage, in welchem Zeitpunkt ein Friedensvertrag mit Deutschland geschlossen und wie es daran beteiligt werden sollte. Die dritte, immer wieder erörterte Streitfrage bezog sich auf den politischen und militärischen Status eines wiedervereinigten Deutschland.

Wie sehr die Vorstellungen der drei Westmächte und der UdSSR über eine Lösung der deutschen Frage divergierten, zeigte sich bereits in den Jahren 1950/51. Aufgrund einer Anregung des amerikanischen Hohen Kommissars John McCloy schlug die Bundesregierung am 22. März 1950 gesamtdeutsche Wahlen zu einer verfassunggebenden Nationalversammlung vor, die eine deutsche Verfassung ausarbeiten sollte. Ein Wahlgesetz sollte durch die vier Besatzungsmächte erlassen werden. In ihrer Erklärung über die Grundprinzipien einer Wiederherstellung der Einheit Deutschlands bezogen sich die drei Westmächte anläßlich einer Konferenz in London am 13. Mai 1950 auf den Vorschlag der Bundesregierung, und am 25. Mai 1950 übermittelten die drei Hochkommissare der Westmächte dem Vorsitzenden der Sowjetischen Kontrollkommission, General W. Tschuikow, Noten, denen sie die beiden Erklärungen der Bundesregierung und der Außenminister beilegten. General Tschuikow hat die Noten nicht beantwortet. Auch weitere Noten der westlichen Hochkommissare vom 9. Oktober 1950, in denen eine Antwort auf die Noten vom 25. Mai 1950 angemahnt und auf die Regierungserklärung sowie die Entschließung des Deutschen Bundestages vom 14. September 1950 über gesamtdeutsche Wahlen hingewiesen worden war, fanden keine Erwiderung auf sowjetischer Seite.[59]

Am 14. September 1950 hatte der Bundestag einmütig – mit Ausnahme der KPD-Fraktion – eine Entschließung angenommen, in der die Bundesregierung aufgefordert wurde, „2. die Besatzungsmächte in aller Form zu bitten, in allen vier Besatzungszonen freie, allgemeine, gleiche, geheime und direkte Wahlen zu einem gesamtdeutschen Parlament unter internationaler Kontrolle vornehmen zu lassen".[60]

Daß die sowjetische Führung nicht geneigt war, die westlichen Vorschläge ernsthaft zu prüfen, offenbarten die Ergebnisse der Prager Außenminister-Konferenz vom 20. und 21. Oktober 1950, an der Repräsentanten Albaniens, Bul-

---

[59] Vgl. dazu die Nachweise bei Heinrich v. Siegler: Wiedervereinigung und Sicherheit Deutschlands, 4. erw. Aufl. Bonn, Wien, Zürich 1960, S. 26 f.
[60] Text, ebenda, S. 184 f.

gariens, Polens, Rumäniens, der UdSSR, der Tschechoslowakei und Ungarns teilnahmen; die DDR war durch ihren Außenminister Dertinger vertreten. Die Prager Deklaration forderte den „unverzüglichen Abschluß eines Friedensvertrages mit Deutschland unter Wiederherstellung der Einheit des deutschen Staates in Übereinstimmung mit dem Potsdamer Abkommen ... und die Bildung eines Gesamtdeutschen Konstituierenden Rates unter paritätischer Zusammensetzung aus Vertretern Ost- und Westdeutschlands, der die Bildung einer gesamtdeutschen souveränen, demokratischen und friedliebenden provisorischen Regierung vorzubereiten und den Regierungen der Sowjetunion, der USA, Großbritanniens und Frankreichs die entsprechenden Vorschläge zur gemeinsamen Bestätigung zu unterbreiten hat und der bis zur Bildung einer gesamtdeutschen Regierung zur Konsultation bei der Ausarbeitung des Friedensvertrages heranzuziehen ist. Unter bestimmten Umständen kann eine unmittelbare Befragung des deutschen Volkes über diesen Vorschlag durchgeführt werden."[61]

Nachdem Ministerpräsident Otto Grotewohl am 30. November 1950 in einem Brief an die Bundesregierung gleichfalls die Bildung eines Gesamtdeutschen Konstituierenden Rates unter paritätischer Zusammensetzung aus Vertretern Ost- und Westdeutschlands vorgeschlagen hatte,[62] gab Bundeskanzler Adenauer am 15. Januar 1951 im Rahmen einer Pressekonferenz eine Erklärung zu diesem Schreiben, in der er sich nochmals auf den Vorschlag vom 22. März und die Entschließung des Bundestages vom 14. September 1950 bezog. In einem Vier-Punkte-Programm hatte die Bundesregierung am 22. März 1950 die Voraussetzung für freie gesamtdeutsche Wahlen konkretisiert.[63] Festzuhalten gilt, daß der damalige Bundesminister für gesamtdeutsche Fragen, Jakob Kaiser, in einer gesonderten Erklärung die von Grotewohl am 30. November 1950 vorgeschlagene Reihenfolge der Aufgabenstellung für einen „Gesamtdeutschen Konstituierenden Rat" mit dem Hinweis kritisiert hat, daß es einer solchen Institution nicht bedürfe: „Wem es ehrlich um eine freie und nicht um eine kommunistische Einheit Deutschlands geht, der muß freie Wahlen zu einer Nationalversammlung an die Spitze aller Aktionen für die Einheit Deutschlands stellen."[64]

Nachdem die Sowjetregierung in einer Note vom 3. November 1950 an die drei Westmächte eine Vierer-Konferenz über die Vorschläge der Prager Ostblock-Konferenz vom 20. und 21. Oktober 1950 und über die Frage der Einhaltung des Potsdamer „Abkommens" vorgeschlagen hatte,[65] verwiesen die West-

---

[61] Text, in: Europa-Archiv, Jg. 5/1950, S. 3560–3562.
[62] Text in: Die Bemühungen der Bundesrepublik um Wiederherstellung der Einheit Deutschlands durch gesamtdeutsche Wahlen. Dokumente und Akten. I. Teil: Oktober 1949–Oktober 1953. Hrsg. vom Bundesministerium für gesamtdeutsche Fragen. 4., erw. Aufl. 2. Nachdruck, Bonn 1959, S. 21.
[63] Text, ebenda, S. 22–25 (22 f.).
[64] Text, ebenda, S. 25 f.
[65] Text in: Europa-Archiv, Jg. 6/1951, S. 3711.

mächte in Antwortnoten vom 22. Dezember 1950 auf die Vorschläge, die sie mit ihren Noten vom 25. Mai 1950 General Tschuikow[66] übermittelt hatten.[67]

Aus den Dokumenten der UdSSR und der DDR ging klar hervor, daß Stalin nicht gewillt war, die Wiederherstellung der Einheit Deutschlands im Wege der Selbstbestimmung des deutschen Volkes zuzulassen. Aufschlußreich ist auch, mit welcher Hartnäckigkeit der Kreml damals seine einseitige Interpretation der Potsdamer Beschlüsse zur Grundlage seiner Vorschläge gemacht hat. Daher konnte es nicht überraschen, daß auch die von westlicher und östlicher Seite 1951 unterbreiteten Vorschläge nicht auf einen Nenner zu bringen waren. Am 9. März 1951 nahm der Deutsche Bundestag mit den Stimmen aller Fraktionen — gegen die Stimmen der KPD und einzelner Vertreter rechtsradikaler Splittergruppen — eine Entschließung an, in der er als „das freigewählte Parlament der Bundesrepublik Deutschland" die Bundesregierung aufforderte, „den vier Besatzungsmächten zugleich im Namen derjenigen Deutschen, denen bis jetzt das Recht der freien Wahl versagt ist, als dringendes Anliegen des ganzen deutschen Volkes das Ersuchen zu unterbreiten:

1. Die Viermächte-Konferenz möge die Voraussetzungen dafür schaffen, daß sobald wie möglich freie, allgemeine, gleiche, geheime und direkte Wahlen zu einem Parlament für ganz Deutschland durchgeführt werden können."[68]

Die Durchführung dieser Wahlen unter gleichen Bedingungen in allen Zonen — hieß es weiter in der Entschließung des Bundestages — setze voraus, „daß durch internationale Sicherungsmaßnahmen vor, während und nach den Wahlen die volle persönliche und staatsbürgerliche Freiheit und Gleichheit für alle Personen und politischen Parteien rechtlich und tatsächlich gewährleistet wird".[68] Dieser Vorschlag stellte den ersten Schritt in der Aktion dar, die schließlich zur Bildung einer UNO-Kommission zur Prüfung der Voraussetzungen für freie Wahlen in ganz Deutschland führte.

Am 15. September 1951 begann die DDR-Führung ihre Kampagne unter dem Stichwort „Deutsche an einen Tisch". Jetzt konzedierte Grotewohl erstmals, daß die Regierung der DDR nicht mehr auf einer paritätischen Zusammensetzung des Gesamtdeutschen Konstituierenden Rates beharre: „Die Zahl der Verhandlungsteilnehmer ist ... bei solchen Beratungen nicht von grundsätzlicher Bedeutung." Außerdem betonte er, es sei selbstverständlich, „daß eine Betätigungsfreiheit für alle demokratischen Parteien in ganz Deutschland geschaffen werden muß und daß die Wahlen in ganz Deutschland unter völlig gleichen Bedingungen durchgeführt werden müssen".

---

[66] Text in: Die Bemühungen..., a. a. O. (Anm. 62), S. 12—14.
[67] Text der Note vom 22. Dezember 1950, in: Europa-Archiv, Jg. 6/1951, S. 3711 f.
[68] Text der Erklärung des Bundeskanzlers und der Entschließungen vom 9. März 1951, in: Die Bemühungen..., a. a. O. (Anm. 62), S. 27—33.

Die „gesamtdeutsche Beratung" sollte sich mit den Fragen der „Durchführung gesamtdeutscher freier Wahlen für eine Nationalversammlung zur Schaffung eines einheitlichen, demokratischen, friedliebenden Deutschland" und mit der „Beschleunigung des Abschlusses eines Friedensvertrages mit Deutschland"[69] befassen. In einer Entschließung der Volkskammer vom 15. September 1951 wurde dieser Vorschlag wiederholt,[70] den Tschuikow ausdrücklich unterstützte.[71] Ebenso wie Grotewohl wußte Tschuikow, daß die Formeln „freie Wahlen" und „demokratisch und friedliebend" sich nach westlichem Verständnis einander ausschlossen und nicht die Basis für eine staatliche Zusammenfassung der beiden Teile Deutschlands sein konnten. Die Vorschläge Ost-Berlins und Moskaus verfolgten auch das Ziel, mit der Etablierung einer „gesamtdeutschen Beratung" die völkerrechtliche Anerkennung der DDR durch die Bundesrepublik Deutschland oder zumindest eine beachtliche politische Aufwertung der DDR zu erreichen.

Auf die Initiative Grotewohls reagierte die Bundesregierung umgehend, indem sie am 27. September 1951 Grundsätze einer Wahlordnung für freie gesamtdeutsche Wahlen präsentierte, ohne sich auf Verhandlungen mit der DDR einzulassen. Der Bundestag billigte die Erklärung der Bundesregierung, die sich auf die Erklärung vom 9. März 1951 bezog, einmütig gegen die Stimme der Kommunisten. Die Wahlordnung umfaßte 14 Grundsätze, von denen Punkt 12 lautete: Vorbereitung und Durchführung der Wahl stehen unter internationalem Schutz und internationaler Kontrolle. Weiterhin hieß es in der Erklärung der Bundesregierung:

„Die Bundesregierung wird diese Wahlordnung nach Annahme durch den Deutschen Bundestag den Vereinten Nationen, den vier Besatzungsmächten und den sowjetzonalen Behörden zur Stellungnahme zuleiten. Sie wird dabei vorschlagen, daß die internationalen Kontrollorgane von Vertretern neutraler Mächte gebildet wird."[72]

---

[69] Text, ebenda. Die Initiative Ost-Berlins war auch eine Reaktion auf die weitreichenden Beschlüsse der Konferenz der drei westlichen Außenminister vom 10.–14. September 1951 in New York, in denen sie eine Neuregelung ihrer Beziehungen zur Bundesrepublik Deutschland, eine Ablösung des Besatzungsstatuts und die Möglichkeit ankündigten, eine „europäische Verteidigungsgemeinschaft einschließlich Deutschlands" zu schaffen. Texte des Kommuniqués der Konferenz und der Erklärung über Europa und Deutschland, in: Europa-Archiv, Jg. 6/1951, S. 4397 f. Vgl. dazu auch Konrad Adenauer: Erinnerungen. Bd. I: 1945–1953, Stuttgart 1965, S. 453–489; Gottfried Zieger: Das Thema freier, demokratischer und geheimer Wahlen in Deutschland auf den Konferenzen der Vier Mächte, in: Gottfried Zieger (Hrsg.): Die Haltung der Sowjetunion gegenüber freien demokratischen und geheimen Wahlen in Deutschland nach 1945 – vergleichend dargestellt. Symposium 23./24. September 1985, Köln u. a. 1988, S. 109–135 (125–127).
[70] Text, in: Die Bemühungen..., ebenda, S. 36 f.
[71] Text, ebenda, S. 38 f.
[72] Text ebenda, S. 40 f. Vgl. dazu Gottfried Zieger: Die deutsche Frage in den Vereinten Nationen bis zur Erlangung der Mitgliedschaft durch beide deutsche Staaten, in: Gott-

Außerdem nahm der Bundestag am 27. September 1951 zwei Anträge der SPD-Fraktion an. Im ersten Antrag wurde die Bundesregierung ersucht, sich an die Regierungen der vier Besatzungsmächte mit der Aufforderung zu wenden, dem deutschen Volk baldigst Gelegenheit zu geben, in freien, allgemeinen, gleichen, geheimen und direkten Wahlen unter internationaler Kontrolle eine verfassung- und gesetzgebende sowie regierungsbildende und kontrollierende Nationalversammlung für das Gebiet der vier Besatzungszonen und Berlin zu wählen.[73]

In seiner Erklärung vom 10. Oktober 1951 bezeichnete Ministerpräsident Grotewohl vor der Volkskammer immerhin die Mehrzahl der vom Bundestag am 27. September unterbreiteten Vorschläge für „annehmbar". Die Frage der internationalen Kontrolle wollte er jedoch von einer „gesamtdeutschen Beratung" zunächst erörtern lassen.[74] Der Bundestag beschäftigte sich in seiner Sitzung vom 16. Oktober 1951 mit der Erklärung Grotewohls und lehnte zwei Anträge der KPD, in denen u. a. gefordert worden war, die Einladung der Volkskammer auf Durchführung einer gesamtdeutschen Beratung anzunehmen, mit überwältigender Mehrheit ab.[75]

Die Regierungen Frankreichs, Großbritanniens und der USA sandten am 5. November 1951 ein Schreiben an den Generalsekretär der UNO, er möge das Ersuchen des deutschen Bundeskanzlers vor die Vollversammlung bringen, „daß eine neutrale internationale Kommission unter Aufsicht der Vereinten Nationen eingesetzt werden möge, um zu untersuchen, ob die Verhältnisse in ganz Deutschland die Abhaltung wirklich freier Wahlen ermöglichen".[76] Die UNO-Vollversammlung nahm am 20. Dezember 1951 mit 45 gegen 6 Stimmen bei acht Enthaltungen eine Resolution über die Einsetzung einer UNO-Kommission zur Prüfung der Voraussetzungen für gesamtdeutsche Wahlen in der Bundesrepublik, in Berlin und in der Sowjetzone Deutschlands sowie zur Ausarbeitung entsprechender Empfehlungen an. Die Kommission sollte aus Vertretern Brasiliens, Islands, der Niederlande, Pakistans und Polens bestehen.[77]

Die UNO-Resolution konnte nicht realisiert werden, da weder die Behörden der sowjetischen Besatzungsmacht noch der DDR die ernannte Kommission anerkannten oder zuließen. Die UNO-Kommission mußte nach einem

---

fried Zieger (Hrsg.): Deutschland und die Vereinten Nationen. Symposium 2.–3. Oktober 1979, Köln u. a. 1981, S. 13–34 (22–34).
[73] Text in: Die Bemühungen..., ebenda, S. 42 f.
[74] Text, ebenda, S. 49.
[75] Text, ebenda, S. 54 f.
[76] Text, ebenda, S. 59.
[77] Text der UNO-Entschließung, ebenda, S. 61 f. Die ablehnenden Stimmen wurden abgegeben von: Israel, Polen, der Tschechoslowakei, der UdSSR, der Ukraine und Weißrußland. Die Länder, die sich der Stimme enthalten haben, sind aufgeführt, ebenda, Anm. 1. Vgl. dazu auch G. Zieger, a. a. O. (Anm. 72), S. 24–26.

Besuch in der Bundesrepublik am 23. März 1952 unverrichteter Dinge aus Berlin abreisen und vertagte sich am 5. August 1952 auf unbestimmte Zeit.[78]

Erinnert sei hier daran, daß sich die sowjetische Führung in der parallelen Situation Koreas ebenso verhalten hat, als sie am 14. November 1947 eine gleichfalls mit überwältigender Mehrheit von der UNO-Vollversammlung angenommene Entschließung abgelehnt hat, eine Kommission einzusetzen, die die von süd-koreanischer Seite vorgeschlagenen freien Wahlen zu einer Nationalversammlung für ganz Korea überprüfen sollte. In beiden Fällen berief sich die UdSSR in rechtlich unzulässiger Weise auf die Feindstaaten-Klausel des Art. 107 der UNO-Charta.[79]

Nachdem am 9. Januar 1952 Ministerpräsident Grotewohl den Beschluß der UNO-Vollversammlung vom 20. Dezember 1951 mit fadenscheinigen Argumenten strikt zurückgewiesen hatte, unterbreitete die Volkskammer einen „Entwurf eines Gesetzes für die Durchführung gesamtdeutscher Wahlen zur Nationalversammlung", in dessen § 1 es hieß, „alle demokratischen Parteien, Organisationen und Vereinigungen haben die gleiche Freiheit für ihre Betätigung".[80] Der Deutsche Bundestag nahm am 6. Februar 1952 mit großer Mehrheit das „Gesetz über die Grundsätze für die Freie Wahl einer Verfassungsgebenden Deutschen Nationalversammlung" an, das sich auf die Entschließung der UNO-Vollversammlung vom 20. Dezember 1951 bezog und dessen Art. 2 bestimmte, daß Vorbereitung und Durchführung der Wahl unter internationalem Schutz und internationaler Kontrolle stünden.[81]

Die 1950/51 unterbreiteten Vorschläge der Bundesrepublik Deutschland und der DDR werden hier so ausführlich wiedergegeben, da aus ihnen weitreichende Schlüsse zu ziehen sind und sie auch für den ost-westlichen Notenwechsel im Jahre 1952 wichtige Erkenntnisse zu geben vermögen. Festzuhalten ist zuerst, daß alle Parteien im Deutschen Bundestag – mit Ausnahme der KPD – die Vorschläge der Bundesregierung, die Wiederherstellung der staatlichen Einheit Deutschlands im Wege freier Wahlen herbeizuführen, gemeinsam getragen haben. Kennzeichnend für die Vorschläge der DDR ist einmal, daß an den gesamtdeutschen Wahlen nicht nur die politischen Parteien, sondern auch die Massenorganisationen teilnehmen sollten und daß man nicht gewillt war, die

---

[78] Vgl. dazu die Dokumentation in: Die Bemühungen..., a. a. O. (Anm. 62), S. 76–84. Ministerpräsident Grotewohl hatte am 9. Januar 1952 den Beschluß der UNO-Vollversammlung als „Einmischung in die inneren Angelegenheiten des deutschen Volkes" bezeichnet; er widerspräche „allen geltenden völkerrechtlichen Bestimmungen, insbesondere dem von den vier Besatzungsmächten anerkannten Potsdamer Abkommen..." Text ebenda, S. 63. Vgl. dazu auch G. Zieger, a. a. O. (Anm. 72), S. 26 mit Nachweisen.
[79] Vgl. zur Problematik des Art. 107 UNO-Charta in diesem Zusammenhang Heinz Dröge/Fritz Münch/Ellinor von Puttkamer: Die Bundesrepublik Deutschland und die Vereinten Nationen. Mit einer Einführung von Ulrich Scheuner, München 1966, S. 38–43.
[80] Text in: Die Bemühungen..., a. a. O. (Anm. 62), S. 63–70 (63).
[81] Text, ebenda, S. 71–74 (73).

Voraussetzungen für freie Wahlen durch eine neutrale UNO-Kommission prüfen zu lassen. Ebenso gravierend ist die Tatsache, daß Ost-Berlin in keinem Zeitpunkt verhehlt hat, daß es ihm und der sowjetischen Besatzungsmacht um ein wiedervereinigtes Deutschland ging, dessen innere Struktur von den Potsdamer Beschlüssen im Sinne der einseitigen Interpretation der östlichen Seite geprägt werden sollte. Die Führungen der UdSSR und der DDR verfolgten also das Ziel, die politische und ökonomische Struktur der SBZ auf die Bundesrepublik Deutschland zu übertragen.

Hier sei nur daran erinnert, daß in der ersten Stalin-Note vom 10. März 1952 kein Wort über Wahlen stand. Lediglich in dem beigefügten Entwurf für einen Friedensvertrag mit Deutschland wurde von der Wiederherstellung Deutschlands als eines einheitlichen, unabhängigen, demokratischen und friedliebenden Staates gesprochen, der an die Potsdamer Beschlüsse gebunden werden sollte. Verständlicherweise brachten die drei Westmächte in ihrer ersten Antwortnote vom 25. März 1952 übereinstimmend zum Ausdruck, nähere Diskussionen über einen Friedensvertrag mit Deutschland seien erst sinnvoll, wenn die Voraussetzungen für freie Wahlen gewährleistet seien, um eine freie gesamtdeutsche Regierung zu konstituieren, die an den Verhandlungen über einen Friedensvertrag teilnehmen könnte. Die Westmächte wiesen außerdem darauf hin, daß es in diesem Zusammenhang förderlich sein würde, wenn die zur Prüfung der Voraussetzungen für die Abhaltung freier gesamtdeutscher Wahlen von der UNO-Vollversammlung eingesetzte Kommission auch die Unterstützung der Behörden in der SBZ fände.

Auch die zweite Note der Sowjetregierung an die drei Westmächte vom 9. April 1952 enthielt keinerlei konkrete Aussagen über freie und demokratische Wahlen in Deutschland. Angemerkt wurde lediglich, der Vorschlag der Westmächte, die Voraussetzungen für freie Wahlen durch eine neutrale UNO-Kommission prüfen zu lassen, verstoße gegen Art. 107 der UNO-Satzung; eine Prüfung dieser Voraussetzungen könne jedoch durch eine Vier-Mächte-Kommission vorgenommen werden. In ihrer zweiten Antwortnote vom 13. Mai 1952 vermerkten die drei Westmächte, die von der Sowjetregierung empfohlene Vier-Mächte-Kommission wäre, wie sich aus den Erfahrungen während der Vier-Mächte-Kontrolle in Deutschland ergeben habe, nicht imstande, zu zweckdienlichen Entscheidungen zu kommen. Die Sowjetunion ist auf den Vorschlag, eine unparteiische Kommission mit Unterstützung der vier Besatzungsmächte zum Zwecke der Feststellung tätig werden zu lassen, ob in der Bundesrepublik Deutschland, der SBZ und in den vier Sektoren Berlins die für die Abhaltung freier Wahlen erforderlichen Voraussetzungen vorhanden seien, gar nicht mehr zurückgekommen.[82]

---

[82] Vgl. dazu die Nachweise bei E. Jäckel (Hrsg.), a. a. O. (Anm. 53). Hier kann nicht das umfangreiche Schrifttum zum Thema „Die Legende von der verpaßten Gelegenheit" wiedergegeben werden. Vgl. dazu vor allem die Beiträge von Wilhelm G. Grewe: Die deut-

Während sich die Diskussion um Stalins „Offerten" bis vor kurzem auf offizielle britische und amerikanische Dokumente stützte, liegt inzwischen eine wissenschaftlich fundierte, wenn auch recht knappe Studie vor, in der erstmals die Akten des französischen Außenministeriums zum Notenwechsel, die Protokolle der Sitzungen der Ausschüsse für Auswärtige Angelegenheiten des französischen Parlaments und die wenigen zugänglichen Akten des Archivs der französischen Armee ausgewertet worden sind. Das Verdienst des Autors, Nikolaus Meyer-Landrut, liegt nicht zuletzt darin, daß er die bisher zu dieser Problematik verfaßten Arbeiten nicht nur ergänzt, sondern auch in zentralen Punkten korrigiert. Wiederum wird bestätigt, daß der Einfluß Bundeskanzler Adenauers auf die Formulierung der westlichen Antwortnoten wesentlich geringer gewesen ist, als es mehrere Autoren bisher wahrhaben wollten.[83]

Hier kann auch die Diskussion über die Frage nicht rekapituliert werden, ob 1953 eine Chance vertan worden ist, die Wiederherstellung der staatlichen Einheit Deutschlands in Freiheit zu erreichen. Dabei geht es um die Interpretation der sowjetischen Deutschland-Politik in der Zeit von Stalins Tod am 5. März bis Mitte Juni 1953 und der großen außenpolitischen Rede Winston Churchills vom 11. Mai 1953. Für Churchill waren der Tod Stalins und die Veränderungen an der sowjetischen Führungsspitze Anlaß, aus der Passivität in der Deutschland- und Europa-Politik herauszutreten.[84] Soviel steht fest: Im Kreml hat man damals ernsthaft überlegt, ob es sinnvoll sei, mit der bisherigen Politik gegenüber und in der SBZ/DDR fortzufahren. Die von den Nachfolgern Stalins eingeleitete Politik des „Neuen Kurses" hatte nicht nur weitreichende innen-, sondern auch außenpolitische Auswirkungen, auf die weder die Führung noch die Bevölkerung der SBZ/DDR vorbereitet war. So kollidierten mit dem „Neuen Kurs"

---

sche Frage in der Ost-West-Spannung. Zeitgeschichtliche Kontroversen der achtziger Jahre. Herfold 1986. Darin: Deutsche Bewußtseinsspaltungen, S. 132–142, und „Die ‚vertane Chance' war nur eine Schimäre", S. 143–155; Gottfried Zieger: Zur sowjetischen Deutschlandnote vom 10. März 1952, in: Georg Brunner/Theodor Schweisfurth/Alexander Uschakow/Klaus Westen: Sowjetsystem und Ostrecht. Festschrift für Boris Meissner zum 70. Geburtstag, Berlin 1985, S. 753–774; ders., a. a. O. (Anm. 69), S. 127–129; Andreas Hillgruber: Alliierte Pläne für eine „Neutralisierung" Deutschlands 1945–1955, Opladen 1987, S. 17–21; Jens Hacker: Der Kreml und die „deutsche Frage", in: Guido Knopp (Hrsg.): Wir und die Russen – Fakten–Chancen–Illusionen, Aschaffenburg 1983, S. 32–80 (44–58).

[83] Nikolaus Meyer-Landrut: Frankreich und die deutsche Einheit. Die Haltung der französischen Regierung und Öffentlichkeit zu den Stalin-Noten 1952, München 1988.

[84] Vgl. dazu A. Hillgruber, a. a. O. (Anm. 82), S. 20–29; Rolf Steininger: Ein vereintes, unabhängiges Deutschland? Winston Churchill, der Kalte Krieg und die deutsche Frage im Jahre 1953, in: Militärgeschichtliche Mitteilungen, Jg. 34/1983, S. 105–144, der die Frage, ob 1953 „eine Chance vertan worden ist, ob die Wiedervereinigung in Freiheit auf der Grundlage international kontrollierter Neutralität zu haben gewesen wäre ... " (S. 123), wenigstens mit einem Fragezeichen versieht. Wenig hilfreich, weil allzu spekulativ sind die Beiträge, die prominente deutsche Sowjetologen – wie Wolfgang Leonhard, Richard Löwenthal und Boris Meissner – zur Diskussion über die sowjetische Deutschland-Politik 1952/53 geliefert haben. Vgl. die Nachweise bei Jens Hacker, a. a. O. (Anm. 82).

die am 28. Mai 1953 für die DDR verfügte Erhöhung der Arbeitsnormen: Die Empörung über diese ausbeuterische Maßnahme veranlaßte Bauarbeiter in Ost-Berlin am 16. Juni 1953 zu einer Demonstration, die einen Tag später in den allgemeinen Aufstand gegen das SED-Regime mündete, der nur mit Hilfe sowjetischer Truppen niedergeschlagen werden konnte.[85]

Obwohl über die Vorgänge, die zur Volkserhebung am 17. Juni 1953 geführt haben, eine umfangreiche Literatur – darunter auch sehr aufschlußreiche „Insider"-Berichte – vorliegt, ist bis heute nicht restlos geklärt, ob im Kreml Anfang Juni 1953 eine bestimmte Richtung zu einer Aufgabe der SBZ bereit gewesen ist. Folgt man einer weitverbreiteten Ansicht, dann ist Berija, der sich vor allem auf die Gruppe Zaisser-Herrnstadt im Politbüro der SED gestützt haben soll, bereit gewesen, das Ulbricht-Regime aufzugeben, das durch das Eingreifen der sowjetischen Besatzungsmacht am 17. Juni gerettet worden ist.[86] Die Verfechter dieser These berufen sich dabei auch auf die Interpretation, die Nikita S. Chruschtschow in seiner Rede vom 8. März 1963 gegeben und in der er Berija vorgeworfen hat, er habe gemeinsam mit Malenkow den „provokatorischen Vorschlag" gemacht, „die DDR als sozialistischen Staat zu liquidieren und der SED zu empfehlen, auf die Losung des Kampfes für den Aufbau des Sozialismus zu verzichten".[87]

Es ist höchste Vorsicht geboten, dieser Deutung der Vorgänge im Juni 1953 vorbehaltlos und kritiklos zu folgen. Ob dies wirklich die Absicht Berijas und Malenkows gewesen ist, läßt sich keinesfalls mit Sicherheit sagen. Die Rolle, die der am 9. Juli 1953 seiner Ämter enthobene, dann verhaftete und im Dezember physisch liquidierte Berija bei der Formulierung der sowjetischen Außenpolitik Anfang der fünfziger Jahre gespielt hat, ist bis heute keinesfalls geklärt. Da der Aufstand in der SBZ/DDR am 17. Juni 1953 Berijas Sturz unmittelbar vorausgegangen war, lag es nahe, „diesen Prestigeverlust einer verfehlten Politik des Gestürzten zuzuschreiben".[88] Bis heute reichen die vorliegenden Quellen keinesfalls aus, Berija zu unterstellen, daß er über die Etablierung des „Neuen Kurses" in der SBZ hinaus deren Liquidierung ins Auge gefaßt hat. Es erscheint nicht ausgeschlossen, daß er möglicherweise die Verwirklichung der Politik des „Neuen Kurses" Ulbricht nicht zugetraut und deshalb dafür Spitzenfunktionäre wie Zaisser und Herrnstadt vorgesehen hat.[89]

---

[85] Vgl. dazu vor allem Arnulf Baring: Der 17. Juni 1953. Mit einem Vorwort von Richard Löwenthal. Köln/Berlin 1965.

[86] Vgl. dazu die Nachweise bei J. Hacker, a. a. O. (Anm. 82), S. 59, Anm. 28.

[87] Text der Rede in: Prawda vom 10. März 1983; dt. Übersetzung (Auszug) in: Ost-Probleme, Jg. 15/1963, S. 290–301 (294): „Das Zentralkomitee der Partei wies diese verräterischen Vorschläge sofort zurück und erteilte den Provokateuren eine vernichtende Abfuhr."

[88] So Günther Stökl: Russische Geschichte – Von den Anfängen bis zur Gegenwart, 3., erw. Aufl. Stuttgart 1973, S. 762 f.

[89] Vgl. dazu mit weiteren Nachweisen J. Hacker, a. a. O. (Anm. 82), S. 60–62.

Wie sehr die Vorstellung der drei Westmächte und der UdSSR über eine Lösung der deutschen Frage divergierten, verdeutlichte nicht nur der ost-westliche Notenwechsel 1952, sondern auch der Verlauf der Berliner Konferenz der Außenminister der drei Westmächte und der Sowjetunion vom 25. Januar bis 18. Februar 1954. Während für die drei Westmächte die Wiederherstellung der staatlichen Einheit Deutschlands die Voraussetzung für die Schaffung eines europäischen Sicherheitssystems bildete, sollten nach den sowjetischen „Entwürfen eines Gesamteuropäischen Vertrags über die kollektive Sicherheit in Europa", die der sowjetische Außenminister Molotow am 10. Februar 1954 auf der Berliner Konferenz und Ministerpräsident Bulganin am 20. Juli 1955 auf der Genfer Gipfelkonferenz vorgelegt hatten, „bis zur Bildung eines einheitlichen, friedliebenden, demokratischen deutschen Staates" beide Teile Deutschlands „gleichberechtigte Partner dieses Vertrages sein".[90]

Die Ergebnisse der gescheiterten Berliner Außenminister-Konferenz bestärkten die drei Westmächte und die Bundesregierung in ihrer Ansicht, mit ihrer Politik der Eingliederung der Bundesrepublik Deutschland in die westliche Völkergemeinschaft fortzufahren. Dies geschah — wie bereits ausgeführt — mit der Einladung der sechs Vertragsstaaten der Montanunion und Großbritanniens, der USA und Kanadas in der Londoner Schlußakte vom 3. Oktober 1954 an die Bundesrepublik Deutschland, dem Brüsseler Vertrag in revidierter Fassung und dem Nordatlantik-Vertrag beizutreten. Mit dem am 23. Oktober 1954 in Paris unterzeichneten „Protokoll über die Beendigung des Besatzungsregimes in der Bundesrepublik Deutschland" wurde das Bonner Vertragswerk vom 26. Mai 1952 über die Beziehungen der Bundesrepublik Deutschland zu den drei Westmächten mit einigen Änderungen in Kraft gesetzt. Am 5. Mai 1955 trat der Deutschland-Vertrag in Kraft.[91]

g) Die Verfestigung der Spaltung Deutschlands (ab 1955)

Daß das Jahr 1955 die bisher wichtigste Zäsur in der Entwicklung der Deutschland-Frage bildete, manifestieren nicht nur das Inkrafttreten des Deutschland-Vertrags und die Aufnahme der Bundesrepublik Deutschland in die westliche Verteidigungsallianz (NATO) und die Westeuropäische Union sowie die Mitgliedschaft der DDR in der am 14. Mai 1955 errichteten multilateralen Militärorganisation des Ostblocks, des Warschauer Paktes, sondern auch der Verlauf der Genfer Gipfelkonferenz (18.–23. Juli 1955). Zwar vermochten sich die Regierungschefs der vier Mächte — Präsident Eisenhower, Premier-

---

[90] Vgl. dazu die Nachweise bei Jens Hacker: Sicherheitspläne und KSZE-Prozeß sowie ihre Auswirkung auf die deutsche Frage, in: Dieter Blumenwitz/Boris Meissner (Hrsg.): Die Überwindung der europäischen Teilung und die deutsche Frage, Köln 1986, S. 83–101 (84–86).
[91] Vgl. dazu die Nachweise bei J. Hacker, ebenda, S. 85–87.

minister Eden, Ministerpräsident Faure und Ministerpräsident Bulganin – in Genf noch auf eine Direktive an ihre Außenminister zu einigen, in der von der „gemeinsamen Verantwortung für die Regelung der deutschen Frage und die Wiedervereinigung Deutschlands" die Rede war. Auch die Formel, die vier Mächte seien darüber einig, die Regelung der Deutschland-Frage und die Wiedervereinigung Deutschlands im Wege freier Wahlen sollten im Einklang mit den nationalen Interessen des deutschen Volkes und den Interessen der europäischen Sicherheit durchgeführt werden,[92] ließ Hoffnungen aufkommen, daß die um eine zumindest partielle Entspannung in der Welt bemühten Nachfolger Stalins in den von ihnen verbreiteten „Geist von Genf" auch die deutsche Frage einzubeziehen bereit waren.

Unmittelbar nach der Beendigung der Genfer Gipfelkonferenz verdeutlichte die sowjetische Führung jedoch unmißverständlich, was sie unter den „nationalen Interessen des deutschen Volkes und den Interessen der europäischen Sicherheit" verstand. Von nun an legte die Sowjetregierung größten Wert auf die Feststellung, die „deutsche Frage" könne „nicht auf Kosten der Interessen der DDR gelöst werden" und die dortigen „politischen und sozialen Errungenschaften" dürften nicht in Frage gestellt werden. So wurde die Genfer Direktive mit ihrem Junktim zwischen europäischer Sicherheit und Deutschland-Frage „in ihrem auf Deutschland bezogenen Teil bereits Makulatur, noch ehe die Unterschrift der Regierungschefs richtig getrocknet war".[93]

Schließlich ließ von nun an die sowjetische Seite keinen Zweifel daran, daß sie auch auf der internationalen Ebene soweit wie möglich die von ihr proklamierte Zwei-Staaten-These durchzusetzen bestrebt war.[94] Das Jahr 1955 zeigte darüber hinaus, daß die UdSSR ihre 1954 eingeleitete Politik, das deutsche Problem immer stärker im Rahmen der „kollektiven Sicherheit in Europa" zu betrachten, von nun an konsequent fortsetzen wollte. Die drei Westmächte suchten auf der Genfer Außenminister-Konferenz vom 27. Oktober – 16. November 1955 der UdSSR insofern entgegenzukommen, als sie dort den erstmals auf der Berliner Außenminister-Konferenz im Januar 1954 vorgelegten Eden-Plan in einem zentralen Punkt modifiziert hatten. Nun verbanden sie den Plan

---

[92] Text der Genfer Direktive vom 23. Juli 1955 bei E. Jäckel (Hrsg.). a. a. O. (Anm. 53), S. 116.

[93] So H.-P. Schwarz, a. a. O. (Anm. 50), S. 271–273 (273) unter Hinweis auf N.S. Chruschtschows Rede vom 26. Juli 1955 auf dem Rückflug von Genf in Ost-Berlin. Text der Rede Chruschtschows in: Dokumente zur Deutschlandpolitik. III. Reihe/Band 1: 5. Mai bis 31. Dezember 1955. Hrsg. vom Bundesministerium für gesamtdeutsche Fragen, Bonn/Berlin. Frankfurt M./Berlin 1961, S. 232–236 (234 f.). Vgl. dazu mit weiteren Nachweisen J. Hacker, a. a. O. (Anm. 90), S. 87–89; H. Buchheim, a. a. O. (Anm. 7), S. 74–78.

[94] Vgl. zur Entstehung und Entwicklung der Zwei-Staaten-These J. Hacker, a. a. O (Anm. 17), S. 133–148; Wilhelm G. Grewe: Deutsche Außenpolitik der Nachkriegszeit, Stuttgart 1960, S. 228–239.

für die Wiedervereinigung Deutschlands in Freiheit mit dem Entwurf eines Zusicherungsvertrages, dessen Bestimmungen schrittweise mit den einzelnen Phasen der Wiedervereinigung wirksam werden sollten und vornehmlich Sicherheitsgarantien enthielten.[95]

Doch war die Sowjetunion auch jetzt nicht bereit, das westliche Konzept der Wiederherstellung der staatlichen Einheit Deutschlands und der Sicherheit Europas zu akzeptieren. Für die sowjetische Führung war nun die Problematik der kollektiven Sicherheit in Europa in das Zentrum ihrer Politik gerückt; die Frage der Überwindung der staatlichen Teilung Deutschlands war für sie nur noch von untergeordneter Bedeutung.[96]

Auch die Aufnahme der diplomatischen Beziehungen zwischen der Bundesrepublik Deutschland und der UdSSR[97] hat die negative Entwicklung der deutsch-sowjetischen Beziehungen nicht verhindern können und sich auf den Verlauf der Genfer Außenminister-Konferenz im Herbst 1955 nicht positiv ausgewirkt. Die drei Westmächte hielten an ihrem 1954/55 entwickelten Junktim zwischen der deutschen Frage und der Problematik der Sicherheit in Europa fest. Besonders eindrucksvoll legte dafür die Berliner Erklärung zur Wiedervereinigung Zeugnis ab, die die Botschafter der drei Westmächte und Bundesaußenminister Heinrich von Brentano am 29. Juli 1957 unterzeichnet haben. So lautete Punkt 12 des Zwölf-Punkte-Programms:

„Alle Abrüstungsmaßnahmen, die auf Europa angewandt werden, müssen die Zustimmung der betroffenen europäischen Nationen erhalten und die Verknüpfung der europäischen Sicherheit mit der deutschen Wiedervereinigung berücksichtigen."[98]

Während der vielbeschworene „Geist von Genf" schnell verflog, trat die deutsche Frage erst Ende 1958 in ein neues Stadium, als die sowjetische Führung die zweite Berlin-Krise auslöste und den Versuch unternahm, den nach wie vor gültigen Vier-Mächte-Status für ganz Berlin aus den Angeln zu heben. Als die Sowjetregierung wenig später, am 10. Januar 1959, ihren bisher letzten Entwurf für einen Friedensvertrag mit Deutschland, der die mehrfache Teilung des Landes fixieren und auch legalisieren sollte und für die Wiedervereinigung überhaupt kein Verfahren mehr vorsah, mit dem Vorschlag verknüpfte, Berlin (West) die „Stellung einer entmilitarisierten Freien Stadt auf der Grundlage

---

[95] Text bei E. Jäckel (Hrsg.), a. a. O. (Anm. 53), S. 127–130. Weitere Nachweise bei J. Hacker, a. a. O. (Anm. 90), S. 88 f.
[96] Das Junktim zwischen der europäischen Sicherheit und der Regelung der Deutschland-Frage hat die Bundesregierung in einer besonders differenzierenden Weise in ihrem ausführlichen Memorandum vom 2. September 1956 begründet. Text des Memorandums bei E. Jäckel, ebenda, S. 153–160; J. Hacker, ebenda, S. 89 f.
[97] Vgl. zur Aufnahme der diplomatischen Beziehungen der Bundesrepublik Deutschland zur UdSSR oben IIIc).
[98] Text in: Die Auswärtige Politik, a. a. O. (Anm. 44), S. 362–364 (363).

ihres besonderen Statuts" zu verleihen, war vollends klar, daß die UdSSR nun ihre Zwei- zur Drei-Staaten-These erweitert hatte.[99]

Die sowjetische Führung begnügte sich jedoch nicht mit dem Versuch, den Status Berlins einseitig und entgegen allen völkerrechtlichen Regeln total zu verändern, sondern drohte auch noch, mit der DDR einen separaten Friedensvertrag in dem Fall zu schließen, daß die Westmächte zur Unterzeichnung eines Friedensvertrags auf der Basis der Teilung Deutschlands nicht bereit seien. Angesichts dieser offensiven Deutschland-Politik Moskaus stand von vornherein fest, daß die bisher letzte Konferenz der Außenminister der vier Mächte (11. Mai bis 20. Juni und 13. Juli – 5. August 1959) in Genf zu keiner Einigung in der deutschen Frage führen konnte. Die drei westlichen Alliierten hatten in der Zwischenzeit ihr Konzept noch einmal überprüft und legten am 14. Mai 1959 ihren Friedensplan, den nach dem amerikanischen Außenminister benannten Herter-Plan, in Genf vor, der die Grundzüge eines Stufenplans für die Wiedervereinigung Deutschlands, die europäische Sicherheit und eine Friedensregelung mit Deutschland verband.[100]

Mit diesem Konzept machten die Westmächte noch einmal das Junktim zwischen der Wiederherstellung der staatlichen Einheit Deutschlands und der europäischen Sicherheit deutlich. Hingegen unterbreitete der sowjetische Außenminister Molotow erneut am 15. Mai 1959 in Genf den Entwurf für einen Friedensvertrag mit Deutschland, den die UdSSR bereits am 10. Januar 1959 vorgelegt hatte.[101] Er war dadurch gekennzeichnet, daß er die Fixierung und Legalisierung der Spaltung Deutschlands zum Ausgangspunkt für eine europäische Friedensordnung machte. Nur in einem Nebensatz (Art. 5 Ziffer 3) wurde von der Möglichkeit gesprochen, ein „auf den gemeinsamen Anstrengungen der europäischen Staaten beruhendes Sicherheitssystem in Europa" zu schaffen. An der Genfer Konferenz nahmen erstmals Vertreter der Bundesrepublik Deutschland und der DDR mit dem Status von Beratern teil.[102]

Den drei Westmächten und der Bundesregierung gelang es in der ersten Hälfte der sechziger Jahre erfolgreich, Chruschtschows so gefährliche Berlin-Offensive abzuwehren und ihn auch von dem Gedanken abzubringen, mit der DDR eine separate Friedensregelung in dem Fall zu schließen, daß die West-

---

[99] Vgl. aus der umfangreichen Literatur zur zweiten Berlin-Krise mit weiteren Nachweisen M. J. Hillenbrand, a. a. O. (Anm. 11), S. 25–34; W. G. Grewe, a. a. O. (Anm. 94), S. 240–248; Boris Meissner: Moskau–Bonn. Die Beziehungen zwischen der Sowjetunion und der Bundesrepublik Deutschland 1955–1973. Dokumentation. Band 1, Köln 1975, S. 35–39. Vgl. zum sowjetischen Friedensvertrags-Entwurf die Nachweise bei B. Meissner, ebenda, S. 37; J. Hacker, a. a. O. (Anm. 17), S. 380–393.
[100] Dt. Text in: Dokumente zur Pariser Gipfelkonferenz. Band II: Die Genfer Außenministerkonferenz 1959 und die Diskussion über die Rechtslage Deutschlands und Berlins. Dokumentensammlung von Boris Meissner, Hamburg o. J., S. 211–215.
[101] Text in: Europa-Archiv, Jg. 14/1959, S. D 23–33.
[102] Vgl. dazu W. G. Grewe, a. a. O. (Anm. 94), S. 258–281.

mächte zur Unterzeichnung eines Friedensvertrags auf der Basis der mehrfachen Teilung Deutschlands nicht bereit sein sollten.

Die Tatsache, daß der 13. August 1961 eines der wichtigsten Daten der deutschen Nachkriegsgeschichte bildet, ist in zahlreichen Analysen belegt worden. Bereits auf der 4. Tagung des Politischen Beratenden Ausschusses des Warschauer Paktes Ende März 1961 in Moskau hatte Ulbricht versucht, eine radikale „Lösung der West-Berlin-Frage" zu erreichen. Er gab eine dramatische Beschreibung der Flüchtlings-Situation, „die in der Feststellung gipfelte, daß ohne einschneidende Maßnahmen in dieser Frage die DDR ihre Verpflichtungen im Comecon nicht mehr erfüllen könne".[103] Über den Verlauf dieser Tagung hat Jan Sejna, der frühere tschechoslowakische stellvertretende Verteidigungsminister, der nach der militärischen Intervention von fünf Warschauer Pakt-Staaten 1968 in den Westen flüchtete, einen aufschlußreichen Bericht gegeben und mitgeteilt, daß die Ostblockführer über Ulbrichts Vorschlag, neben verschärften Grenz-Kontrollen rund um Berlin eine Stacheldraht-Barriere entlang der Sektorengrenze quer durch die Stadt zu errichten, entsetzt gewesen seien. Dies gilt vor allem für die „notorischen Renitenten, die später auf Dauer die Harmonie des Blocks verwirren sollten".[104] Zu den schärfsten Kritikern zählten Janos Kádár und der rumänische Parteichef Gheorghiu-Dej, der Vorgänger Ceauşescus und Begründer des rumänischen Nationalkommunismus. Da „auch Chruschtschow gegen Ulbrichts Pläne war – er hatte... weitergesteckte Ziele und noch keine Klarheit über die neue amerikanische Administration Kennedy –, gaben die Verbündeten Ulbricht keine Ermächtigung".[105]

Obwohl Ulbricht auf seiner Pressekonferenz vom 15. Juni 1961 erklärt hatte, niemand habe die Absicht, eine Mauer zu errichten,[106] gaben ihm die Verbündeten in der Warschauer Allianz am 5. August 1961 grünes Licht, sein Vorhaben zu verwirklichen. Gleichzeitig drohten sie mit dem Abschluß eines separaten Friedensvertrages mit der DDR, „der den Schlußstrich unter den vergangenen Krieg ziehen und die Bedingungen für die Stabilisierung der Lage in diesem Teil Europas sichern wird".[107]

---

[103] So Jürgen Rühle: Die Mauer von Berlin, in: Jürgen Rühle/Gunter Holzweißig: 13. August 1961. Die Mauer von Berlin. Edition Deutschland-Archiv, Köln 1981, S. 7–20 (17).
[104] So J. Rühle, ebenda.
[105] J. Rühle, ebenda, S. 17 f. mit weiteren Nachweisen.
[106] Text der Erklärung Ulbrichts vom 15. Juni 1961 in: Dokumente zur Deutschland-Politik. IV. Reihe/Band 6: 1. Januar bis 11. August 1961. Zweiter Halbband (1.6.–11.8. 1961). Bearbeitet von Rainer Salzmann. Hrsg. vom Bundesministerium für innerdeutsche Beziehungen, Frankfurt M. 1975, S. 934.
[107] Texte der Mitteilung über eine Beratung der Ersten Sekretäre der Zentralkomitees der Kommunistischen und Arbeiterparteien der Warschauer Pakt-Mächte und der Erklärung der Regierungen der Warschauer Pakt-Mächte vom 5. August 1961 bei Boris Meissner (Hrsg.): Der Warschauer Pakt. Dokumentensammlung. Köln 1962, S. 201–204. Die Erklärung der Regierungen der Warschauer Pakt-Mächte wurde erst am 14. August 1961 im „Neuen Deutschland" veröffentlicht.

Der Bau der Mauer hatte sowohl „unmittelbare wie auch langfristige Auswirkungen. Er beendete das demographische Ausbluten der DDR, obwohl mutige und entschlossene Einzelpersonen, oft mit großem persönlichem Risiko, weiter in den Westen geflohen sind ... muß der Realist trotz des monströsen Charakters der Mauer akzeptieren, daß ihre praktischen Folgen für die Sowjet-Union und die DDR einen allmählichen Wandel zugunsten einer Duldung West-Berlins möglich machten. Das war zwar nicht sofort sichtbar, denn die Berlin-Krise dauerte 1961 und 1962 unvermindert an, aber mit der Zeit gestattete die sich vollziehende Konsolidierung der DDR eine auf kurze und weitere Sicht etwas entspanntere Haltung gegenüber der fortwährenden Existenz eines freien West-Berlin."[108]

Daß der 13. August 1961 wie kein anderer Tag zum „Symbol der Teilung Deutschlands" geworden ist, erkannte verständlicherweise am frühesten und klarsten die politische Führung in Berlin, nämlich der Regierende Bürgermeister und Kanzlerkandidat der SPD von 1961 und 1965, Willy Brandt und sein engster Beraterkreis, zu dem auch Egon Bahr gehörte. Auch wenn der Bau der Mauer keine der zuvor vom amerikanischen Präsidenten Kennedy entwickelten drei westlichen „essentials" – die militärische Präsenz der drei Westmächte, Verbindungslinien zum Westen und die Lebensfähigkeit Berlins (West) – bedrohte, waren mittelfristig die politischen und psychologischen Auswirkungen dieser in Berlin wie in Westdeutschland mit größter öffentlicher Empörung ausgelösten und unerwarteten Maßnahme erheblich. Es ist das Verdienst Diethelm Prowes, 1985 eine zentrale Quelle zur Berliner Mauer und Entstehung der Brandtschen Ostpolitik veröffentlicht und sachkundig kommentiert zu haben. Bis dahin war die Rolle weniger bekannt, die der damalige amerikanische Präsident Kennedy in diesem ost- und deutschlandpolitischen Umdenkungsprozeß in den ersten Tagen nach dem Mauerbau in Berlin gespielt hat. Eine Schlüsselrolle kommt dabei dem Schreiben zu, das Kennedy fünf Tage nach dem Bau der Mauer in Antwort auf Brandts dringenden Appell an Washington hat überbringen lassen. Obwohl dieser Brief verschiedentlich von Brandt selbst und seinen engsten Berliner Beratern als wesentlicher Faktor in den deutschlandpolitischen Überlegungen in Berlin 1961/62 herausgestellt worden ist, ist er der breiten Öffentlichkeit lange unbekannt geblieben. Kennedy forderte die Berliner Führung zu selbständigen Initiativen und zur Aufgabe unhaltbarer Positionen auf und nannte schon die wesentlichen Voraussetzungen einer Entspannung auch nach Osten hin. Bereits in seiner Regierungserklärung vor dem Abgeordnetenhaus nach dem Mauerbau umriß der Regierende Bürgermeister von Berlin am 22. September 1961 die Hauptansatzpunkte seiner späteren Ostkontakte. Diese Ansätze haben zwei Jahre später in dem Passierschein-Abkommen vom 18. Dezember 1963 in Berlin ihren ersten Ausdruck gefunden.[109]

---

[108] So M. J. Hillenbrand, a. a. O. (Anm. 11), S. 31 f.
[109] Vgl. dazu vor allem Diethelm Prowe: Der Brief Kennedys an Brandt vom 18. Au-

Egon Bahr, damals Leiter des Presse- und Informationsamtes des Landes Berlin, hat dann in seiner vielzitierten Rede vom 15. Juli 1963 in der Evangelischen Akademie Tutzing jene Positionen umschrieben, die als erste programmatische Fixierung der „neuen Ostpolitik" der SPD bezeichnet werden. Für die Situation in Deutschland zog er diese Schlußfolgerung:

„Wir haben gesagt, daß die Mauer ein Zeichen der Schwäche ist. Man könnte auch sagen, sie war ein Zeichen der Angst und des Selbsterhaltungstriebes des kommunistischen Regimes. Die Frage ist, ob es nicht Möglichkeiten gibt, diese durchaus berechtigten Sorgen dem Regime graduell so weit zu nehmen, daß auch die Auflockerung der Grenzen und der Mauer praktikabel wird, weil das Risiko erträglich ist. Das ist eine Politik, die man auf die Formel bringen könnte: Wandel durch Annäherung."[110]

Mit seiner Tutzinger Rede hat Egon Bahr wichtige Elemente der „Politik der kleinen Schritte" umschrieben, die Brandt zunächst als Regierender Bürgermeister von Berlin eingeleitet, dann als Außenminister der Großen Koalition von Ende 1966 bis 1969 fortzusetzen suchte und als Kanzler der sozial-liberalen Koalition fortführen konnte.

2. der DDR

Da wichtige Aspekte der Deutschland-Politik des SBZ/DDR seit 1949 bereits analysiert worden sind,[111] können sich die folgenden Darlegungen darauf beschränken, die Einschätzung des Rechtsstatus Deutschlands durch die DDR und das staats- und völkerrechtliche Selbstverständnis des zweiten Staates in Deutschland zu skizzieren. Dabei spielen die politischen Beziehungen zwischen der DDR und der UdSSR eine zentrale Rolle, die sich in zwei Phasen gliedern: Die erste ist als die „Liquidierung des sowjetischen Besatzungsregimes" (1949–1955) und die zweite Phase „Vom ‚Souveränitäts-Vertrag' bis zum Abschluß des ersten Bündnispakts der DDR" (1955–1964) zu umreißen.

---

gust 1961. Eine zentrale Quelle zur Berliner Mauer und der Entstehung der Brandtschen Ostpolitik, in: Vierteljahrshefte für Zeitgeschichte, Jg. 33/1985, S. 373–383; J. Hacker, a. a. O. (Anm. 51), S. 53–55. Vgl. zu der damals umstrittenen Passierschein-Regelung vom 18. Dezember 1963 Ilse Spittmann: Geschäfte mit der Menschlichkeit, in: SBZ-Archiv, Jg. 15/1964, S. 1–3.

[110] Text der Rede in: Deutschland-Archiv, Jg. 6/1973, S. 862–865. Vgl. dazu auch Diethelm Prowe: Die Anfänge der Brandtschen Ostpolitik in Berlin 1961–1963, in: Wolfgang Benz/Hermann Graml. (Hrsg.): Aspekte der deutschen Außenpolitik im 20. Jahrhundert. Aufsätze. Hans Rothfels zum Gedächtnis. Stuttgart 1976, S. 249–286.

[111] Vgl. dazu auch Johannes Kuppe: Die deutsch-deutschen Beziehungen aus der Sicht der DDR, in: Werner Weidenfeld/Hartmut Zimmermann (Hrsg.), a. a. O. (Anm. 58), S. 551–567.

a) Der Rechtsstatus Deutschlands

Die DDR verstand sich seit ihrer Ausrufung am 7. Oktober 1949 – ebenso wie die Bundesrepublik Deutschland – zunächst als mit dem 1945 nicht untergegangenen, aber handlungsunfähigen deutschen Staat identisch. Die Verfassung der DDR vom 7. Oktober 1949 brachte aufgrund ihres gesamtdeutschen Anspruchs – im Gegensatz zum Bonner Grundgesetz – an keiner Stelle zum Ausdruck, daß sie nur für eine Übergangszeit bis zur Wiederherstellung der staatlichen Einheit Deutschlands gelten sollte. Gemäß Art. 146 verliert das Grundgesetz „seine Gültigkeit an dem Tage, an dem eine Verfassung in Kraft tritt, die von dem deutschen Volke in freier Entscheidung beschlossen worden ist". Eine vergleichbare Bestimmung, in der die Vorläufigkeit der Verfassung postuliert worden wäre, enthielt die erste DDR-Verfassung nicht, da sie den Eindruck eines Definitivums erwecken wollte.

Die in der ersten Hälfte der fünfziger Jahre entwickelte These, nach der das Deutsche Reich mit der militärischen Kapitulation 1945 untergegangen sei und an seine Stelle 1949 „zwei souveräne deutsche Staaten" getreten seien, spielte 1949 noch keine Rolle. Davon, daß die erste DDR-Verfassung zunächst gesamtdeutsche Geltung beansprucht hat, will man seit Mitte der sechziger Jahre nichts mehr wissen.[112] Daß die erste Verfassung von der Kontinuität des deutschen Staates über das Jahr 1945 hinaus und von der Identität der DDR mit dem deutschen Gesamtstaat ausgegangen ist, verdeutlichten vornehmlich ihre Präambel und ihr Art. 1. In der Präambel hieß es: „ . . . hat sich *das* deutsche Volk diese Verfassung gegeben." Und Art. 1 enthielt folgende Festlegungen: *„Deutschland* ist *eine* unteilbare demokratische Republik"; „Die Republik entscheidet alle Angelegenheiten, die für den Bestand und die Entwicklung des deutschen Volkes *in seiner Gesamtheit* wesentlich sind"; „Es gibt nur *eine* deutsche Staatsangehörigkeit". In den Art. 25 und 114 wurde auch der Begriff *„gesamtdeutsch"* verwandt.[113]

Nicht nur aus dem Text der Verfassung vom 7. Oktober 1949 läßt sich schließen, daß die DDR zunächst den Anspruch erhoben hat, mit dem deutschen Gesamtstaat identisch zu sein und gesamtdeutsche Geltung zu erlangen. Deutlich trat dieser Anspruch in der Erklärung von Wilhelm Pieck nach seiner Wahl zum Präsidenten der DDR am 11. Oktober 1949 zutage, in der er die DDR als „deutsches Kerngebiet" apostrophierte und ihr die „widerrechtlich von Deutschland losgerissenen Teile" gegenüberstellte. Bezeichnend ist auch, daß Ministerpräsident Grotewohl in seiner ersten Regierungserklärung am 12. Oktober 1949 mehrmals von der „deutschen Regierung" sprach, wenn er die

---

[112] Vgl. dazu die Nachweise bei Jens Hacker: Von Ulbricht zu Honecker. Vier Jahrzehnte Verfassungsentwicklung in der DDR, in: Politische Studien, Sonderheft 1/1989, S. 78–93 (83–88).
[113] Hervorhebungen vom Verf.

Regierung der DDR meinte.[114] Auch trat die DDR als Repräsentantin Deutschlands auf, um mit anderen Staaten Verträge zu schließen, die für ganz Deutschland verbindlich sein sollten.[115]

Im Gegensatz jedoch zur offiziellen Politik der Bundesrepublik Deutschland vollzog die DDR bereits 1951/52 eine entscheidende Wende, indem sie die Identitäts-These fallenließ. Nun behauptete sie, das Deutsche Reich sei mit der militärischen Kapitulation am 8. Mai 1945 untergegangen. Doch verstand sich die DDR zu diesem Zeipzunkt noch nicht als eine von zwei Nachfolgerinnen des ehemaligen deutschen Gesamtstaates.[116]

Nachdem in der DDR ab 1953 die These von der Existenz zweier deutscher Staaten entwickelt worden war, trat die letzte und entscheidende Wandlung in der Argumentation 1956 ein: Jetzt verkündete man, beide deutsche Staaten seien Nachfolger des am 8. Mai 1945 untergegangenen Deutschen Reiches mit allen daraus resultierenden Rechten und Pflichten. An dieser rechtlichen Einschätzung der deutschen Situation hat die DDR bis heute festgehalten.

Trotz der Proklamierung der Zwei-Staaten-These, des Inkrafttretens des Deutschland-Vertrags und der Souveränitäts-„Bestätigung" durch die UdSSR 1955 hatte die DDR noch gezögert, die „deutsche Frage" von der staatsrechtlichen auf die völkerrechtliche Ebene zu transponieren. Erst zur Jahreswende 1956/57 trat Ost-Berlin mit einem neuen Konzept hervor, das der neuen Einschätzung des staats- und völkerrechtlichen Status Deutschlands durch die DDR entsprach: die „Lösung" der „deutschen Frage" sei nur noch auf der Basis einer Konföderation, das heißt einer völkerrechtlichen Staatenverbindung, eines Staatenbundes möglich. In den folgenden Jahren hat die SED-Führung ihre Konföderations-Vorstellungen immer wieder variiert und neue Forderungen an die Adresse Bonns gerichtet. Am 21. April 1966 forderte Ulbricht schließlich als Vorbedingung für die Errichtung einer Konföderation die „demokratische Umwälzung" der Bundesrepublik Deutschland.

Es ist schwer vorstellbar, daß der SED-Chef im Ernst irgendwann glauben konnte, dieses Programm der „Volksdemokratisierung" der Bundesrepublik hätte für die Bundesregierung oder die parlamentarische Opposition eine Gesprächsbasis sein können. Während die DDR im Laufe des Jahres 1966 der Bundesrepublik Deutschland die „Konföderations-Fähigkeit" und dann die „Konföderations-Würde" abgesprochen hatte, eliminierte sie nach der Bildung der Bundesregierung der Großen Koalition Ende 1966 jegliche Konföderations-Gedanken aus ihrer Deutschland-Politik. Realistische westliche Beobachter haben damals immer wieder festgestellt, daß es der SED-Führung vornehmlich darum ging, durch die Etablierung gesamtdeutscher Gremien der völkerrechtli-

---

[114] Vgl. dazu die Nachweise bei J. Hacker, a. a. O. (Anm. 17), S. 107 f.
[115] Vgl. dazu die Nachweise bei J. Hacker, ebenda, S. 108 f.
[116] Vgl. dazu im einzelnen J. Hacker, ebenda, S. 116–132.

chen Anerkennung der DDR näherzukommen. Darüber, daß die Voraussetzungen für eine funktionierende Konföderation in Deutschland nicht bestanden haben, waren sich nahezu alle politischen Kräfte in der Bundesrepublik Deutschland einig.[117]

b) Das Festhalten der UdSSR an ihren Deutschland-Rechten und -Vorbehalten

In allen entscheidenden vertraglichen Abmachungen mit der DDR seit dem 7. Oktober 1949 hat sich die UdSSR ihre Rechte vorbehalten, die sich auf „Deutschland als Ganzes" beziehen und ihr auch das politische Mitspracherecht in der deutschen Frage sichern. Auffällig ist dabei wiederum, wie sehr die UdSSR die DDR von Anfang an auf die Postsdamer Beschlüsse verpflichtet und sich damit das Recht vorbehalten hat, auf die Gestaltung der inneren Struktur der SBZ/DDR Einfluß zu nehmen.

Am 10. Oktober 1949 genehmigte Armeegeneral Tschuikow, der Oberste Chef der SMAD, das Verfassungswerk der DDR und übertrug der Provisorischen Regierung der DDR die Verwaltungsfunktionen, die bisher der SMAD zustanden: „An Stelle der Sowjetischen Militärverwaltung in Deutschland wird eine Sowjetische Kontrollkommission geschaffen, die die Kontrolle über die Erfüllung der Potsdamer und der anderen Deutschland betreffenden gemeinsamen Vier-Mächte-Beschlüsse zur Aufgabe hat."

Zuvor hatte Ministerpräsident Grotewohl erklärt, „die Arbeit der Regierung wird sich in völliger Übereinstimmung mit den sich auf Deutschland beziehenden Bestimmungen des Potsdamer Abkommens und an den Deklarationen der Alliierten bewegen". Gleichzeitig nahm die sowjetische Regierung am 10. Oktober 1949 zur Kenntnis, „daß die Provisorische Regierung der DDR auf dem Boden der Potsdamer Konferenz steht und die Verpflichtungen erfüllen wird, die sich aus den gemeinsam gefaßten Vier-Mächte-Beschlüssen ergeben".[118]

Eine – wie es in DDR-Publikationen heißt – „Lockerung der sowjetischen Besatzungsgewalt" trat knapp drei Monate nach Stalins Tod am 5. März 1953 ein. Am 29. Mai 1953 beschloß der Ministerrat der UdSSR, „die Sowjetische Kontrollkommission in Deutschland aufzulösen sowie den Oberkommandierenden der sowjetischen Truppen von der Ausübung der Kontrollfunktionen in der

---

[117] Die umfassendste und abgewogenste Darstellung zu dieser Problematik hat Thomas Sempf verfaßt: Die deutsche Frage unter besonderer Berücksichtigung der Konföderationsmodelle. Köln u. a. 1987; Jens Hacker: Die „deutsche Konföderation", in: Aus Politik und Zeitgeschichte. Beilage zur Wochenzeitung „Das Parlament", B 42 vom 10. Oktober 1968, S. 3–30. Vgl. zu den rechtlichen und politischen Schlußfolgerungen der DDR aus der Sukzessions-Frage J. Hacker, a. a. O. (Anm. 17).

[118] Vgl. dazu im einzelnen Jens Hacker: Die politischen Beziehungen zwischen der DDR und der UdSSR, in: Die außenpolitische Lage Deutschlands am Beginn der achtziger Jahre. Hrsg. vom Göttinger Arbeitskreis, Berlin 1982, S. 137–190 (143–150).

DDR zu entbinden und seine Tätigkeit auf das Kommando über die sowjetischen Truppen in Deutschland zu beschränken". Ferner verkündete der Ministerrat der UdSSR, „das Amt eines Hohen Kommissars der UdSSR in Deutschland mit dem Sitz in Berlin zu schaffen und den Hohen Kommissar mit der Vertretung der Interessen der Sowjetunion in Deutschland und der Überwachung der Tätigkeit der staatlichen Organe der DDR im Hinblick auf die Erfüllung der Verpflichtungen, die sich aus den Potsdamer Beschlüssen der alliierten Mächte über Deutschland ergeben, zu betrauen sowie mit der Aufrechterhaltung der entsprechenden Verbindungen mit den Vertretern der Besatzungsbehörden der USA, Großbritanniens und Frankreichs in den Fragen gesamtdeutschen Charakters, die sich aus den vereinbarten Beschllüssen der vier Mächte über Deutschland ergeben".[119]

Ein Jahr später, am 25. März 1954, erklärte die UdSSR einseitig die „Herstellung der vollen Souveränität der Deutschen Demokratischen Republik", um ausdrücklich hinzuzufügen: „Die Deutsche Demokratische Republik wird die Freiheit besitzen, nach eigenem Ermessen über ihre inneren und äußeren Angelegenheiten einschließlich der Frage der Beziehungen zu Westdeutschland zu enscheiden."

Aber auch jetzt behielt die Sowjetunion in der DDR die „Funktionen, die mit der Gewährleistung der Sicherheit in Zusammenhang stehen und sich aus den Verpflichtungen ergeben, die der UdSSR aus den Vier-Mächte-Abkommen erwachsen ... Die Überwachung der Tätigkeit der staatlichen Organe der DDR, die bisher vom Hohen Kommissar der UdSSR in Deutschland wahrgenommen wurde, wird aufgehoben."

Auch jetzt mußte die Regierung der DDR ausdrücklich erklären, „daß sie die Verpflichtungen einhalten wird, die sich für die DDR aus dem Potsdamer Abkommen über die Entwicklung Deutschlands als eines demokratischen und friedliebenden Staates ergeben, sowie die Verpflichtungen, die mit dem zeitweiligen Aufenthalt sowjetischer Truppen auf dem Gebiet der DDR in Zusammenhang stehen".[120]

Als das Präsidium des Obersten Sowjets der UdSSR am 25. Januar 1955 den Erlaß über die Beendigung des Kriegszustandes zwischen der Sowjetunion und Deutschland bekanntgab, betonte es, die Verkündigung der Beendigung des Kriegszustandes mit Deutschland ändere nichts an seinen internationalen Verpflichtungen und berühre nicht die Rechte und Pflichten der Sowjetunion, „die sich aus den bestehenden, Deutschland als Ganzes betreffenden internationalen Abkommen der vier Mächte ergeben". Auch die anderen kommunistischen Staaten haben den Kriegszustand mit Deutschland ohne Beschränkung auf die

---

[119] Vgl. dazu die Nachweise, ebenda, S. 151.
[120] Vgl. dazu die Nachweise, ebenda, S. 152 f.

DDR zwischen Februar und Mai 1955 für beendet erklärt und dabei den Begriff „Deutschland" verwandt.[121]

Im Vertrag über die Beziehungen zwischen der Deutschen Demokratischen Republik und der Sowjetunion vom 20. September 1955 wurde der DDR die Souveränität „bestätigt" und nochmals betont, daß sie „frei in der Entscheidung über Fragen ihrer Innenpolitik und Außenpolitik, einschließlich der Beziehungen zur Deutschen Bundesrepublik" sei. Auch in diesem Vertrag legte die UdSSR – ebenso wie die drei Westmächte in dem am 5. Mai 1955 in Kraft getretenen Deutschland-Vertrag – größten Wert darauf, sich ihre Rechte vorzubehalten, die sich aus den bestehenden internationalen Abkommen ergeben, die „Deutschland als Ganzes" betreffen. Am selben Tag beschloß die Sowjetregierung, die Hohe Kommission in Deutschland aufzulösen. Der Ministerrat der UdSSR erklärte, daß die in den Jahren 1945 bis 1948 „in Ausübung der Besatzungsrechte der vier Mächte vom Kontrollrat in Deutschland erlassenen Gesetze, Direktiven, Befehle und anderen Verordnungen auf dem Gebiet der Deutschen Demokratischen Republik ihre Gültigkeit verlieren". Auch hier behielt sich jedoch die UdSSR ihre „Rechte und Verpflichtungen gegenüber Gesamtdeutschland" ausdrücklich vor.[122]

Ein Vergleich zwischen den Vorbehaltsrechten der UdSSR gegenüber der DDR und der drei Westmächte gegenüber der Bundesrepublik Deutschland führt zu dem Ergebnis, daß die USA, Großbritannien und Frankreich im Gegensatz zur sowjetischen Seite im Deutschland-Vertrag – wie dargelegt – ihre Vorbehaltsrechte definiert und präzisiert haben. Die Vorbehalte des Deutschland-Vertrags beziehen sich gemäß Art. 2 auf die bisher von den Westmächten „ausgeübten oder innegehabten Rechte und Verantwortlichkeiten in bezug auf Berlin und auf Deutschland als Ganzes einschließlich der Wiedervereinigung Deutschlands und einer friedensvertraglichen Regelung". Die in der Erklärung der Sowjetregierung vom 25. März 1954 enthaltenen Vorbehaltsrechte stehen nicht unabhängig und gleichrangig nebeneinander, sondern sind – wie Wilhelm Grewe ausgeführt hat – in einer schwer überschaubaren Weise miteinander verknüpft und ineinander verschachtelt. Die im Deutschland-Vertrag genau umschriebenen Vorbehaltsrechte sind teilweise auch im Moskauer Vertrag vom 20. September 1955 berücksichtigt worden, „jedoch in charakteristisch verschwommenen Formulierungen".[123]

Die im Vertrag vom 20. September 1955 verwandte Formel – die „Deutschland als Ganzes" betreffenden Verpflichtungen – bedarf der Auslegung. Diese Interpretation kann nur die UdSSR vornehmen, da es gemäß dem Vertrag kein unparteiisches Schiedsgericht gibt, wie es der Deutschland-Vertrag in Art. 9

---

[121] Vgl. dazu mit Nachweisen J. Hacker, a. a. O. (Anm. 17), S. 141–143.
[122] Vgl. dazu im einzelnen J. Hacker, a. a. O. (Anm. 118), S. 154–158.
[123] So W. G. Grewe, a. a. O. (Anm. 94), S. 134.

kennt. Zwar ist auch nach dem Deutschland-Vertrag der Inhalt der Vorbehaltsrechte der drei Westmächte nicht justitiabel. Wohl aber entscheidet das Schiedsgericht selbst darüber, ob eine bestimmte Maßnahme in das Gebiet der Vorbehaltsrechte fällt, „so daß einer uferlosen Ausweitung der Vorbehaltsrechte vorgebeugt wird".[124] Hier liegt ein wesentlicher Unterschied zwischen den Vorbehaltsrechen der UdSSR und den drei Westmächten, da erstere – im Gegensatz zu letzteren – praktisch ein „ausschließliches Auslegungsmonopol"[125] besitzt.

Die Sowjetunion hat sich auch später in wichtigen bilateralen Abmachungen – wie in den Bündnispakten vom 12. Juni 1964 und 7. Oktober 1975 – ihre Rechte gegenüber der DDR vorbehalten, ohne allerdings das Bezugsobjekt „Deutschland als Ganzes" ausdrücklich zu bezeichnen.[126]

Festzuhalten gilt, daß die UdSSR und die DDR im Vertrag vom 20. September 1955 ihr „Hauptziel" erklärt haben, „auf dem Wege entsprechender Verhandlungen eine friedliche Regelung für ganz Deutschland herbeizuführen. In Übereinstimmung hiermit werden sie die erforderlichen Anstrengungen für eine friedensvertragliche Regelung und die Wiederherstellung der Einheit Deutschlands auf friedlicher und demokratischer Grundlage unternehmen."

Erinnert sei hier an zwei weitere auf „Deutschland" gerichtete Dokumente der DDR. Als Ministerpräsident Grotewohl am 26. August 1950 die Regierung der UdSSR um die Aufnahme der DDR in den Rat für Gegenseitige Wirtschaftshilfe (RGW) ersucht hat, stellte er fest:

„Wir bitten, bei der Stellungnahme zu unserem Antrag über die Aufnahme in den Rat zur Kenntnis zu nehmen, daß die Regierung der DDR ihre Wirtschaftspolitik mit dem Blick auf ganz Deutschland durchführt, also auch die wirtschaftlichen Interessen Westdeutschlands bei ihrer Außenhandelspolitik mit berücksichtigt."[127]

Und im Zeitpunkt der Errichtung des Warschauer Pakts am 14. Mai 1955 legte die DDR-Führung großen Wert auf die Feststellung, „die Stimme ganz Deutschlands vor der Welt zu erheben. Die Delegation der DDR hat darum vor der Konferenz in Warschau die Bedeutung des Problems der Wiedervereinigung Deutschlands behandelt" und dort folgende Erklärung abgegeben:

„Die DDR sieht nach wie vor die Wiedervereinigung Deutschlands auf friedlicher und demokratischer Grundlage als ihre und des ganzen deutschen Volkes

---

[124] So W. G. Grewe, ebenda, S. 132.
[125] So W. G. Grewe, ebenda.
[126] Vgl. dazu mit Nachweisen J. Hacker, a. a. O. (Anm. 33), S. 80–87.
[127] Vgl. dazu den Nachweis bei Alexander Uschakow: Die Sonderstellung der DDR im osteuropäischen Bündnissystem, in: Gert Leptin (Hrsg.): Die Rolle der DDR in Osteuropa, Berlin 1974, S. 35–54 (41 f.); ders.: Institutionelle Formen der Wirtschaftsbeziehungen zwischen der DDR und der UdSSR, in: Deutschland-Archiv, Jg. 13/1980, S. 518–523 (519).

Hauptaufgabe an und wird alles tun, um die Wiedervereinigung Deutschlands zu beschleunigen. Bei der Unterzeichnung des vorliegenden Vertrages über Freundschaft, Zusammenarbeit und gegenseitigen Beistand geht die Regierung der DDR davon aus, daß das wiedervereinigte Deutschland von den Verpflichtungen frei sein wird, die ein Teil Deutschlands in militärpolitischen Verträgen und Abkommen, die vor der Wiedervereinigung abgeschlossen wurden, eingegangen ist."[128]

IV. Deutschlandpolitische Zielsetzungen von Ende 1966 bis Herbst 1969

1. der Bundesrepublik Deutschland

Ebenso wie ihre Vorgängerinnen lehnte es die Bundesregierung der Großen Koalition unter Bundeskanzler Kurt Georg Kiesinger, in der Willy Brandt als Außenminister und Herbert Wehner als Bundesminister für Gesamtdeutsche Fragen fungierten, ab, der DDR die Staatsqualität zuzugestehen und sie völkerrechtlich anzuerkennen. Im Gegensatz zu ihren Vorgängerinnen begnügte sie sich jedoch von Anfang an mit der Allein-Sprecher-Berechtigung der Bundesrepublik Deutschland. In der Deutschland-Politik der Großen Koalition hatte die Forderung nach Wiederherstellung der staatlichen Einheit Deutschlands ihren festen Platz. Da sich die politisch verantwortlichen Kräfte jedoch darüber im klaren waren, daß dieses Ziel unter den gegebenen politischen Verhältnissen auf lange Sicht nicht zu erreichen war, war die Bundesregierung bestrebt, wenigstens menschliche Erleichterungen im gespaltenen Deutschland zu erreichen. Bundeskanzler Kiesinger unterbreitete in den Jahren von Ende 1966 bis 1969 zahlreiche Vorschläge, die von der DDR abgelehnt wurden.[129]

Die Bereitschaft der Bundesregierung, mit der DDR Verhandlungen aufzunehmen, um das Leben im gespaltenen Deutschland erträglicher zu machen, bekundete Bundeskanzler Kiesinger auch in seinem Schreiben an den Vorsitzenden des Ministerrats der DDR, Willi Stoph, vom 13. Juni 1967, mit dem er den Brief Stophs vom 10. Mai 1967 beantwortet hat. Den zweiten Brief Stophs vom 18. September 1967, der sich auf Kiesingers Schreiben vom 13. Juni 1967 bezog und den Entwurf eines „Vertrags über die Herstellung und Pflege normaler Beziehungen zwischen der Deutschen Demokratischen Republik und der Bundesrepublik Deutschland" enthielt, beantwortete Kiesinger am 28. September 1967.

---

[128] So Ministerpräsident O. Grotewohl in seinem Bericht über den Warschauer Vertrag vor der Volkskammer am 20. Mai 1955. Text in: Dokumente zur Außenpolitik der Regierung der DDR. Band II, Berlin (Ost) 1965, S. 246, Vgl. dazu auch J. Hacker, a. a. O. (Anm. 118), S. 154 f., 166 f.

[129] Vgl. dazu mit Nachweisen J. Hacker, a. a. O. (Anm. 55), S. 33–36.

Die Bundesregierung sah sich seinerzeit nicht in der Lage, auf das von seiten der DDR unterbreitete Maximalprogramm einzugehen. Ihr ging es darum – wie Kiesinger in seinem zweiten Schreiben betonte –, „wenigstens die Not der Spaltung zu mildern und die Beziehungen der Deutschen in ihrem geteilten Vaterland zu erleichtern". Ost-Berlin forderte hingegen die „Aufnahme und Pflege normaler Beziehungen zwischen der Deutschen Demokratischen Republik und der Bundesrepublik Deutschland", die immerhin als „souveräne Staaten deutscher Nation" apostrophiert worden sind. Festzuhalten gilt, daß in dem Vertragsentwurf der DDR nicht von der Aufnahme völkerrechtlicher und damit diplomatischer Beziehungen die Rede gewesen ist. Das zweite Schreiben Kiesingers vom 28. September 1967 hat die Regierung der DDR nicht beantwortet.

Trotz der starren und kompromißlosen Haltung der DDR ließ die Bundesregierung der Großen Koalition in ihren Bemühungen nicht locker, die innerdeutschen Beziehungen auf den verschiedenen Bereichen zu verbessern. Bereits am 14. Februar 1967 unterbreiteten alle im Bundestag vertretenen Fraktionen gemeinsam den Antrag, der Bundestag wolle beschließen: „Die Bundesregierung wird aufgefordert, alljährlich zum 15. Januar dem Bundestag einen Bericht über die Lage der Nation im gespaltenen Deutschland vorzulegen." Am 28. Juni 1967 beschloß der Bundestag, ohne Aussprache einstimmig die Annahme des Antrags, und am 11. März 1968 erstattete Bundeskanzler Kiesinger erstmals einen „Bericht über die Lage der Nation im geteilten Deutschland".[130]

Ebenso wie ihre Vorgängerinnen war auch die Große Koalition nicht bereit, der von östlicher Seite immer wieder vorgetragenen Forderung zu entsprechen, die Oder-Neiße-Linie anzuerkennen, da eine Grenzregelung dem künftigen Friedensvertrag mit Deutschland vorbehalten ist. Die Bundesregierung der Großen Koalition hat nicht grundsätzlich zu der Frage Stellung bezogen, ob für sie Deutschland in den Grenzen vom 31. Dezember 1937 fortbestand, wie es zuletzt die Bundesregierung unter Bundeskanzler Erhard und Außenminister Schröder in der „Deutschen Friedensnote" vom 25. März 1966 zum Ausdruck gebracht hatte. Kiesinger beschränkte sich in seiner ersten Regierungserklärung vom 13. Dezember 1966 auf die Feststellung, die Grenzen eines wiedervereinigten Deutschlands könnten nur in einer frei vereinbarten Regelung von einer gesamtdeutschen Regierung festgelegt werden.[131]

2. der DDR

Nachdem die DDR Anfang 1967 ihre zuvor in zahlreichen Varianten entwickelten Konföderations-Vorstellungen aufgegeben hatte, erklärte die SED im

---

[130] Vgl. dazu mit Nachweisen J. Hacker, ebenda, S. 36–40.
[131] Vgl. dazu mit Nachweisen J. Hacker, a. a. O. (Anm. 51), S. 55–57.

Januar 1967 erstmals die „Vereinigung der sozialistischen Deutschen Demokratischen Republik mit einem imperialistischen Westdeutschland" als „nicht real". Die gleiche Wendung benutzte SED-Chef Ulbricht auf dem VII. Parteitag der SED am 17. April 1967. Auch er apostrophierte die „Vereinigung Deutschlands" als „nicht real" und verlangte die „demokratische Umgestaltung Westdeutschlands" als Vorbedingung einer „Vereinigung beider deutscher Staaten".[132]

Die zweite Verfassung der DDR vom 6. April 1968 schrieb die Wiederherstellung der staatlichen Einheit Deutschlands nicht gänzlich ab. Zunächst stellte sie fest, die Herstellung und Pflege normaler Beziehungen und die Zusammenarbeit der beiden deutschen Staaten auf der Grundlage der Gleichberechtigung seien ein nationales Anliegen der DDR. Außerdem legte die Verfassung fest:

„Die Deutsche Demokratische Republik und ihre Bürger erstreben darüber hinaus die Überwindung der vom Imperialismus der deutschen Nation aufgezwungenen Spaltung Deutschlands, die schrittweise Annäherung der beiden deutschen Staaten bis zu ihrer Vereinigung auf der Grundlage der Demokratie und des Sozialismus."

Die Verfassung der DDR vom 6. April 1968 machte also die „Vereinigung" Deutschlands von der Umwälzung der politischen, ökonomischen und sozialen Verhältnisse in der Bundesrepublik Deutschland abhängig. Nach Auffassung der SED hat sich nur die DDR, nicht aber die Bundesrepublik Deutschland auf der Grundlage der „Demokratie" und des „Sozialismus" entwickelt. Die SED-Führung wußte, daß sie mit diesen „Vereinigungs"-Parolen bei den politisch verantwortlichen Kräften in der Bundesrepublik Deutschland keine positiven Reaktionen auszulösen vermochte.

Johannes Kuppe gelangt in seiner Analyse der Deutschland-Politik der DDR von 1961 bis 1972 zu dem Ergebnis, die konkreten deutschlandpolitischen Maßnahmen der SED in diesem Jahrzehnt hätten kaum eine neue Qualität gezeigt: „Zahlreiche, die Kontakte zwischen beiden Staaten erschwerende Regelungen sollten der Bundesregierung vor allem verdeutlichen, daß allein die Begründung eines völkerrechtlichen Verhältnisses zur DDR die Folgen der Spaltung mildern könne."[133] Zutreffend weist er auf die Verabschiedung des „Ge-

---

[132] Text der Rede in: Neues Deutschland vom 18. April 1967; Protokoll der Verhandlungen des VII. Parteitages der SED. 17. bis 22. April 1967 in der Werner-Seelenbinder-Halle zu Berlin. Band 1. Berlin (Ost) 1967, S. 25–287 (64–66); Auszüge in SBZ-Archiv, Jg. 18/1967, S. 123–128; J. Kuppe, a. a. O. (Anm. 111), S. 557–559.
[133] J. Kuppe, ebenda, S. 558. J. Kuppe erinnert auch an die Umbenennung des am 18. Dezember 1965 gegründeten „Staatssekretariats für gesamtdeutsche Fragen" in „Staatssekretariat für westdeutsche Fragen" am 2. Februar 1967 und an die Absage des zwischen SPD und SED geplanten Redneraustausches im Juni 1966, „von dem sich die SED offenbar zunächst eine für sie günstige Propagandawirkung versprochen hatte" und die „ein hohes Maß an Unsicherheit in der SED-Führung" gezeigt habe. Vgl. zum Verlauf des SED-SPD-Dialogs 1966 auch Regina Siewert/Helmut Bilstein: Gesamtdeutsche Kontakte. Erfahrungen mit Parteien- und Regierungsdialog, Opladen 1969.

setzes über die Staatsbürgerschaft der DDR" vom 20. Februar 1967 hin, mit der die bis dahin mit einigen Einschränkungen bestehende einheitliche deutsche Staatsangehörigkeit durch eine separate Staatsbürgerschaft der DDR ersetzt wurde, und auf die Einführung eines Reisepaß-Zwanges für Ein- und Durchreise, von Ein- und Ausreisevisa sowie von Genehmigungen für Tagesaufenthalte für den Besuch von Berlin (Ost) im Juni 1968 hin. Der DDR ging es vornehmlich darum, die Bundesrepublik Deutschland zu zwingen, ihr Verhältnis zum zweiten Staat in Deutschland auf eine neue, möglichst völkerrechtliche Ebene zu heben und die 1955 verkündete „Hallstein-Doktrin" aufzuheben oder zumindest zu mindern, da sie die DDR international weitgehend isoliert hat. Die in der DDR-Verfassung vom 6. April 1968 verwandte Formel, die DDR sei ein „sozialistischer Staat deutscher Nation", schloß die Existenz eines zweiten Staates deutscher Nation, also der Bundesrepublik Deutschland, nicht aus und gab der SED-Führung den nötigen Spielraum, die Deutschland-Politik oder zumindest einzelne ihrer Aspekte nicht uneingeschränkt der Außenpolitik zuordnen zu müssen.[134]

V. Die deutschlandpolitische Szenerie ab Herbst 1969

1. Die Bonner Ausgangspositionen

Das Ergebnis der Bundestagswahl vom 29. September 1969 erlaubte erstmals eine Koalition von SPD und FDP, in der Brandt das Amt des Bundeskanzlers übernahm und Walter Scheel als Vizekanzler und Außenminister fungierte. Mit dem Antritt der SPD/FDP-Bundesregierung wurde eine neue und entscheidende Phase der Bonner Deutschland-Politik eingeleitet, indem sie von Anfang an ihre Bereitschaft erklärte, von der Respektierung der Teilung Deutschlands auszugehen. Die sozial-liberale Bundesregierung attestierte der DDR zum ersten Mal die Staatsqualität und gab den bereits zur Zeit der Großen Koalition auf die Allein-Sprecher-Berechtigung reduzierten Alleinvertretungsanspruch auf. Ebenso wie ihre Vorgängerinnen war die Bundesregierung nicht bereit, der immer wieder seitens Ost-Berlins erhobenen Forderung zu entsprechen, die DDR völkerrechtlich anzuerkennen. Am 28. Oktober 1969 führe Brandt vor dem Bundestag dazu aus: „Auch wenn zwei Staaten in Deutschland existieren, sind sie doch füreinander nicht Ausland. Ihre Beziehungen zueinander können nur von besonderer Art sein."

Einige zentrale Aussagen hat Brandt bereits in seinem ersten Bericht zur Lage der Nation am 14. Januar 1970 vor dem Bundestag konkretisiert. Von

---

[134] Vgl. dazu die Nachweise bei Jens Hacker: SED und nationale Frage, in: Ilse Spittmann (Hrsg.): Die SED in Geschichte und Gegenwart. Edition Deutschland-Archiv, Köln 1987, S. 43–64 (50 f.).

besonderer Bedeutung sind darüber hinaus die „Vorstellungen über Grundsätze und Vertragselemente für die Regelung gleichberechtigter Beziehungen zwischen der Bundesrepublik Deutschland und der Deutschen Demokratischen Republik", die Brandt am 21. Mai 1970 in seinem zweiten Gespräch mit Ministerpräsident Willi Stoph in Kassel vorgetragen hat, das beide bei ihrem ersten Treffen am 19. März 1970 in Erfurt vereinbart hatten.[135]

Angesichts der Machtverhältnisse im Sowjetblock hat die Bundesregierung von Anfang an ihre „neue Deutschland-Politik" eng mit ihrer „neuen Ostpolitik" verknüpft und dies in dem dem Moskauer Vertrag vom 12. August 1970 beigegebenen „Bahr-Papier" zum Ausdruck gebracht. Der Bundesregierung ging es vornehmlich darum, zu einem Modus vivendi mit den kommunistischen Staaten zu gelangen, wobei sie der Sowjetunion die Priorität einräumte. Von vornherein war es klar, daß die mit der DDR angestrebte Regelung des innerdeutschen Verhältnisses am schwierigsten zu erreichen war, da sie sich nicht auf den Gewaltverzicht und die Akzeptierung der innerdeutschen Demarkationslinie als Staatsgrenze beschränken, sondern vor allem Erleichterungen für die Menschen im gespaltenen Deutschland schaffen sollte.

Faßt man die Vorstellungen der Bundesregierung im Hinblick auf die angestrebten vertraglichen Vereinbarungen mit der DDR vor Beginn des „innerdeutschen Dialogs" thesenartig zusammen, so läßt sich feststellen: Der Grundlagenvertrag sollte die besondere Lage in Deutschland berücksichtigen, vom Fortbestehen der Einheit der deutschen Nation und der Vier-Mächte-Rechte und -Verantwortung für Deutschland als Ganzes und Berlin ausgehen und die Wiederherstellung der staatlichen Einheit Deutschlands nicht verhindern. Ein weiterer zentraler Aspekt bildeten die angestrebten „menschlichen Erleichterungen".

---

[135] Texte aller deutschlandpolitisch relevanter Dokumente in: Texte zur Deutschlandpolitik. Die Bände I–III erfassen die Zeit der Großen Koalition (13. Dezember 1966 – 31. August 1969), ab Band IV wird die Zeit ab 28. Oktober 1969 dokumentiert. Hrsg. vom Bundesministerium für gesamtdeutsche Fragen (Bände I und II, ab Band III vom Bundesministerium für innerdeutsche Beziehungen). Bonn und Berlin 1968 ff. Über die Ergebnisse der Deutschland-Politik, d. h. über die vertraglichen Abmachungen mit der DDR, informieren seit Herbst 1969 mehrere Dokumentationen. Vgl. dazu vor allem den umfangreichen Band „Zehn Jahre Deutschlandpolitik. Die Entwicklung der Beziehungen zwischen der Bundesrepublik Deutschland und der Deutschen Demokratischen Republik – 1969–1979. Bericht und Dokumentation". Hrsg. vom Bundesministerium für innerdeutsche Beziehungen. Bonn 1980. Die Einführung informiert über die Entwicklung und den Stand der innerdeutschen Beziehungen in den Jahren 1969–1979. Fortgeführt wurde diese Dokumentation mit dem Band: Innerdeutsche Beziehungen. Die Entwicklung der Beziehungen zwischen der Bundesrepublik Deutschland und der Deutschen Demokratischen Republik 1980–1986. Eine Dokumentation. Hrsg. vom Bundesministerium für innerdeutsche Beziehungen, Bonn 1986.

2. Das deutschlandpolitische Maximalprogramm der DDR

Die SED-Führung war besonders erbost über zwei zentrale Aussagen der Regierungserklärung Brandts vom 28. Oktober 1969: die Feststellung, eine völkerrechtliche Anerkennung der DDR durch die Bundesregierung könne nicht in Betracht kommen, und die neue These, nach der die Beziehungen zwischen den beiden Staaten in Deutschland nur von „besonderer Art" sein könnten. Die DDR begegnete der deutschlandpolitischen Offensive der SPD/ FDP-Bundesregierung von Anfang an mit einem Maximalprogramm, das sie in dem Entwurf eines „Vertrages über die Aufnahme gleichberechtigter Beziehungen zwischen der Deutschen Demokratischen Republik und der Bundesrepublik Deutschland" vom 17. Dezember 1969 formulierte. Darin schlug sie die Aufnahme diplomatischer Beziehungen vor: Die Deutsche Demokratische Republik und die Bundesrepublik Deutschland „lassen sich gegenseitig in den Hauptstädten Berlin und Bonn durch Botschaften vertreten".

Auch sollte die Bundesregierung nicht nur — was schon zuvor immer wieder gefordert worden war — die Grenze zwischen den beiden Staaten in Deutschland, sondern auch „die Grenze an Oder und Neiße zwischen der Deutschen Demokratischen Republik und der Volksrepublik Polen" anerkennen. Hart und kompromißlos war ebenfalls der Vorschlag, nach dem sich beide Staaten in Deutschland verpflichten sollten, „den Status Westberlins als selbständige politische Einheit zu achten und unter Berücksichtigung dieses Status' ihre Beziehungen zu Westberlin zu regeln". Schließlich sah der Vertragsentwurf vom 17. Dezember 1969 vor, beide Staaten in Deutschland sollten ohne Verzögerung die Aufnahme als vollberechtigte Mitglieder in die UNO beantragen. Von der Fortexistenz der Vier-Mächte-Rechte für Deutschland als Ganzes und Berlin war im Vertragsentwurf der DDR ebensowenig die Rede wie von der „Einheit der Nation". Die von der Bundesregierung gewünschten „menschlichen Erleichterungen" in Deutschland blieben in Ulbrichts Vertragsentwurf vom 17. Dezember 1969 völlig unerwähnt.

Angesichts dieser Ausgangspositionen Bonns und Ost-Berlins war es nicht verwunderlich, daß sich Bundeskanzler Brandt und Ministerpräsident Stoph bei ihren beiden Treffen am 19. März in Erfurt und am 21. Mai 1970 in Kassel in den zentralen Fragen nicht auf ein gemeinsames deutschlandpolitisches Programm zu einigen vermochten. Sowohl in Erfurt als auch in Kassel ließ die DDR jegliche Bereitschaft vermissen, zu vertraglichen Regelungen zu gelangen, um das Leben in Deutschland normaler und menschlicher zu machen.

3. Innerdeutsche Vereinbarungen bis zum 21. Dezember 1972

Der Abschluß des Moskauer Vertrags am 12. August 1970 mit den daraus resultierenden möglichen Folgen für die Beziehungen zwischen der UdSSR und der Bundesrepublik Deutschland haben neben den Ende März 1970 aufgenommenen Vier-Mächte-Verhandlungen über Berlin entscheidend dazu beigetragen, daß sich die DDR — trotz ihrer immer wieder erhobenen Forderung nach Aufnahme völkerrechtlicher Beziehungen zur Bundesrepublik Deutschland und der scharfen Zurückweisung der Bonner Thesen von den „innerdeutschen Sonderbeziehungen" und der „Einheit der Nation" — im Oktober 1970 zu einem Meinungsaustausch mit der Bundesregierung bereit erklärte. Am 29. Oktober 1970 kamen die Bundesregierung und die Regierung der DDR überein, „auf offiziellem Wege einen Meinungsaustausch über Fragen zu führen, deren Regelung der Entspannung im Zentrum Europas dienen würde und die für beide Staaten von Interesse sind".[136] Die SED-Führung mußte einsehen, daß ein kompromißloses Festhalten an ihren Maximalpositionen die DDR unausweichlich nicht nur in die außen-, sondern auch deutschlandpolitische Isolierung geführt hätte.

Am 22. November 1970 nahmen die Delegationen unter Leitung von Egon Bahr, Staatssekretär im Bundeskanzleramt, und Michael Kohl, Staatssekretär beim Ministerrat der DDR, den Meinungsaustausch auf, der im September 1971 in formelle Verhandlungen über eine Durchführungsvereinbarung zu dem am 3. September 1971 ausgehandelten Vier-Mächte-Abkommen über Berlin und über einen Verkehrsvertrag zwischen den beiden Staaten in Deutschland mündete. Damit begann „die vorerst letzte Kursänderung in der Deutschland-Politik der SED und ... ein neues Kapitel in den deutsch-deutschen Beziehungen".[137]

Nach der Unterzeichnung des Protokolls über den Post- und Fernmeldeverkehr vom 30. September 1971 wurde am 17. Dezember zwischen den Regierungen der Bundesrepublik Deutschland und der DDR das Abkommen über den Transitverkehr zwischen der Bundesrepublik Deutschland und Berlin (West) geschlossen, das mit seinen Begleitdokumenten in das Schlußprotokoll zum Vier-Mächte-Abkommen aufgenommen und damit von den Alliierten sanktioniert worden ist. Es folgten Vereinbarungen zwischen dem Senat von Berlin und der Regierung der DDR über Erleichterungen und Verbesserungen des Reise- und Besucherverkehrs und über die Regelung der Fragen von Enklaven durch Gebietsaustausch vom 20. Dezember 1971.[138]

---

[136] „Meinungsaustausch DDR-BRD vereinbart", in: Neues Deutschland vom 30. Oktober 1970 und Deutschland-Archiv, Jg. 3/1970, S. 1296.

[137] So J. Kuppe, a. a. O. (Anm. 111), S. 561.

[138] Vgl. dazu die Nachweise oben in Anm. 135. Über die Entwicklung der innerdeutschen Beziehungen liegt eine umfangreiche Literatur vor, die hier nicht rekapituliert werden kann. Vgl. dazu beispielsweise Dettmar Cramer: Deutschland nach dem Grundvertrag. Bonn 1973; Antje Mattfeld: Modelle einer Normalisierung zwischen den beiden deutschen Staaten. Eine rechtliche Betrachtung, Düsseldorf 1974; Margit Roth, Zwei Staaten in Deutschland. Die sozialliberale Deutschlandpolitik und ihre Auswirkungen 1969–1978, Opladen 1981. Die wichtigste und umfassendste Analyse des innerdeutschen Verhältnisses aus juristischer Sicht hat Georg Ress geliefert. Vgl. den Nachweis oben in Anm. 3; ders.: Grundlagen und Entwicklung der innerdeutschen Beziehungen, in: Josef Isensee/Paul Kirchhof (Hrsg.): Handbuch des Staatsrechts der Bundesrepublik Deutsch-

Am 26. Mai 1972 wurde der Vertrag zwischen der Bundesrepublik Deutschland und der Deutschen Demokratischen Republik über Fragen des Verkehrs unterzeichnet. Gegenstand des Verkehrsvertrags ist der gegenseitige Wechsel- und Transitverkehr auf Straßen, Schienen- und Wasserwegen mit Transportmitteln, die im Geltungsbereich dieses Vertrags zugelassen oder registriert sind. Die großen praktischen Vorteile des Transit-Abkommens und des Verkehrsvertrags sowie seiner Begleitdokumente sind für jedermann jeden Tag sichtbar. Die Bundesregierung hat von Anfang an genau und sorgfältig darüber gewacht, daß die DDR die auslegbare Mißbrauchs-Klausel des Transit-Abkommens nicht mißbraucht. Eine nüchterne Analyse der im Verkehrsvertrag getroffenen Regelungen darf allerdings nicht übersehen, daß sie — bedauerlicherweise — vornehmlich nur Bürgern der Bundesrepublik Deutschland die Möglichkeit eröffnen, in die DDR zu reisen. Die von der DDR am 17. Oktober 1972 und 14. Juni 1973 erlassenen Anordnungen über Regelungen im Reiseverkehr von Bürgern der DDR beschränkten die Reise-Möglichkeit auf einen eng begrenzten Personenkreis. Mit einer weiteren Anordnung vom 15. Februar 1982 hat die DDR die Anlässe, zu denen eine Reise in den Westen genehmigt werden kann, ausgeweitet.[139]

Der Deutsche Bundestag nahm am 26. Mai 1972 die Verträge von Moskau vom 12. August und Warschau vom 7. Dezember 1970 an, und am 3. Juni 1972 konnten nach der Unterzeichnung des Schlußprotokolls zum Vier-Mächte-Abkommen über Berlin das Berlin-Abkommen sowie der deutsch-sowjetische Vertrag und der deutsch-polnische Vertrag in Kraft treten. Am 15. Juni 1972 trat der innerdeutsche „Dialog" in eine neue und entscheidende Phase, die am 21. Dezember 1972 mit der Unterzeichnung des „Vertrags über die Grundlagen der Beziehungen zwischen der Bundesrepublik Deutschland und der Deutschen Demokratischen Republik" und seiner Zusatzdokumente ihren Abschluß fand.

Die deutschlandpolitischen Ausgangspositionen der Bundesregierung der SPD/FDP-Koalition, die innerdeutschen Verhandlungen und Abmachungen bis zur Paraphierung des Grundlagenvertrags am 8. November 1972 und die Ergebnisse der innerdeutschen Vertragspolitik sind Gegenstand zahlreicher Analysen, die hier nicht rekapituliert werden können.[140]

---

land. Band I, Karlsruhe 1987, S. 449–546; Otto Kimminich: Grundvertrag, Anhang zum „Kommentar zum Bonner Grundgesetz (Bonner Kommentar)", Hamburg 1974; Benno Zündorf: Die Ostverträge. Die Verträge von Moskau, Warschau, Prag, das Berlin-Abkommen und die Verträge mit der DDR, München 1979; Kay-Michael Wilke: Bundesrepublik Deutschland und Deutsche Demokratische Republik. Grundlagen und ausgewählte Probleme des gegenseitigen Verhältnisses der beiden deutschen Staaten, Berlin 1976; Gottfried Zieger: Die Haltung von SED und DDR zur Einheit Deutschlands 1949–1987, Köln 1988; Jens Hacker, a. a. O. (Anm. 17); ders., a. a. O. (Anm. 55); ders., a. a. O. (Anm. 118); ders.: Bilanz und Perspektiven der deutsch-deutschen Beziehungen, in: Oswald Hauser (Hrsg.): Das geteilte Deutschland in seinen internationalen Verflechtungen, Göttingen/Zürich 1987, S. 210–233.

[139] Vgl. dazu die Nachweise bei J. Hacker: Bilanz . . ., ebenda, S. 212 f.

Der sozial-liberalen Koalition unter Bundeskanzler Brandt, den Helmut Schmidt am 16. Mai 1974 als Regierungschef abgelöst hat, ist zu bescheinigen, daß sie auf zahlreichen und wichtigen Gebieten das innerdeutsche Verhältnis wesentlich verbessert hat. Daß die Beziehungen zwischen den beiden Staaten in Deutschland nicht – wie Art. 1 des Grundlagenvertrages postuliert – „normale gutnachbarliche" sind, liegt vornehmlich an der Führung der DDR, die den Begriff „Sicherheit" nicht nur militärisch, sondern auch und gerade politisch versteht. Sicherheit bedeutet für sie nach wie vor „die Erhaltung der politischstaatlichen und damit auch der persönlichen Machtpositionen der SED-Führung; die Aufrechterhaltung des Machtmonopols der *einen* politisch maßgeblichen Partei; den weiteren Ausbau der Gesellschaft der DDR nach den Richtlinien der SED; den Schutz vor ideologischer ‚Diversion' und ‚Subversion' aus dem Westen wie aus dem Osten."[141]

---

[140] Vgl. dazu die Nachweise in Anm. 138.
[141] So Peter Christian Ludz: Deutschlands doppelte Zukunft. Die Bundesrepublik Deutschland und die DDR in der Welt von morgen, München 1974, S. 66–70 (66–68). Hervorhebung im Text.

Thesen

1. Auch wenn vornehmlich die Entwicklung der „deutschen Frage" von 1949 bis 1969/72 analysiert werden soll, ist es unumgänglich, zumindest kurz die Entwicklung in den drei westlichen Besatzungszonen und der sowjetisch besetzten Zone bis 1949 zu skizzieren. Die Geschichte der Bundesrepublik Deutschland und auch der DDR wurde zu einem guten Teil vorentschieden, bevor sich beide 1949 als nicht-souveräne Gemeinwesen konstituierten.

2. Der Rahmen jeder Bonner Politik gegenüber der DDR war und ist seit 1949 durch bestimmte völkerrechtliche und verfassungsrechtliche Prämissen abgesteckt: völkerrechtlich durch die fortbestehenden Rechte und Verantwortlichkeiten der drei Westmächte und der Sowjetunion, die aus den gemeinsamen 1944/45 getroffenen Abmachungen resultieren, verfassungsrechtlich durch einige zentrale Aussagen des Grundgesetzes – wie die auch für die in der DDR lebenden Deutschen fortexistierende deutsche Staatsangehörigkeit und das vom Bundesverfassungsgericht aus der Präambel des Grundgesetzes entwickelte und rechtlich verbindliche Wiedervereinigungsgebot. Die vor und nach 1969 entwickelten deutschlandpolitischen Konzepte und Initiativen hatten immer zu beachten, daß sich die drei Westmächte in dem am 5. Mai 1955 in Kraft getretenen Deutschland-Vertrag ihre Rechte und Verantwortlichkeiten in wichtigen deutschlandpolitischen Bereichen vorbehalten haben. Das gleiche gilt für das Verhältnis zwischen der DDR und der UdSSR.

3. Eine Analyse der „deutschen Frage" seit 1949 hat zwischen den deutschlandpolitischen Grundpositionen der Bundesrepublik Deutschland und der SBZ/DDR zu differenzieren und davon auszugehen, daß für die Wiedervereinigung Deutschlands die vier Mächte verantwortlich blieben, die auch in der Folgezeit immer wieder proklamiert haben, daß die staatliche Einheit Deutschlands wiederhergestellt werden müsse. Die von den Alliierten unternommenen Versuche waren jedoch auch jetzt zum Scheitern verurteilt, da beide Seiten nach wie vor von sehr unterschiedlichen Grundpositionen ausgingen.

4. Die Politik der Bundesrepublik Deutschland gegenüber der SBZ/DDR in der Regierungszeit des Bundeskanzler Konrad Adenauer und Ludwig Erhard (15.9.1949–11.10.1963 und 16.10.1963–30.11.1966) basierte auf den gleichen rechtlichen und politischen Prämissen. In der Zeit von der Konstituierung der Bundesrepublik Deutschland bis zum Frühjahr 1955 war der deutschlandpolitische Spielraum der Bundesrepublik äußerst gering, da sie unter dem Besatzungsregime der drei Westmächte stand und über keine Souveränität verfügte. Auch die DDR war bis 1955 dem Besatzungsregime der Sowjetunion unterworfen.

5. Da die Bundesrepublik Deutschland seit ihrer Konstituierung den Anspruch erhob, bis zur Erreichung der Einheit Deutschlands insgesamt die alleinige

legitimierte staatliche Organisation des deutschen Volkes zu sein und an diesem Alleinvertretungsanspruch bis 1966 festhielt, lehnte sie es auch strikt ab, der DDR die Staatsqualität zuzubilligen und sie völkerrechtlich anzuerkennen. Die politische Praxis Bonns hat sich bereits Anfang der fünfziger Jahre auf den Standpunkt gestellt, daß die Bundesrepublik Deutschland rechtlich mit dem 1945 nicht untergegangenen, aber handlungsunfähigen Deutschen Reich identisch sei – nicht jedoch territorial, weil die durch das Grundgesetz geschaffene Organisation in ihrer Geltung auf den Teil des Reichsgebiets begrenzt blieb. Hingegen hat die DDR seit ihrer Ausrufung am 7. Oktober 1949 ihre Einstellung gegenüber dem Rechtsstatus Deutschlands häufig modifiziert.

6. Ebenso wie ihre Vorgängerinnen lehnte es die Bundesregierung der Großen Koalition unter Bundeskanzler Kurt Georg Kiesinger und Außenminister Willy Brandt von Ende 1966 bis Herbst 1969 ab, der DDR die Staatsqualität zuzugestehen und sie völkerrechtlich anzuerkennen. Die politisch verantwortlichen Kräfte waren sich darüber einig, daß das Ziel der Wiederherstellung der staatlichen Einheit Deutschlands unter den gegebenen politischen Verhältnissen auf lange Sicht nicht zu erreichen war. Daher war die Bundesregierung bestrebt, wenigstens menschliche Erleichterungen im gespaltenen Deutschland zu erreichen. Die von Bundeskanzler Kiesinger unterbreiteten Vorschläge wurden von der DDR jedoch abgelehnt. Nachdem die DDR Anfang 1967 ihre zuvor in zahlreichen Varianten entwickelten Konföderations-Vorstellungen aufgegeben hatte, erklärte die SED im Januar 1967 erstmals die „Vereinigung der sozialistischen Deutschen Demokratischen Republik mit einem imperialistischen Westdeutschland" als „nicht real".

7. Mit dem Antritt der SPD/FDP-Bundesregierung mit Bundeskanzler Brandt und Außenminister Walter Scheel im Oktober 1969 wurde eine neue und entscheidende Phase der Bonner Deutschland-Politik eingeleitet. Von Anfang an erklärte die Bundesregierung ihre Bereitschaft, von der Respektierung der Teilung Deutschlands auszugehen, und attestierte der DDR zum ersten Mal die Staatsqualität. Außerdem gab sie den bereits zur Zeit der Großen Koalition auf die Allein-Sprecher-Berechtigung reduzierten Alleinvertretungsanspruch auf. Nicht bereit war die Bundesregierung jedoch, der immer wieder erhobenen Forderung Ost-Berlins zu entsprechen, die DDR völkerrechtlich anzuerkennen. Nach Inkrafttreten der 1970 unterzeichneten Verträge von Moskau und Warschau und des Vier-Mächte-Abkommens über Berlin (vom 3.9.1971) am 3. Juni 1972 sah sich die DDR-Führung genötigt, mit der Bundesregierung Verhandlungen aufzunehmen, die in die Unterzeichnung des innerdeutschen Grundlagenvertrags am 21. Dezember 1972 mündeten.

Detlef Kühn

DIE INNERDEUTSCHEN BEZIEHUNGEN SEIT DEM GRUNDLAGENVERTRAG

Der Grundlagenvertrag basiert in der Fassung, in der er 1972 abgeschlossen wurde, auf Vorarbeiten, die auf westlicher Seite bis in die zweite Hälfte der 60er Jahre zurückgehen. Ich erinnere hier insbesondere an den FDP-Entwurf eines Generalvertrages, der 1967 innerhalb des FDP-Landesverbandes Berlin erarbeitet wurde und den die FDP-Bundestagsfraktion im Jahre 1968 veränderte und erweiterte. Vergleicht man den Text des Grundlagenvertrages mit dem im Januar 1969 von der FDP-Bundestagsfraktion veröffentlichten Generalvertragsentwurf, dann sind erhebliche Parallelen nicht zu übersehen.[1] Die politischen Grundsatz-Entscheidungen, die auf westlicher Seite beim Abschluß des Grundlagenvertrages getroffen wurden, waren im wesentlichen folgende:

Die staatliche Existenz der DDR wird nicht mehr bestritten, sondern ausdrücklich anerkannt. Am Ziel der Wiedervereinigung wird dennoch festgehalten. Bis dieses Ziel erreicht wird, steht die Wahrung und Festigung der Einheit der deutschen Nation im Vordergrund. Dies bedeutet, daß die DDR von uns nicht als Ausland betrachtet werden kann. Möglichst viele vertragliche Vereinbarungen auf den unterschiedlichsten Gebieten sollen als menschliche Erleichterungen die Teilungsfolgen mildern, das Zusammengehörigkeitsgefühl in Ost und West stärken und die praktischen Probleme im nachbarschaftlichen Verhältnis von Bundesrepublik und DDR lösen.

Diese Politik, die Anfang der 70er Jahre im politischen Geschehen der Bundesrepublik heftig umstritten war, wurde letztlich vom Bundesverfassungsgericht in seinem Urteil zum Grundlagenvertrag als verfassungskonform bestätigt.[2] Das Gericht ging dabei jedoch — nicht zur Freude aller Beobachter — über eine bloße Bestätigung hinaus. Es folgte zwar im wesentlichen der Argumentation der damaligen Bundesregierung, steckte aber darüber hinaus noch einen Rah-

---

[1] Der Generalvertrags-Entwurf der FDP ist abgedruckt in Texte zur Deutschlandpolitik, herausgegeben vom Bundesministerium für innerdeutsche Beziehungen, Bd. I/3, 1969, S. 143 ff.; über die Geschichte dieses Entwurfs informiert Arnulf Baring: Machtwechsel, 2. Aufl., Stuttgart 1982, S. 266 ff.

[2] Vgl. Der Grundlagenvertrag vor dem Bundesverfassungsgericht. Dokumentation zum Urteil vom 31. Juli 1973 über die Vereinbarkeit des Grundlagenvertrags mit dem Grundgesetz, herausgegeben vom Presse- und Informationsamt der Bundesregierung, 1975.

men für die künftige Deutschlandpolitik ab, in dem sich die staatlichen Organe bewegen mußten, wenn sie dem Auftrag des Grundgesetzes gerecht werden wollten. Diese Präzisierung betraf insbesondere das Ziel der Wiedervereinigung Deutschlands. Hier machte das Bundesverfassungsgericht unmißverständlich deutlich, daß eine Politik der Milderung der Teilungsfolgen und eine Politik, die ausschließlich auf die Wahrung der Einheit der Nation gerichtet ist, noch nicht ausreicht. Im Leitsatz 4 der Entscheidung über den Grundlagenvertrag heißt es vielmehr, daß „kein Verfassungsorgan der Bundesrepublik Deutschland die Wiederherstellung der staatlichen Einheit als politisches Ziel aufgeben" dürfe, vielmehr alle Verfassungsorgane verpflichtet seien, in ihrer Politik auf die Erreichung dieses Ziels hinzuwirken. „Das schließt die Forderung ein, den Wiedervereinigungsanspruch im Innern wachzuhalten und nach außen beharrlich zu vertreten — und alles zu unterlassen, was die Wiedervereinigung vereiteln würde."

Wenn es auch im wissenschaftlichen und politischen Bereich nicht an Kritik[3] an dieser eindeutigen Festlegung aller staatlichen Instanzen der Bundesrepublik Deutschland durch das Bundesverfassungsgericht gefehlt hat, kann dennoch keinem Zweifel unterliegen, daß diese Sicht verfassungsrechtlich bindend ist. Dies gilt um so mehr, als das Bundesverfassungsgericht insbesondere 1987 im sogenannten Teso-Urteil seinen Standpunkt noch einmal ausdrücklich bekräftigt hat.[4] Wer unter diesen Umständen die Auslegung des Grundgesetzes durch das Bundesverfassungsgericht zu unterlaufen versucht, riskiert einen schwerwiegenden Verfassungsstreit mit unabsehbaren Folgen. Die staatserhaltenden Kräfte der Bundesrepublik Deutschland können daran m. E. kein Interesse haben. Dies bedeutet: Die Staatsräson der Bundesrepublik ist die deutsche Einheit — selbstverständlich in Freiheit.

In den Jahren nach 1973 wurden Zug um Zug die vom Grundlagenvertrag gesetzten Rahmenbedingungen durch praktische Vereinbarungen mit der DDR ausgefüllt. Diese bezogen sich u. a. auf die Einrichtung von Ständigen Vertretungen, die Grenzkommission und die Feststellung des Verlaufs der Grenze, den Post- und Fernmeldeverkehr, den Ausbau des innerdeutschen Handels, sowie auf das Gesundheitswesen und den kulturellen Bereich. Auch die Zusammenarbeit im Umweltschutz ist in Gang gekommen, wenn auch gerade auf diesem Gebiet insbesondere finanzielle Probleme durchgreifende Erfolge etwa im Bereich der Luftverschmutzung und des Gewässerschutzes bisher verhindert haben.[5]

---

[3] Der sowjetische Journalist J. Rshewski glaubte am 3.1.1974 in „Meshdunarodnaja Shisn" „eine gewisse Verlegenheit" bei der Bundesregierung feststellen zu können, was wohl nicht ganz aus der Luft gegriffen war; vgl. Texte zur Deutschlandpolitik, Bd. II/1, S. 385; s. auch den völlig ablehnenden Kommentar des ND vom 16.8.1973, Texte zur Deutschlandpolitik, Bd. II/1, S. 116 ff.; vgl. auch Manfred Zuleeg: Die deutsche Nation im Spiegel des Rechts: in: DVBl. 1983, S. 486 ff.; Helmut Ridder: Anmerkungen zur „deutschen Frage", in: Neue Justiz 11/1988, S. 444 ff.
[4] Beschl. vom 21.10.1987, ROW 88, 193.

Von besonderer politischer und menschlicher Bedeutung waren insbesondere die Verbesserungen im Verkehrswesen und im Reiseverkehr. Vor allem der Reiseverkehr in West-Ost-Richtung stieg in den 70er Jahren sprunghaft an. Dies war auch auf die neugeschaffenen Möglichkeiten für rund 7 Millionen Westdeutsche zur Einreise in die DDR im grenznahen Verkehr unter erleichterten Bedingungen zurückzuführen.

Aber schon in den 70er Jahren zeigte sich, daß die Ausfüllung des Grundlagenvertrages auf Grenzen stieß und die DDR-Führung teilweise vor erhebliche Probleme stellte. Insbesondere die Zusammenarbeit im Rechtsverkehr kam bis heute nicht recht voran. Als Haupthindernis erwies sich hier die unterschiedliche Auffassung beider Seiten in bezug auf die Staatsangehörigkeit der Deutschen in der DDR, wenn auch die immer wieder vorgetragene Kritik der DDR an der Bundesrepublik, diese respektiere oder anerkenne nicht die Staatsbürgerschaft der DDR, zu kurz greift. Allerdings: Obwohl die Bundesrepublik die Staatsbürgerschaft der DDR nicht leugnet und entsprechende DDR-Maßnahmen sogar ausdrücklich anerkennt, bleibt doch die von der DDR-Führung immer wieder getadelte westliche Rechtsansicht bestehen, wonach auch die Deutschen in der DDR die (gesamt-)deutsche Staatsangehörigkeit besitzen.[6] Die DDR-Führung wird nicht müde, gegen diese Rechtsauffassung Sturm zu laufen, wobei ihr allerdings Erfolge nicht nur deswegen versagt geblieben sind, weil einer Änderung die Verfassungsrechtslage der Bundesrepublik Deutschland entgegensteht. Noch wichtiger ist, daß sich die einheitliche deutsche Staatsangehörigkeit inzwischen im Bewußtsein der Menschen, auch und gerade der Menschen in der DDR, als eine ganz wesentliche Klammer für den Zusammenhalt der deutschen Nation erwiesen hat. Zwar versuchte die SED-Führung damit zu locken, sie könne bei einem Entgegenkommen in der Staatsangehörigkeitsfrage mehr Reisen von DDR-Bürgern in den Westen in Aussicht stellen.[7] Diese Argumentation konnte sie jedoch nicht durchhalten. Vielmehr mußte sie schon seit 1986 vermehrt nicht nur Rentner-Reisen, sondern auch Westreisen jüngerer Menschen zulassen, die insgesamt im Jahre 1988 die Zahl von knapp 3 Millionen Reisenden erreicht haben dürften.[8] Da dieses Nachgeben offensichtlich auf den im Kessel DDR herrschenden innenpolitischen Druck zurückzuführen war, kann die SED-Führung jetzt nicht mehr darauf verweisen, es sei sozusagen der

---
[5] S. hierzu die beiden Dokumentationen des Bundesministeriums für innerdeutsche Beziehungen „Zehn Jahre Deutschlandpolitik", Bonn, 1980, und „Innerdeutsche Beziehungen", Bonn, 1986.
[6] Erich Honeckers „Geraer Forderungen" vom 13.10.1980 in Texte zur Deutschlandpolitik", Bd. II/8, 1983, S. 170 ff.
[7] Zum Beispiel Erich Honecker im Interview, das er am 4.7.1980 dem britischen Verleger Robert Maxwell gab. Texte zur Deutschlandpolitikk Bd. II/8, S. 147.
[8] Eine verläßliche Grundlage für diese Schätzung ist die Höhe des an die Besucher aus Berlin (Ost) und der DDR gezahlten Begrüßungsgeldes von DM 100,– pro Person und Jahr; 1988 = rd. 280 Mio DM.

Westen, der durch seine Staatsangehörigkeits-Regelung die DDR an weiteren Zugeständnissen im Reiseverkehr hindere.

Die DDR-Führung sah nach dem Abschluß des Grundlagenvertrages das innere Gefüge ihres Staates offenbar erheblich gefährdet. Die wiederbelebten Hoffnungen in der DDR auf eine positive gesamtdeutsche Entwicklung erforderten aus ihrer Sicht eine Reaktion. Diese — aus unserer Sicht negative — Reaktion wurde und wird zusammengefaßt unter dem Begriff der Abgrenzungspolitik. Man versucht, die DDR im Rahmen des Möglichen gegen „verderbliche" westdeutsche Einflüsse abzuschotten und vor allem die innere Sicherheit der DDR zu stabilisieren. Diesem Ziel diente und dient eine Fülle von ideologischen, politischen und praktischen Maßnahmen, von denen ich nur die wichtigsten erwähnen will.

Im ideologischen Bereich waren von besonderer Bedeutung, wenn auch in der Praxis ohne besonderen Erfolg, die Bemühungen um die Schaffung einer vom Westen losgelösten sozialistischen deutschen Nation in der DDR.[9] Im Zuge dieser verkrampften und auch vom marxistischen Standpunkt aus höchst anfechtbaren Bemühungen wurde 1974 in einer quasi Nacht- und Nebelaktion sogar die Verfassung der DDR geändert und dabei jeder gesamtdeutsche und auf die Wiedervereinigung bezogene Text eliminiert.[10] Schon seit 1970 darf der Text der DDR-Nationalhymne, in dem von „Deutschland einig Vaterland" die Rede ist, nicht mehr gesungen werden.[11]

Neben diesen ideologischen Bemühungen, die aber wegen ihrer mangelnden Überzeugungskraft bis heute nicht konsequent, sondern immer nur eher halbherzig vorgetragen werden, schlagen Abgrenzungsbemühungen im politisch-praktischen Bereich schon stärker zu Buche. Vor allem ist nicht zu übersehen, daß die Zahl der Begegnungen von Menschen aus beiden Teilen Deutschlands eingedämmt und kanalisiert werden soll. Dem dient nicht zuletzt der Zwangsumtausch, der 1980 drastisch auf 25,- DM pro Tag und Person erhöht wurde. Die Folge war, daß die Zahl der Einreisen in die DDR und auch ihre Dauer deutlich zurückgingen. Da es der Bundesregierung nur teilweise gelang, bei der Regierung der DDR eine Minderung des Zwangsumtauschs durchzusetzen, hat sich der Reiseverkehr in West-Ost-Richtung bis heute von dieser Belastung nicht völlig erholt. Was dabei die Motivation der DDR-Führung anbelangt, so steht dahinter offenkundig nicht nur das Bestreben, die Deviseneinnahmen zu erhöhen, ohne entsprechende wirtschaftliche Gegenleistungen erbringen zu müssen.

---

[9] Vgl. Stichwort „Nation" in Kleines Politisches Wörterbuch, 4. Aufl., Berlin (Ost), 1983, S. 636 f.

[10] Für Juristen ist die Frage pikant, ob es sich hierbei um eine verfassungswidrige Verfassungsänderung handelte; vgl. Siegfried Mampel: Die sozialistische Verfassung der Deutschen Demokratischen Republik, Kommentar, 2. Aufl., Frankfurt/M. 1982, S. 77 f.

[11] Der Text ist abgedruckt in: Karlheinz Weißmann: Die Zeichen des Reichs. Symbole der Deutschen, Asendorf 1989.

Wichtig ist auch die gern zur Kenntnis genommene Folge, daß durch den Zwangsumtausch vielen weniger gut situierten westdeutschen Familien Reisen in die DDR — insbesondere mit großen Kindern — finanziell nicht möglich sind. Millionenfache Begegnungen von Menschen aus der DDR mit Menschen aus der Bundesrepublik Deutschland gelten bei der DDR-Führung noch immer als eine potentielle Gefahr.

Unter diesen Bedingungen verwundert es auch nicht, daß sich die DDR-Führung noch immer nicht entschließen konnte, den Sportverkehr zwischen beiden Teilen Deutschlands auf eine breitere Grundlage zu stellen. Die alljährlich in einem Sportkalender vereinbarten Begegnungen nehmen zwar zahlenmäßig langsam zu. Dabei stehen jedoch multilaterale internationale Begegnungen und Begegnungen von Hochleistungssportlern von der Quantität her eindeutig im Vordergrund. Gerade die aus unserer Sicht so wichtigen Freundschaftsspiele auf unterer Ebene, vor allem im grenznahen Bereich und in Berlin, sind immer noch die Ausnahme. Die DDR-Führung ist nur an Begegnungen interessiert, bei denen sie durch Erfolge ihrer Hochleistungssportler die angebliche Überlegenheit des sozialistischen Systems unter Beweis stellen kann.[12]

Allen diesen Schwierigkeiten zum Trotz hat sich der Reiseverkehr zwischen Ost und West in den vergangenen 15 Jahren dennoch zur wichtigsten Klammer der deutschen Nation entwickelt. Seine Auswirkungen insbesondere auf das politische Bewußtsein auch der jüngeren westdeutschen Bevölkerung sollten nicht unterschätzt werden. Klassenfahrten von Schülern und andere Reisen von Jugendgruppen erreichen jährlich eine Gesamtzahl von rund 60 000 Personen. Zahlreiche private Besuche und touristische Mehr-Tages-Fahrten mit Übernachtungen in Hotels, die inzwischen auch jährlich etwa 200 000 Personen umfassen, führen dazu, daß pro Jahr mehrere Millionen Westdeutsche und West-Berliner in die DDR und nach Ost-Berlin einreisen. Dazu kommen noch Hunderttausende von Ein-Tages-Besuchern vor allem Ost-Berlins und des grenznahen Bereichs der DDR. Sie alle führen zu Begegnungen, zum Kennenlernen der Sehenswürdigkeiten im anderen Teil Deutschlands, zu Meinungsaustausch und damit zu fundierteren Kenntnissen über das Deutschland östlich der Zonengrenze. Wenn wir insbesondere seit Anfang der 80er Jahre ein inzwischen recht rege gewordenes Interesse an der deutschen Frage bei der westdeutschen Bevölkerung, auch und gerade bei Jugendlichen, feststellen können, so ist dies nicht zuletzt auch eine Folge des stark gestiegenen Reiseverkehrs.

In umgekehrter Richtung verhielt sich die DDR bis vor 4 Jahren eher restriktiv. Ungehindert ausreisen konnten eigentlich nur Rentner. Die Zahl der Reisen

---

[12] Zum Sportverkehr und seiner politischen Bedeutung für die DDR, s. Gunter Holzweißig: Diplomatie im Trainingsanzug, München/Wien, 1981 (= Schriften des Forschungsinstituts der Deutschen Gesellschaft für Auswärtige Politik e.V. Bonn, Bd. 46); ders.: Sport und Politik in der DDR, Berlin 1988.

jüngerer Menschen in sogenannten dringenden Familienangelegenheiten bewegte sich bis Anfang der 80er Jahre in einem Rahmen, der jährlich zwischen 30 000 und 60 000 Personen umfaßte. Diese restriktive Haltung war eine Quelle ständigen Unmuts in der DDR-Bevölkerung. Vor allem nachdem auch die in den 70er Jahren großzügiger gewährten Reisemöglichkeiten in das östliche Ausland, vor allem nach Polen, weitgehend zurückgenommen worden waren, breitete sich das Gefühl des Eingesperrtseins immer mehr aus. Die realistische Erkenntnis, man werde vor Erreichung des Rentenalters nicht in den Westen kommen, entwickelte sich zu einem Trauma von Millionen von DDR-Deutschen. Die entsprechenden Diskussionen und Beschwerden beherrschten zunehmend das gesellschaftliche Leben der Menschen drüben. Sie führten letztlich dazu, daß die SED-Führung sich Mitte der 80er Jahre gezwungen sah, die Ventile etwas zu lockern und dem millionenhaft vorgetragenen Wunsch nach verbesserten Reisemöglichkeiten in den Westen wenigstens teilweise Rechnung zu tragen.

Seit 1986 ist die Zahl der Reisenden in sogenannten dringenden Familienangelegenheiten sprunghaft angestiegen. Sie erreichte im Jahr 1988 die Zahl von über einer Million Reisenden, die noch nicht das Rentenalter erreicht hatten. Dabei erwies es sich, daß die Praxis der DDR-Behörden öfter über die Regelvorschriften[13] hinausging. Häufig konnten auch entfernte Verwandte, ja sogar Freunde besucht werden. Dennoch änderte dies nichts daran, daß auch diese großzügigere Praxis der Besuchsreisen nicht alle Reisewilligen in der DDR erfaßte. Auf jeden, der reisen durfte, kommen andere, die ebenfalls gern gereist wären, aber hierzu keine Möglichkeit erhielten. Die allgemeine Unzufriedenheit mit den Verhältnissen, so erwies sich schnell, wurde nicht in nennenswertem Umfang abgebaut.

Dazu kommt, daß die Erlebnisse im Westen viele Deutsche aus der DDR einfach umwarfen. Dies gilt insbesondere für das Warenangebot hier, aber auch für die politischen Möglichkeiten, die für den Westdeutschen in aller Regel selbstverständlich geworden sind. Die zurückgekehrten Besucher berichten Dinge, die den Zurückgebliebenen einfach abenteuerlich erscheinen müssen. Leider ist auch die Zahl derer, die im Westen blieben, vor allem 1988 angestiegen. Kurz: Die DDR-Regierung sieht sich wieder einmal gezwungen, an den Mechanismen des Reiseverkehrs Veränderungen vorzunehmen, um der entstandenen Probleme besser Herr werden zu können. Die Folge sind neue Bestimmungen, die ab 1.1.1989 gelten.[14] Sie bringen formal — verglichen mit den alten Vorschriften — eine Ausweitung der zu Westreisen berechtigenden Familienereignisse und sogar eine gerichtliche Überprüfungsmöglichkeit, über deren Wirk-

---

[13] „Anordnung über Regelung zum Reiseverkehr von Bürgern der DDR vom 15.2. 1982", in: Texte zur Deutschlandpolitik, Bd. II/8, S. 460 ff.
[14] GBl. der DDR I Nr. 25 vom 13.12.1988, S. 271 ff.

samkeit allerdings noch nichts gesagt werden kann. In der Praxis ist zu befürchten, daß die Zahl der genehmigten Westreisen in diesem Jahr zurückgehen wird, denn die Entwicklung der ersten zwei Monate des Jahres läßt schon deutlich erkennen, daß die früher oft geübte Großzügigkeit bei der Genehmigung heute einer sehr strikten Anwendung der Bestimmungen Platz machen soll.[15] Der Unmut unter der DDR-Bevölkerung wird dadurch mit Sicherheit nicht abgebaut werden.

Die Entwicklung der Beziehungen zwischen den beiden Teilen Deutschlands wird erheblich beeinflußt von der jeweiligen Haltung zur nationalen Frage. Für die DDR gelten dabei nach wie vor die Kriterien der Abgrenzungspolitik. Neuerdings wird sogar die Diskussion um die angebliche Entwicklung einer sozialistischen deutschen Nation, um die es in den letzten Jahren ruhiger geworden war, in der DDR wiederbelebt.[16] Die vier Geraer Forderungen Honeckers vom Jahre 1980 sind ein Vehikel der Politik, mit dem die DDR-Führung, je nach Bedarf, Fortschritte in den innerdeutschen Beziehungen abblocken kann. Die Entwicklung ist dabei durchaus nicht frei von Widersprüchen. Die Aneignung des nationalen Erbes z. B. soll sich nicht nur auf die Geschichte der heute zur DDR gehörenden Territorien erstrecken, sondern das ganze Deutschland – von Königsberg bis Straßburg – umfassen. Dazu paßt die Aussage Erich Honeckers aus dem Jahre 1981, wonach die Frage der Vereinigung der beiden deutschen Staaten sich ganz neu stelle, wenn die westdeutsche Bevölkerung an die Umgestaltung ihrer Gesellschaftsordnung im sozialistischen Sinne herangehe.[17] Die Feststellung scheint mir jedenfalls nach wie vor gerechtfertigt zu sein, daß die SED-Führung sich grundsätzlich auch nationale Optionen in bezug auf ihre Deutschland-Politik offenhält, wenngleich sie auch zur Zeit die deutsche Frage als „entschieden" bezeichnet.[18]

Von noch nicht im einzelnen abzusehender Bedeutung auch für die zukünftige Gestaltung der Beziehungen zwischen der Bundesrepublik Deutschland und der DDR dürften die politischen Veränderungen in der Sowjetunion und in den anderen osteuropäischen Ländern sein. Die Distanz zwischen der SED-Führung und der Führung der KPdSU in wichtigen politischen Fragen ist unübersehbar. Moskau distanziert sich auf der einen Seite vom Bau der Mauer

---

[15] Einige Wochen nach meinem Vortrag hat der Minister des Innern der DDR in einer „Durchführungsbestimmung" die Antragsberechtigung auch auf Besuche bei Ehegatten von Onkeln, Tanten, Nichten und Neffen ausgedehnt. Auch Ehegatten der Antragsberechtigten können danach Anträge stellen, vgl. Gesetzblatt Teil I Nr. 8, vom 28.3.1989, S. 119 f.
[16] Gerhard Basler/Jürgen Hofmann: Zwei deutsche Staaten und Nationen im europäischen Haus, in: Einheit 2/89, S. 170 ff.
[17] Abgedruckt in ND vom 16.2.1981.
[18] Vgl. Detlef Kühn: Wem gehört die deutsche Geschichte? Die Bundesrepublik Deutschland und die DDR in ihrem Verhältnis zum historischen Erbe; in: (Hrsg.) Landeszentrale für politische Bildung Schleswig-Holstein, Geschichte und nationale Identität, 2. Aufl., 1987, S. 31 ff.

im Jahre 1961 und betont auf der anderen Seite, es sei nicht schuld an der Teilung Deutschlands; diese sei vielmehr eine Folge des Verhaltens des Westens, insbesondere der westdeutschen Regierung, in den 50er Jahren. Demgegenüber betont Gorbatschow das „Recht auf freie Wahl der Völker", das offenbar identisch sein soll mit dem inzwischen international als allgemeines Völkerrecht anerkannten Recht auf Selbstbestimmung. Bisher hat sich Gorbatschow noch nicht im Detail zu der Frage geäußert, wie dieses Recht auf freie Wahl bei den Deutschen realisiert werden soll.[19] Daß seine diesbezüglichen Äußerungen dennoch geeignet sind, die SED-Führung zu beunruhigen, läßt sich leicht vorstellen. Diese Beunruhigung korrespondiert mit der Angst vor den Auswirkungen der Gorbatschow'schen Perestroika-Politik auf die DDR. Es ist mehr als zweifelhaft, ob die SED-Führung ihre Haltung noch lange durchhalten kann, wonach Perestroika zwar gut für die Sowjetunion, aber in der DDR überflüssig sei. Tatsache ist, daß große Teile auch der SED-Mitglieder an der Basis zur Zeit voller Hoffnung nach Moskau schauen. Gorbatschow ist nicht nur im Westen Deutschlands populär.

Um Mißverständnisse auszuschließen: Ich erwarte nicht etwa in absehbarer Zeit einen Bruch zwischen der SED-Führung und der sowjetischen Führung im Kreml. Auch Gorbatschow ist sich der herrschaftsstabilisierenden Wirkung der SED-Politik voll bewußt. Die Frage ist nur, ob das sowjetische Interesse sich auch in der weiteren Zukunft auf diese Stabilisierung der Herrschaft einer kommunistischen Partei beschränken wird. Spekulationen diesbezüglicher Art sind jedenfalls zulässig. In der Zwischenzeit bleibt festzuhalten, daß die Sowjetunion an ihren Rechten in bezug auf Deutschland als Ganzem eindeutig festhält und es z. B. der DDR nicht gestattet, die „gesamtdeutsche" Aufgabe der „Gruppe der sowjetischen Streitkräfte in Deutschland" in Frage zu stellen. Damit dürfte klar sein, daß für jede Form einer aktiven Wiedervereinigungspolitik Moskau der geeignete Adressat ist.

Kann man im Osten also unterschiedliche und im einzelnen nicht klar zu definierende Strömungen auch von deutschlandpolitischer Relevanz feststellen, so scheint mir jedoch auch die Entwicklung in der Bundesrepublik in bezug auf die grundsätzlichen Zielsetzungen unserer Deutschlandpolitik nicht frei von Widersprüchen zu sein.

Dem wiederbelebten Interesse an den Teilen Deutschlands, die östlich von Elbe, Werra und Saale liegen, in unserer Bevölkerung, auch und gerade unter Jugendlichen, stehen erhebliche Unklarheiten über die Haltung zur deutschen Nation und zum einheitlichen deutschen Staat bei den westdeutschen Eliten gegenüber. Das Ziel der staatlichen Einheit Deutschlands ist für die politischen Führungen einiger Parteien, wie etwa SPD und Grüne, in den Hintergrund ge-

---

[19] Hierzu neuerdings Wolfgang Seiffert: Die Deutschen und Gorbatschow, Erlangen 1989, S. 52 ff.

treten oder wird sogar ausdrücklich abgelehnt. Dies ist um so erstaunlicher, als nach Meinungsumfragen sich nach wie vor und neuerdings sogar wieder mit zunehmender Tendenz regelmäßig 80% der westdeutschen Bevölkerung für ein wiedervereinigtes Deutschland aussprechen. Berücksichtigt man zusätzlich, daß auch im Verhältnis von Deutschlandpolitik und Europapolitik und von Deutschlandpolitik und Sicherheitspolitik nicht immer klar ist, wo wir unsere nationalen Prioritäten setzen und auf welche Weise sie in praktische Politik umgesetzt werden sollen, so zeigt sich, daß die Bewußtseinslage der westdeutschen Eliten gerade in der nationalen Frage erheblich von der Entwicklung in der sonstigen Bevölkerung abweicht. Ich glaube, daß die überall festzustellende Parteienverdrossenheit, die sicherlich aus zahlreichen Quellen gespeist wird, auch eine nicht unerhebliche deutschlandpolitische Komponente aufweist. Der Kieler Völkerrechtler Seiffert scheint mir recht zu haben, wenn er darauf hinweist, daß erhebliche Teile der westdeutschen Eliten sich durch eine a-nationale, wenn nicht gar antinationale Haltung auszeichnen. Gerade wer über Wahlerfolge von politischen Randgruppen und neu entstehenden Parteien beunruhigt ist, sollte diesen Aspekt nicht aus den Augen verlieren.[20]

Zusammenfassend läßt sich sagen: Die Entwicklung seit dem Grundlagenvertrag ist gekennzeichnet durch ein wieder wachsendes Zusammengehörigkeitsgefühl der Menschen, wenngleich auch die Entwicklung noch nicht befriedigend ist. Die Einheit der deutschen Nation ist jedoch weniger gefährdet, als es noch vor 20 Jahren zu befürchten war. Der Grundlagenvertrag hat also eine wohltuende Wirkung entfaltet. Seine Auswirkungen sind positiv zu bewerten.

Das innere Gefüge der DDR, vor allem die Unzufriedenheit breiter Bevölkerungskreise drüben mit der dortigen wirtschaftlichen und politischen Entwicklung, vermochte der Grundlagenvertrag jedoch, zum Leidwesen der Machthaber in der DDR, nicht in ihrem Sinne zu beeinflussen. Die wachsende Zahl der Ausreiseanträge, vor allem jüngerer Menschen, ist ein Indiz für weitverbreitete Hoffnungslosigkeit. Sie wird offenkundig noch gestärkt, wenn unsere Landsleute drüben den Eindruck gewinnen, maßgebliche westdeutsche Politiker hätten sich mit der Spaltung Deutschlands abgefunden und strebten grundsätzliche Verbesserungen im status quo nicht mehr an. Daher lastet auf uns Westdeutschen eine hohe Verantwortung gegenüber den Menschen in der DDR und damit gegenüber der ganzen deutschen Nation. Ihr wird nur Rechnung getragen, wenn das Ziel der staatlichen Einheit Deutschlands nicht nur aufrechterhalten, sondern durch immer neue politische Versuche operativ angegangen wird. Diese Aufforderung durch das Bundesverfassungsgericht im Urteil zum Grundlagenvertrag ist von ungeminderter Aktualität.

---

[20] Wolfgang Seiffert: Das ganze Deutschland, München 1986, S. 75 ff.; s. auch „Den Wiedervereinigungsanspruch beharrlich vertreten", Interview der Woche mit Detlef Kühn am 13.11.1988 im DLF, abgedruckt in Deutschland Archiv 1989, S. 120 ff.

Thesen

Mit Abschluß des Grundlagenvertrages wurde die staatliche Existenz der DDR durch die Bundesrepublik Deutschland anerkannt, jedoch am politischen Ziel der Wiedervereinigung festgehalten. Das Ziel wurde insbesondere vom Bundesverfassungsgericht unterstrichen, das herausstellte, kein Verfassungsorgan der Bundesrepublik Deutschland dürfe die Wiederherstellung der staatlichen Einheit als politisches Ziel aufgeben. Alle Verfassungsorgane seien verpflichtet, den Wiedervereinigungsanspruch im Innern wachzuhalten und nach außen beharrlich zu vertreten und alles zu unterlassen, was die Wiedervereinigung vereiteln würde.

Seitdem ist der Grundlagenvertrag durch zahlreiche Einzelabkommen inhaltlich ausgeführt worden. Diese Abkommen und insbesondere die Erleichterungen im Reiseverkehr haben den Zusammenhalt der deutschen Nation gefestigt. Diese aus westlicher Sicht positive Entwicklung stellte jedoch die DDR-Führung vor erhebliche Probleme. Die in der DDR aufkommenden Hoffnungen auf eine positive gesamtdeutsche Entwicklung erforderten aus ihrer Sicht eine Reaktion – die sogenannte Abgrenzungspolitik.

Unter diesem Begriff kann eine Fülle von Maßnahmen zusammengefaßt werden, die insgesamt das Ziel verfolgen, die eigenständige Existenz der DDR zu sichern und zu festigen. Diese Politik verfolgt daher nicht zuletzt das Ziel, nationale Gemeinsamkeiten der Deutschen in Ost und West auf ein Mindestmaß zu reduzieren. Dieser Politik war jedoch insgesamt kein Erfolg beschert. Nicht zuletzt die Entwicklung im Reiseverkehr in Ost-West-Richtung zeigt, daß das alle Deutsche umfassende Nationalgefühl in der DDR mindestens so stark entwickelt ist wie in der Bundesrepublik.

Gerade wegen der ungeklärten nationalen Frage wird es der DDR-Führung nicht gelingen, eine dauerhafte und gegen den Westen gerichtete Identifizierung der eigenen Bevölkerung mit dem Staat DDR zu erreichen. Unter diesen Umständen kommt der nationalen Haltung der westdeutschen Bevölkerung und ihrer Eliten eine besondere Bedeutung zu. Jede Unklarheit in dieser Frage unter den politisch maßgeblichen Kräften der Bundesrepublik Deutschland muß zwangsläufig die Bevölkerung in der DDR mutlos machen und den Ausreisedruck verstärken. Die deutsche Frage ist nur durch Gewährung des Selbstbestimmungsrechts für alle Deutschen, d.h. durch die Ermöglichung der staatlichen Einheit Deutschlands zu lösen. Es ist die Aufgabe der Politik im Westen Deutschlands, hierfür die notwendigen Voraussetzungen herbeizuführen.

Hans Heinrich Mahnke

BERLIN IN DEN INNERDEUTSCHEN BEZIEHUNGEN

I.

Die Rolle Berlins in den innerdeutschen Beziehungen wird herkömmlicherweise mit der „eines Gradmessers der Beziehungen zwischen den beiden deutschen Staaten" bezeichnet. In der Regel wird pflichtschuldig hinzugefügt, daß Berlin- und Deutschlandpolitik nicht voneinander zu trennen seien. In diesen ebenso wohltönenden wie inhaltsleeren Formulierungen ist zunächst nur die Behauptung enthalten, daß es keine Schwierigkeiten um oder wegen Berlin gibt, solange auch die innerdeutschen Beziehungen auf gutem Wege sind.

Abgesehen davon, daß es in der Vergangenheit Perioden der Beziehungen zwischen den beiden deutschen Staaten gab, wo es in bezug auf Berlin nicht weiterging, zugleich aber bestimmte Felder des innerdeutschen Verältnisses zur gegenseitigen Zufriedenheit geregelt werden konnten, gilt diese Behauptung auch für andere Problembereiche des innerdeutschen Verhältnisses als nur für Berlin, wie z. B. für den innerdeutschen Reiseverkehr, für unsere Forderung nach einer rechtswirksamen Ausgestaltung der Ausreisefreiheit aus der DDR, oder für unser Bemühen um eine effektive Verwirklichung der Menschenrechte und Grundfreiheiten in der DDR. Wenn dem aber so ist, so gilt es für die Beantwortung der Frage nach der Rolle Berlins in den innerdeutschen Beziehungen ein wenig tiefer zu graben. Nun ist es unbestreitbar, daß die Schwierigkeiten des Berlin-Problems politisch zu den wesentlichsten Belastungen für eine harmonische Entwicklung der Beziehungen zwischen den beiden Staaten in Deutschland gehören wie im übrigen auch für das Ost-West-Verhältnis im allgemeinen. Ich möchte aber trotzdem behaupten, daß das Berlin-Problem nicht etwa deshalb so kompliziert ist, weil es vom allgemeinen politischen Klima zwischen beiden Staaten in Deutschland abhängt, sondern weil es wesentliche Bereiche des staatlichen Selbstverständnisses beider deutscher Staaten berührt und damit so lange existieren wird, wie die deutsche Frage ungelöst ist. Das ungelöste Berlin-Problem ist sozusagen die andere Seite der Münze des ungelösten Deutschlandproblems.[1] J. A. Frowein hat das so ausgedrückt: „Wie in einem Brennpunkt sammeln sich in Berlin die Probleme der Rechtslage Deutsch-

---

[1] J. A. Frowein: Die Rechtslage Deutschlands und der Status Berlins, Handbuch des Verfassungsrechts der Bundesrepublik Deutschland, Berlin/New York 1983, S. 29 ff., S. 54.

lands." Die Richtigkeit dieser Befundnahme vorausgesetzt, erklären sich hieraus die besonderen Komplikationen und die temporäre Unlösbarkeit der Berlinfrage als notwendige Folge der unterschiedlichen grundsätzlichen Zielsetzungen der Deutschlandpolitik beider Seiten. Damit begründet sich zugleich aber auch die Notwendigkeit für beide Seiten, an die Lösung der praktischen Probleme mit pragmatischer Aufgeschlossenheit heranzugehen, ohne zu versuchen, dem Partner wesentliche Konzessionen im Bereich seines fundamentalen Selbstverständnisses zuzumuten.

II.

Hauptsächlicher Streitpunkt der Differenzen zwischen Ost und West wie zwischen der Bundesrepublik Deutschland und der DDR ist der *Status* Berlins. Die Diskussion um diesen Status ist häufig durch eine gewisse Ungenauigkeit gekennzeichnet, weil oft nicht präzise gesagt wird, was unter diesem „Status" eigentlich verstanden wird. Der Status ganz Berlin, daß heißt Groß-Berlins? Oder der Status der Westsektoren Berlins? Ebenso übrigens, wie manches mal unklar bleibt, was unter der Bezeichnung „Land Berlin" verstanden wird. Hierauf komme ich später noch zurück.

Zunächst einmal der *Status Groß-Berlins,* der völkerrechtlicher Natur ist. Es gibt eine originäre, durch den Sieg im Zweiten Weltkrieg erworbene Verantwortung der Vier Siegermächte für Berlin, wobei dieser Verantwortung Rechte der Siegermächte korrespondieren.

Obwohl die Sowjetunion in den Noten von 1958 und 1959 die Auffassung vertrat, daß die Abkommen über die gemeinsame Besetzung Berlins nicht mehr in Kraft seien, gelang es im Viermächte-Abkommen vom 3. September 1971, die Bekräftigung der Geltung der fortbestehenden Rechte und Verantwortlichkeiten durch alle vier Vertragsstaaten durchzusetzen. Ich darf hier im besonderen auch auf den Passus in der Tischrede Gorbatschows beim Besuch des Bundeskanzlers in Moskau im Oktober 1988 verweisen, wo dieser sagte: „Klar ist, daß der besondere Status der Stadt unerschütterlich bleibt."

Völkerrechtlich befinden sich die drei Westsektoren Berlins insofern in einer besonderen Lage, als das Viermächte-Abkommen detaillierte Bestimmungen nur über sie enthält. Sie sind damit zwar nicht aus dem Vier-Mächte-Status ausgeschieden, unterliegen aber Völkerrechtsnormen, die nicht für die ganze Stadt anwendbar sind. Entsprechende detaillierte Regelungen für Berlin (Ost) gibt es nicht. Die Sowjetunion und die DDR sehen Berlin (Ost) als Bestandteil der DDR an, wobei sie in der Regel die Bezeichnung „Berlin, Hauptstadt der DDR" verwenden. Dies wird von den Westmächten – wie auch von der Bundesrepublik Deutschland – nicht anerkannt. Die Westmächte haben wiederholt betont, daß Ost-Berlin „kein integrierter Bestandteil der DDR" ist.

Zum deutschen Verfassungsrecht. Nach dem Wortlaut des Artikel 23 GG gilt das Grundgesetz auch in „Groß-Berlin" und nach Artikel 1 Abs. 2 der Berliner Verfassung ist Berlin ein „Land der Bundesrepublik Deutschland". Auf dem Boden der Identitätstheorie, d. h. der Auffassung, daß die Bundesrepublik Deutschland mit dem Deutschen Reich identisch ist, ist diese Position konsequent. Die Organe der Bundesrepublik Deutschland haben diese Konzeption von Anfang an vertreten,[2] und auch das Bundesverfassungsgericht hat die Identität der Bundesrepublik Deutschland mit dem Deutschen Reich — später auf die Bezeichnung „Teilidentität" reduziert — in ständiger Rechtsprechung vertreten. Nun sind aber weder das Grundgesetz noch die Berliner Verfassung in bezug auf Berlin voll wirksam. Artikel 87 der Berliner Verfassung legt fest, daß Artikel 1 Abs. 2 in Kraft tritt, sobald die Anwendung des Grundgesetzes in Berlin keinen Beschränkungen mehr unterliegt. Zu Art. 23 GG besteht der Vorbehalt der Militärgouverneure, wonach Berlin nicht vom Bund regiert wird. In der verfassungsrechtlichen Literatur der Bundesrepublik Deutschland hat sich deshalb eine umfangreiche Literatur zu der Frage entwickelt, ob Berlin nach deutschem Verfassungsrecht nun ein *Land* der Bundesrepublik Deutschland ist oder nicht.[3] W. Wengler hat dazu die „als-ob-Theorie"[4] entwickelt, und W. Kewenig spricht von einem „Beinahe-Bundesland". Dies löst allerdings nicht das Rätsel, ob, wenn vom „Land Berlin" die Rede ist, Groß-Berlin oder die Westsektoren Berlins gemeint sind. Konsequent sind z. B. W. Wengler[5] und K. Carstens,[6] die unter „Land Berlin" West-Berlin bzw. die drei westlichen Sektoren verstehen.

Die Bundesrepublik Deutschland verwendet in Verträgen mit den Staaten des Warschauer Paktes die sog. Frank-Falin-Formel, die der normalen Berlin-Klausel mit der „Land Berlin"-Bezeichnung in den Verträgen mit westlichen Staaten entspricht. Die Frank-Falin-Formel selbst spricht ausdrücklich von „Berlin (West)" und versteht damit, wenn man sie mit der normalen Berlin-Klausel der Staatspraxis der Bundesrepublik gleichsetzt, offenbar „Berlin (West)" als „Land Berlin". Auch das Auswärtige Amt geht in seinem Memorandum zur Rechtslage Deutschland bereits 1961 wie selbstverständlich von der Erstreckung der völkerrechtlichen Verträge der Bundesrepublik auf Westberlin aus.[7]

---

[2] Vgl. Memorandum des Auswärtigen Amtes von 1961, ZaöRVR 1963, S. 452 ff., S. 458.

[3] Vgl. etwa Ch. Pestalozza: Berlin — ein deutsches Land, JuS 23 (1983), S. 241 ff.; derselb.: Berlin — juristisch betrachtet, JuS 24 (1984), S. 430 ff.; H. Sendler: Berlin — nur ein „deutsches Land?", JuS 23 (1983), S. 903 ff.; derselb.: Berlin juristisch betrachtet aus der Sicht eines richterlichen Praktikers, JuS 24 (1984), S. 432 ff.

[4] Die Übernahme von Bundesgesetzen für Berlin, Festschrift für G. Leibholz 1966, S. 939 ff.

[5] Geltung völkerrechtlicher Verträge der beiden „deutschen Staaten" für West-Berlin und Ost-Berlin, ROW 1986, S. 149 ff., R. 151.

[6] Zur Interpretation der Berlin-Regelung von 1971, Festschrift für U. Scheuner, Berlin 1973, S. 67 ff., S. 67.

Rechtsauffassung der westlichen Statusmächte. Die Rechtsauffassung der westlichen Statusmächte ist von der Vorstellung bestimmt, daß Berlin weder ein Land der Bundesrepublik Deutschland noch Staatsgebiet der Bundesrepublik Deutschland ist. Diese Auffassung hat bereits ihren Niederschlag in den Vorbehalten im Genehmigungsschreiben der drei Militärgouverneure zum Grundgesetz vom 12. Mai 1949 gefunden und ist dann sehr präzise in dem bekannten BK/L 67 (10) vom 24. Mai 1967 zur Niekisch-Entscheidung des Bundesverfassungsgerichts ausgesprochen worden. „Es entspricht nach wie vor der Absicht und der Auffassung der Alliierten, daß Berlin nicht als Land der Bundesrepublik anzusehen und auch nicht durch den Bund zu regieren ist." Diese Konzeption, die – ausschließlich auf die Westsektoren bezogen – sich wörtlich im Vier-Mächte-Abkommen vom 3. September 1971 wiederfindet, fügt sich nahtlos und konsequent in die alliierte Vorstellung, daß Berlin und die Bundesrepublik beide Teile Gesamtdeutschlands sind, das als Staat im Sinne des Völkerrechts fortbesteht.[8] In diesem Zusammenhang ist es vielleicht nicht unentbehrlich zu erwähnen, daß die Identitätstheorie, d.h die Annahme, daß Bundesrepublik Deutschland und Deutsches Reich identisch sind, von den Westmächten nie übernommen worden ist.[9] Zwar erklärten die Westalliierten in ihrem Kommuniqué über Deutschland am 19. September 1950, daß sie bis zur Vereinigung Deutschlands „die Regierung der Bundesrepublik als die einzige freie und gesetzlich konstituierte deutsche Regierung betrachten, die infolgedessen befugt ist, in internationalen Angelegenheiten als Vertreter des deutschen Volkes für Deutschland zu sprechen." Sie ließen aber am 19. September 1950 zugleich Bundeskanzler Adenauer ein Auslegungsprotokoll zukommen, in dem es heißt, daß die Erklärung vom selben Tage auf der fortdauernden Existenz des „deutschen Staates" beruhe, daß die Anerkennung der Bundesrepublik provisorischen Charakter habe, nämlich Geltung nur bis zur Wiedervereinigung Deutschlands, „and that it did not therefore constitute recognition of the Government of the Federal Republic as the de jure government of all Germany".[10]

Leugnen so die Westmächte die Identität von Bundesrepublik und fortbestehendem deutschen Gesamtstaat, so hat sie dies nicht gehindert, die besonderen Bindungen zwischen Berlin und der Bundesrepublik ausdrücklich anzuerkennen. Am 26. Juni 1964 erklärten sie z.B. anläßlich des Abschlusses des Freundschafts- und Beistandsvertrages zwischen der DDR und der Sowjetunion: „Unter Vorbehalt ihrer Rechte hinsichtlich Berlins haben die Drei Westmächte

---

[7] Vgl. Anm. 2.

[8] I. D. Hendry/M. C. Wood: The Legal Status of Berlin, Cambridge, Engl. 1987, S. 143.

[9] Vgl. etwa Th. Schweisfurth: Deutschland – noch immer ein besetztes Land, Festschrift für I. Seidl-Hohenveldern, Köln/Berlin/Bonn/München 1988, S. 537 ff., S. 551.

[10] M.E. Bathurst/J.L. Simpson: Germany and the North Atlantic Community, London 1956, S. 188.

mit Rücksicht auf die Notwendigkeiten der Entwicklung der Stadt im Einklang mit den Verträgen vom 23. Oktober 1954 die Herstellung enger Bindungen zwischen Berlin und der Bundesrepublik Deutschland genehmigt und zwar einschließlich der Erlaubnis, daß die Regierung der Bundesrepublik Deutschland die Vertretung Berlins und der Berliner Bevölkerung nach außen wahrnimmt. Diese Bindungen, die als solche für die Lebensfähigkeit Berlins wesentlich sind, sind in keiner Weise unvereinbar mit dem Vier-Mächte-Status der Stadt und werden auch in Zukunft aufrechterhalten werden." Diese Position wurde in Teil II B des Viermächte-Abkommens erneut bekräftigt, hier allerdings eindeutig auf die Westsektoren beschränkt.

Wenn ich hier noch einmal auf die Frage zurückkommen darf, was die westlichen Alliierten mit der Bezeichnung „Land Berlin" meinen, so ist diese Frage nie deutlich beantwortet worden. Mit anderen Worten, es ist nie präzise erklärt worden, ob unter „Land Berlin" nach westlicher Ansicht Groß-Berlin unter Einschluß des Ostsektors oder nur Berlin (West) zu zählen ist. I. D. Hendry/M. C. Wood schreiben hierzu in ihrem lesenswerten Buch über die Rechtslage Berlins: „While not a *Land* of the Federal Republic of Germany, Berlin is a German *Land* (Article 1(1) of the 1950 Constitution of Berlin) and may properly referred to as „*Land*" Berlin."[11] Dabei scheinen sie der Auffassung zuzuneigen, daß unter diesem „Land Berlin" nur die Westsektoren zu verstehen sind, ohne dies indessen klar auszusprechen. Jedenfalls ist dies aus ihrer sich anschließenden Bezugnahme auf Teil II B des Viermächte-Abkommens zu schließen.

Auch die offiziellen Äußerungen der Westmächte haben nicht allzu viel zur Klärung der Frage beigetragen, was unter „Land Berlin" zu verstehen ist, da die Westmächte in ihren Erklärungen zum Status von Berlin in der Regel nur von „Berlin" ohne weiteren erklärenden Zusatz sprechen.[12] Sieht man sich diese Erklärungen zum Status von Berlin nun aber näher an, so kann man feststellen, daß es sich bei dem „Land Berlin"-Streit mit der Sowjetunion in der Regel um die Frage handelt, ob die Bezeichnung „Land Berlin" bei der Erstreckung völkerrechtlicher Verträge überhaupt zulässig ist. Hier haben die westlichen Alliierten dann die Argumentation gewählt, es handle sich nur um eine Frage der Terminologie und das Viermächte-Abkommen sehe für die Erstreckung von Verträgen der Bundesrepublik Deutschland auf die Westsektoren keine bestimmte Bezeichnung dieses Gebietes vor.[13] Diese Formulierung ist insoweit weiterführend, als der Hinweis auf das Viermächte-Abkommen und die Westsektoren im Zusammenhang mit der Verwendung der „Land Berlin"-Formel eine Denkrichtung zeigt, die das „Land Berlin" mit den Westsektoren

---

[11] Anm. 8, S. 151.
[12] Z. B. Niekisch – BK/L (67) 10 vom 24. Mai 1967.
[13] Vgl. W. Wengler: Berlin in völkerrechtlichen Übereinkommen der Bundesrepublik Deutschland, Schriften zur deutschen Frage 1948–1986, Berlin/New York 1987, S. 558 ff., S. 578 mit Nachweis.

Berlins gleichsetzt. Die Bestimmungen, die hier eine Rolle spielen, finden sich in der Tat in dem Teil des Abkommens, der ausschließlich auf die Westsektoren, sprich Berlin (West), Anwendung findet. Die Westmächte gehen dabei in ihrer Argumentation offenbar von der Überlegung aus, daß niemand einem territorialen Gebilde außerhalb der Bundesrepublik — und Berlin ist ihrer Auffassung nach kein Bundesland der Bundesrepublik Deutschland — verbieten kann, sich „Land" zu nennen, auch wenn es nicht Land der Bundesrepublik ist.[14]

Die Auffassung der Westmächte, daß Berlin bzw. Berlin (West) nicht als Land der Bundesrepublik anzusehen ist, wenn auch durch besondere Bindungen mit der Bundesrepublik verknüpft, zeigt sich in gewisser Weise auch in der Ermächtigung zum Abschluß von Vereinbarungen des Senats mit der DDR.[15] Nach deutschem Verfassungsrecht wäre hier eine Zustimmung der Bundesregierung in entsprechender Anwendung von Art. 32 Abs. 3 GG ausreichend gewesen.[16] Auch aus der Tatsache, daß die Westmächte besondere Garantieerklärungen für Berlin für notwendig halten — wobei sie sinngemäß Berlin (West) meinen[17] — kann geschlossen werden, daß sie ihre Verteidigungs- und Schutzpflichten gegenüber der Bundesrepublik nicht ohne einen besonderen Akt für Berlin (West) als bindend ansehen.

Die Differenzen zwischen der Bundesrepublik und den westlichen Statusmächten über die Art der Zugehörigkeit Berlins zum Bund, lassen sich so letztlich auf den nie gänzlich ausgetragenen Streit über das rechtliche Selbstverständnis der Bundesrepublik Deutschland zurückführen. Während sich die Bundesrepublik Deutschland als eine mit dem Deutschen Reich identische staatliche Körperschaft ansieht, freilich auf ihr Territorium begrenzt,[18] unterstreichen die drei westlichen Statusmächte den provisorischen Charakter der Bundesrepublik als Teilorganisation im Rahmen des fortbestehenden Deutschen Reiches.

Östliche Auffassung. Kann man so der Konzeption der drei westlichen Statusmächte Logik, Konsequenz und Stringenz nicht absprechen, so ist gleichzeitig hervorzuheben, daß auch Sowjetunion und DDR von ihrem Grundverständnis der Rechtslage Deutschlands und Berlins her Folgerichtigkeit bean-

---

[14] W. Wengler: Berlin — ein Bundesland?, MDR 1982, S. 372.
[15] Vgl. z. B. BK/O 77 (11) vom 30.11.1977, GVBl. 1977, S. 2292 zu der Vereinbarung vom 1. Dezember 1974 über den Neubau einer Schleusenkammer der Schleuse Spandau, BK/O (80) 2 vom 24.1.1980 zur Vereinbarung über das Südgelände vom 24.1.1980, GVBl. 1980, S. 420 sowie BK/O (83) 7 vom 27. Oktober 1983, GVBl. 1983, S. 1424 und BK/O (83) 9 vom 28. Dezember 1983, GVBl. 1984, S. 56, zur S-Bahn-Vereinbarung vom 30. Dezember 1983).
[16] Zur entsprechenden Anwendung von Art. 32 Abs. 3 GG vgl. H.H. Mahnke, Die Verständigung zwischen der Bundesregierung der Regierungen der Länder über die Beteiligung der Länder bei Abkommen zwischen Bundesrepublik Deutschland und der DDR, Recht und Politik 1988, S. 97 ff., S. 98 ff.
[17] Vgl. A. Riklin, Das Berlinproblem, Köln 1964, S. 218 f.
[18] J. A. Frowein, Rechtslage Deutschlands, a. a. O., S. 36.

spruchen können, wenn ihre Behauptungen auch nach unserer Auffassung unrichtig und rechtlich unbegründet sind. Während in der ersten Zeit nach Gründung der DDR das Verhältnis der DDR zum Deutschen Reich nicht ganz geklärt schien, wird heute seit langem von der östlichen Völkerrechtstheorie und -praxis vom Untergang des Völkerrechtssubjekts Deutsches Reich ausgegangen, und zwar bezogen auf den 8. Mai 1945. West-Berlin wird als „selbständige politische Einheit" angesehen, auf die sich der internationale Status Groß-Berlin reduziert hat, während Ost-Berlin als Bestandteil der DDR und zugleich Hauptstadt der DDR in Anspruch genommen wird. Die Verwendung des Ausdrucks „selbständige" bzw. „besondere politische Einheit West-Berlin", der einst in den bilateralen Bündnis- und Kooperationsverträgen der zweiten Generation der DDR gezielt auftauchte, ist in jüngerer Zeit seltener geworden und etwa in den Verträgen der dritten Generation durch die „Kein-Bestandteil-der-Bundesrepublik"-Formel aus dem Viermächte-Abkommen ersetzt worden,[19] ohne daß sich in der grundlegenden Auffassung der Warschauer-Pakt-Staaten zur rechtlichen Situation Berlins etwas geändert hätte. J. Hacker[20] hat verdienstvollerweise erst kürzlich nicht nur detailliert die Schwierigkeiten geschildert, die DDR-Autoren bei dem Versuch haben, den besonderen rechtlichen Status von Berlin (West) völkerrechtlich in den Griff zu bekommen, sondern auch die verschiedenen Formulierungen der ostdeutschen und sowjetischen Literatur zum Status von Berlin plastisch und eindrücklich vorgestellt. Ihm verdanken wir auch den wichtigen Hinweis, daß Gerassimow noch im Oktober 1987 die Formel von Berlin (West) als „besonderer politischer Einheit" verwendete. Das sowjetische Aide-mémoire vom 15. September 1988 zur Reagan-Initiative wiederum spricht von „Westberlin als politischem Gebilde mit einem besonderen Besatzungsstatus". Dies alles deutet m. E. darauf hin, daß sich trotz einer gewissen Oszillation in der rechtlichen Einschätzung des Status von Berlin in der Sache trotz mancher Variationen der verwendeten Formulierungen auf der östlichen Seite nichts geändert hat.

Die westlichen Statusmächte haben mit guten rechtlichen Gründen die östlichen Behauptungen zum Status von Berlin stets bestritten. In einer Verbalnote an den Generalsekretär der Vereinten Nationen vom 14. April 1975 wiesen sie z. B. darauf hin, daß der Viermächte-Status von Groß-Berlin von den originären Rechten und Verantwortlichkeiten der Vier Mächte herrühre und daß jede Änderung des in den alliierten Vereinbarungen und Beschlüssen zum Ausdruck gekommenen Status von Groß-Berlin die Zustimmung aller Vier Mächte erfordere. Sie wiesen des weiteren darauf hin, daß das Viermächte-Abkommen vom 3. September 1971 ausdrücklich auf der Grundlage geschlossen worden

---

[19] Vgl. H.H. Mahnke: Beistands- und Kooperationsverträge der DDR, Köln 1982, S. 29 ff.
[20] Die Position der DDR in der Berlin-Frage nach dem Stadt-Jubiläum, Politik und Kultur 1988, Heft 6, S. 3 ff., S. 10 ff.

sei, daß die Vier-Mächte-Rechte und -Verantwortlichkeiten und die entsprechenden Vereinbarungen und Beschlüsse der Vier Mächte aus der Kriegs- und Nachkriegszeit nicht berührt würden. Die Londoner Erklärung der Staats- und Regierungschefs der Drei Mächte und der Bundesrepublik vom 9. Mai 1977 bekräftigte u. a. erneut, daß „der Status des besonderen Gebietes von Berlin nicht einseitig verändert werden kann."

III.

Der Streit um das rechtliche Grundverständnis des Status von Berlin setzte sich auch nach dem Viermächte-Abkommen vom 3. September 1971 fort. Er kulminierte in der bekannten Auseinandersetzung über den Geltungsbereich des Viermächte-Abkommens, das nach Auffassung der Westmächte und der Bundesregierung das gesamte Gebiet von Groß-Berlin umfaßt, während Sowjetunion und DDR seinen territorialen Geltungsbereich auf Berlin (West) begrenzen wollen. Die östliche Konzeption geht ebenso konsequent von der Grundthese aus, daß Berlin (Ost) als Teil des untergegangenen Deutschen Reiches in die DDR integriert worden ist, wie die entgegengesetzte westliche Auffassung konsequent von dem rechtlichen Grundverständnis her ist, daß das Deutsche Reich als Völkerrechtssubjekt fortbesteht und Groß-Berlin als Teil dieses Deutschen Reiches den Rechten und Verantwortlichkeiten der Vier Mächte unterliegt. Das Viermächte-Abkommen über Berlin selbst ist in diesem Streitpunkt kein Musterbild von Klarheit und läßt auf den ersten Blick beide Interpretationen zu. Nirgendwo in ihm wird auf Groß-Berlin oder Berlin (Ost) bzw. den sowjetischen Sektor Berlins ausdrücklich Bezug genommen. Auch könnten Entstehungsgeschichte und Präambelformulierung „unbeschadet ihrer Rechtspositionen" für die sowjetische Auffassung angeführt werden.[21] Indessen begründen Aufbau, Wortlaut und Systematik des Abkommens letztlich doch überzeugend die westliche Auffassung. Dies detailliert nachgewiesen zu haben, ist u. a. das Verdienst von E. R. Zivier.[22] Ich brauche dies hier im einzelnen nicht nachzuzeichnen. Worauf es mir in diesem Zusammenhang aber ankommt ist zu zeigen, daß der Streit letztlich einvernehmlich nicht zu lösen ist, so lange die juristischen Grundpositionen in bezug auf die Rechtslage Deutschlands und den Status von Berlin einander unversöhnlich gegenüberstehen. Deshalb wird von unserer Seite ganz zu Recht betont, es komme darauf an, bei voller Achtung des fortbestehenden Vier-Mächte-Status von Berlin, die pragmatischen Möglichkeiten des Viermächte-Abkommens voll auszuschöpfen. Daß es dabei zu Rück-

---

[21] Vgl. z. B. H. Schiedermaier: Der völkerrechtliche Status Berlins nach dem Viermächte-Abkommen vom 3. September 1971, Berlin/Heidelberg/New York 1975, S. 15 ff.

[22] Der Rechtsstatus des Landes Berlin, 4. Auflage, Berlin 1987, S. 218 ff. Vgl. auch K. Carstens: Interpretation der Berlin-Regierung von 1971, a. a. O., S. 70 f.

schlägen und Stagnationen kommt, ist angesichts der komplizierten politischen und rechtlichen Situation verständlich und leider wohl auch unvermeidlich.

IV.

Die grundsätzlichen Differenzen zwischen der östlichen Seite und uns werden auch durch den fortdauernden Streit über die Einbeziehung Berlins in die völkerrechtlichen und innerdeutschen Vereinbarungen der Bundesrepublik reflektiert. Im innerdeutschen Bereich zeigt sich dies etwa an den langwierigen und schwierigen Verhandlungen über das Abkommen über die Zusammenarbeit auf den Gebieten der Wissenschaft und Technik (WTZ-Abkommen), das erst nach über 13jährigen Verhandlungen am 7. Oktober 1987 abgeschlossen werden konnte, oder an der gegenwärtigen Stagnation in den Verhandlungen über die Abgrenzung des Festlandssockels und der Fischereizone in der Ostsee. Die eigentliche völkerrechtliche Problematik darzustellen, die facettenreichen juristischen Komplikationen und die mancherlei rechtlichen Ungereimtheiten dieser Berlin-Einbeziehung in Einzelheiten zu schildern, fehlt es mir hier an der Zeit. Dies hat auch bereits W. Wengler[23] 1984 detailliert und nicht ohne eine gewisse, gerechtfertigte Boshaftigkeit getan. Hier nur so viel. Die Bundesrepublik Deutschland sucht als ständige Staatspraxis durchzusetzen, daß alle ihre zwischenstaatlichen Verträge, Abkommen usw. ohne Rücksicht auf den Gegenstand, den sie regeln, ausdrücklich auf Berlin erstreckt werden, während die andere Seite eine solche Erstreckung nur dann zulassen will, wenn der Gegenstand, den sie regeln, ausdrücklich auf Berlin erstreckt werden, während die andere Seite eine solche Erstreckung nur dann zulassen will, wenn der Gegenstand der vertraglichen Regelung auf Berlin bezogen werden kann, was ja z. B. bei einem Vertrag über Grenzen in der Ostsee nicht unbedingt der Fall ist. Rechtfertigung zwischenstaatliche Verträge, Abkommen und Vereinbarungen durch die Zugehörigkeit des Landes Berlin zum Bund gefordert wird und aus statusrechtlichen Gründen vorgeschrieben ist.

Ob bei innerdeutschen Vereinbarungen und Verträgen, die ja nach der Auffassung von Bundesregierung und Bundesverfassungsgericht[24] einen besonderen Charakter haben, die Berlin-Einbeziehung überhaupt notwendig ist, diese Frage ist meines Wissens nie gestellt worden. Bei den Verhandlungen über den Grundlagenvertrag wurde nach meiner Erinnerung stattdessen viel Zeit und Energie darauf verwandt, die Einbeziehung von Berlin (West) in die Folgeverträge sicherzustellen. Das Ergebnis ist die bekannte „kann"-Formel in Absatz 1 der Erklärung beider Seiten in bezug auf Berlin (West).

---

[23] Berlin in völkerrechtlichen Übereinkommen, a. a. O., S. 558 ff.
[24] BVerfGE 36, 1 ff., 22 ff.

Nun wäre, wollte man vom reinen Boden der Identitätsthese ausgehen, eigentlich keine Veranlassung gegeben, Berlin in Verträge der Bundesrepublik einzubeziehen. Wäre die Bundesrepublik Deutschland voll identisch mit dem Deutschen Reich, ebenso wie Berlin ein Teil dieses deutschen Gesamtstaates ist, wäre eigentlich kein Platz für eine besondere Einbeziehung von Berlin in die Verträge der Bundesrepublik. Ebenso wäre es, wenn Berlin unbestritten, d. h. auch von den Statusmächten anerkannt, als Bundesland der Bundesrepublik Deutschland Anerkennung gefunden hätte.

Die rechtliche Situation ist natürlich dann schon eine andere, wenn man die Bundesrepublik, wie das Bundesverfassungsgericht es formuliert hat, als räumlich nur „teilidentisch" mit dem Deutschen Reich ansieht, also als in Bezug auf seine räumliche Ausdehnung nur teilidentischen Staat im Rahmen des fortbestehenden Deutschen Reiches.[25]

Auch für die Westmächte, die Berlin zwar als Teil des fortbestehenden Deutschen Reiches, nicht aber als Teil der Bundesrepublik Deutschland ansehen, ist die Notwendigkeit der Erstreckung der zwischenstaatlichen Abkommen der Bundesrepublik evident, wie selbstverständlich ohnehin für die Staaten des Warschauer Paktes, die Berlin (West) als eine selbständige (besondere) politische Einheit auf dem Territorium des untergegangenen deutschen Gesamtstaates verstehen.

Wie ist nun die völkerrechtliche Lage? Aufgrund der Auffassung der westlichen Statusmächte, daß Berlin nicht zum Staatsgebiet der Bundesrepublik Deutschlandd gehöre, scheint hier Artikel 29 der Wiener Vertragskonvention einschlägig,[26] der als Regel die Ausdehnung des Geltungsbereichs eines Vertrages auf sein Territorium (Hoheitsgebiet) anspricht. Die besonderen rechtlichen Schwierigkeiten dieses Konventionsartikels kann ich für meine Zwecke unberücksichtigt lassen. W. Wengler hat sie in seinem bereits zitierten Beitrag eindrücklich geschildert.[27] Festzuhalten ist nur, daß ohne einen besonderen Erstreckungsakt die Verträge der Bundesrepublik sowohl nach Ansicht der westlichen Statusmächte als auch der Staaten des Warschauer Paktes nicht in Berlin gelten. Und diese Auffassung wird offenbar auch von der Bundesregierung geteilt, die sich zäh bemüht, in allen ihren zwischenstaatlichen Abkommen die Berlin-Einbeziehung durchzusetzen.

Das procedere der völkerrechtlichen Einbeziehung von Berlin in Vereinbarungen der Bundesrepublik ist in dem BKC/L52(6) der Berliner Kommandantura vom 21. Mai 1952 niedergelegt worden, in der u. a. festgestellt wird, daß die Alliierte Kommandantur gegen die Einbeziehung Berlins in internationale Verträge und Verpflichtungen der Bundesrepublik unter gewissen Voraussetzungen keine Einwendungen erhebt. Als eine dieser Voraussetzungen ist eine

---

[25] BVerfGE 36, 1 ff., 16.
[26] So z. B. I. D. Hendry/M. C. Wood, a. a. O., S. 195.
[27] Berlin im völkerrechtlichen Übereinkommen, a. a. O., S. 559 ff.

Vereinbarung zwischen Bundesregierung und Senat aufgeführt, des Inhalts, daß die Bundesrepublik − soweit wie möglich − Berlin in die internationalen Verpflichtungen der Bundesrepublik einbeziehen wird. Diese Auflage wurde durch die Vereinbarung vom 15. Dezember 1952 erfüllt, derzufolge die Bundesregierung bei der Einbeziehung Berlins entsprechend der Erklärung der Alliierten Kommandantur vom 21.5.1952 verfahren werde.

In dem dem Deutschlandvertrag beigefügten Schriftwechsel der drei westlichen Regierungen mit der Bundesregierung vom 25.6.1952 und 23.10.1954 erklärten sich die Alliierten bereit, ihre Vorbehaltsrechte in bezug auf Berlin in einer Weise auszuüben, welche die Bundesregierung die Erfüllung ihrer Erklärung vom 23. Oktober 1954 über Hilfeleistungen an Berlin erleichtere und es den Bundesbehörden gestatte, die Vertretung Berlins und der Berliner Bevölkerung nach außen sicherzustellen. In dieser Erklärung vom 23. Oktober 1954 hatte die Bundesregierung ihrerseits versprochen, „daß sie die Vertretung Berlins und der Berliner Bevölkerung nach außen sicherstellen, und die Einbeziehung Berlins in die von der Bundesrepublik abgeschlossenen internationalen Abkommen erleichtern wird, soweit dies nicht nach der Natur der betreffenden Abkommen ausgeschlossen ist."

Die Frage der Einbeziehung Berlins ist schließlich in Anlage IV zum Viermächte-Abkommen vom 4. September 1971 erneut aufgenommen worden. Die Vier Mächte stellten dabei in einander abgestimmten Erklärungen fest, daß „in Übereinstimmung mit den festgelegten Verfahren völkerrechtliche Vereinbarungen und Abmachungen, die die Bundesrepublik Deutschland schließt, auf die Westsektoren Berlins ausgedehnt werden können, vorausgesetzt, daß die Ausdehnung solcher Vereinbarungen und Abmachungen jeweils ausdrücklich erwähnt wird."

Die im besonderen von den Alliierten gewählten, sehr vorsichtigen Formulierungen, wie z. B. „keine Einwendungen erheben" oder „soweit wie möglich", aber auch der von der Bundesregierung verwendete Passus der „Erleichterung" der Einbeziehung zeigen deutlich, daß sich alle Beteiligten der rechtlichen Problematik bewußt waren. Sie zeigen zugleich das Bemühen, die Frage der Einbeziehung Berlins nicht mit dem grundsätzlichen Streit über den Status Berlins dezidiert zu belasten.

Soweit zu den völkerrechtlichen Aspekten der Einbeziehung. Was den verfassungsrechtlichen Aspekt anbelangt, so möchte ich mich hier damit begnügen, darauf hinzuweisen, daß auch das Bundesverfassungsgericht die Frage der rechtlichen Verpflichtung einer Einbeziehung Berlins sehr zurückhaltend angeht. In seinem Urteil zum Grundlagenvertrag bejaht das Gericht zwar die grundgesetzliche Pflicht der für die Bundesrepublik Deutschland handelnden Organe bei jedem Abkommen und bei jeder Vereinbarung mit der DDR auf der Ausdehnung auf Berlin zu bestehen und nur abzuschließen, wenn der Rechtsstand Berlins und seiner Bürger gegenüber dem für den Geltungsbereich des Grundgesetzes geltenden Rechtsstand nicht verkürzt wird, reduziert aber zugleich diese Rechtspflicht der Einbeziehung durch die Beschränkung auf solche Abkommen, „die ihrem Inhalt nach auf das Land Berlin und seine Bürger ausgedehnt werden können". Auch hier also ein sehr vorsichtiges Herangehen an die prinzipielle Status-Problematik.

Ein lückenloser Erfolg war der Vertragspraxis der Bundesrepublik ohnehin nicht beschieden. So sind z. B. nicht nur der Deutschlandvertrag mit den Westmächten, sondern auch der Moskauer, Warschauer und Prager Vertrag ohne Berlin-Klausel geschlossen worden. Auch der Grundlagenvertrag mit der DDR ebenso wie der innerdeutsche Verkehrsvertrag mußten ohne Berlin-Klausel im Abkommenstext auskommen. Allerdings enthalten die Vertragsgesetze zum Grundlagenvertrag[28] und zum Prager Vertrag[29] Bestimmungen, die – wenn auch abweichend von den normalen Berlin-Bestimmungen in Vertragsgesetzen – vorsehen, daß der Vertrag in Berlin gelten solle „soweit sich die Regelungen des Vertragswerkes auf Berlin erstrecken" bzw. „soweit die Regelungen des Vertragswerkes für das Land Berlin gelten". Die Vertragsgesetze für die Verträge von Moskau[30] und von Warschau[31] enthalten solche Bestimmungen nicht. Die Berlin-Einbeziehung des Verkehrsvertrages ist durch Erklärungen bei der Unterzeichnung vorgenommen worden, die die sinngemäße Einbeziehung von Berlin (West) unter der Voraussetzung vorsieht, daß in Berlin (West) die Einhaltung der Bestimmungen des Verkehrsvertrages gewährleistet wird. Zu dem Prager Vertrag gibt es einen Briefwechsel, demzufolge Artikel II des Vertrages entsprechend dem Viermächte-Abkommen auf Berlin (West) erstreckt wird und für die in Artikel V vorgesehenen Folgeverträge in Aussicht nimmt, ihre Erstreckung auf Berlin (West) in Übereinstimmung mit dem Viermächte-Abkommen in jedem einzelnen Fall zu vereinbaren. Von Abkommen in neuerer Zeit, die keine irgendwie geartete Berlin-Einbeziehung enthalten, sind die beiden Konsultationsprotokolle mit der Sowjetunion vom 19.1.1988[32] und der Volksrepublik China vom 31.10.1988[33] zu erwähnen.

Was die Folgeverträge zum Grundlagenvertrag anbelangt, so gelang es in Übereinstimmung mit den Erklärungen beider Seiten in Bezug auf Berlin (West) in jedem dieser Verträge die formale Berlin-Einbeziehung durch die Aufnahme der sogenannten Frank-Falin-Formel in den Vertragstext durchzusetzen. Diese Klausel hat folgenden Wortlaut: „Entsprechend dem Viermächte-Abkommen vom 3.9.1971 wird dieses Abkommen in Übereinstimmung mit den festgelegten

---

[28] BGBl. 1973 II, S. 421.
[29] BGBl. 1974 II, S. 989.
[30] BGBl. 1972 II, S. 353.
[31] BGBl. 1972 II, S. 361.
[32] Presse-Mitteilung des Bundesministers des Auswärtigen Nr. 1019/88 vom 20.1. 1988.
[33] Bulletin Nr. 146 vom 8. November 1988, S. 1316.

Verfahren auf Berlin (West) ausgedehnt". Der Hinweis auf das Viermächte-Abkommen weist allerdings erneut auf die bereits geschilderten Differenzen über den Status von Berlin mit allen Konsequenzen für die Einbeziehung Berlins in die Abkommen der Bundesrepublik. Darüber hinaus fordert das Viermächte-Abkommen für die Einbeziehung, daß „Angelegenheiten der Sicherheit und des Status nicht berührt werden". Die Sowjetunion, die DDR und die anderen Staaten des Warschauer Paktes haben diesen Passus sehr häufig dazu genutzt, die Einbeziehung von Berlin in Verträge der Bundesrepublik als unvereinbar mit dem Viermächte-Abkommen zu kritisieren bzw. abzulehnen. Die unpräzise deutsche Übersetzung des Viermächte-Abkommens hat ihnen diese Argumentation erleichtert, da das authentische französische „affecter" bzw. das authentische englische „to effect" nicht nur ein bloßes Berühren, sondern vielmehr ein (nachteiliges) Einwirken bedeutet.[34]

Die Unzulänglichkeit der Frank-Falin-Klausel erschöpft sich aber in dieser Feststellung nicht. Im besonderen erweist sie sich als wenig geeignet, die praktische Einbeziehung von Berlin (West) zu bewirken. Der in ihr enthaltene, verborgene Hinweis auf die Status-Differenzen über Berlin gibt zwar jeder Seite die Möglichkeit, an ihrer grundsätzlichen Rechtsauffassung festzuhalten, bewirkt aber keinerlei Konsequenzen für die praktische Einbeziehung von Berlin (West). Dies nötigte die Bundesregierung dazu, in ihren Verhandlungen auf zusätzliche Zusicherungen für die tatsächliche Einbeziehung von Berlin zu bestehen. Bei den Verhandlungen über das Kulturabkommen mit der DDR mußte z. B. nach den Erfahrungen bei den vorangegangenen Kulturabkommen mit den Staaten des Warschauer Paktes davon ausgegangen werden, daß die Frank-Falin-Klausel allein die volle Einbeziehung von Kulturinstitutionen und von West-Berlinern in die Ausführung des Kulturabkommens nicht sicherte. Nach sehr schwierigen Verhandlungen gelang es, diese praktische Einbeziehung von Berlin (West) durch eine Art formlosen Listenaustausches zu sichern. Auch bei dem innerdeutschen WTZ-Abkommen und beim innerdeutschen Abkommen über den Umweltschutz stellte sich heraus, daß die Frank-Falin-Klausel die tatsächliche Einbeziehung in Berlin ansässiger Bundesinstitute wie des Umweltbundesamtes oder des Bundesgesundheitsamtes nicht bewirken konnte. Man einigte sich deshalb auf eine zusätzliche Absprache, die sogenannte „personenbezogene" Lösung.

Unter dieser „personenbezogenen" Lösung versteht man, daß bei den Vorhaben, die von beiden Seiten verabredet werden, nicht die zu beteiligenden Bundesinstitutionen mit ihrer offiziellen Bezeichnung, sondern einzelne dort tätige Personen in ihrer persönlichen Eigenschaft als Wissenschaftler genannt werden.[35]

---

[34] Kritisch zu dieser von der Bundesrepublik gebilligten und von „sich für sprachkundig haltenden westdeutschen Juristen" gefertigten deutschen Übersetzung W. Wengler: Geltung völkerrechtlicher Verträge, a. a. O., S. 153.

Auch das WTZ-Abkommen mit der Sowjetunion vom Juli 1988 regelt die tatsächliche Einbeziehung Berlins auf der Grundlage der Frank-Falin-Klausel plus personenbezogener Lösung.[36] Der Berliner Senat hat in diesem Zusammenhang „die berlinpolitische Unbeweglichkeit der sowjetischen Seite" kritisiert, sobald es um den Abschluß konkreter vertraglicher Vereinbarungen gehe.[37] Diese „berlinpolitische Unbeweglichkeit" hat nun freilich Methode und ist als Reflex der anderen Seite auf manche unserer Bemühungen zu sehen, Berlin und den Bund rechtlich sehr eng miteinander zu verketten, ein Bemühen, daß den stets bestehenden Verdacht der Sowjetunion – wenn auch zu Unrecht – nährt, den Status Berlins so umzuinterpretieren, daß Berlin als ein Bundesland dasteht. Man braucht nicht soweit zu gehen wie W. Wengler,[38] der das „krampfhafte Bestreben (beanstandet), irgendwelchen Formeln für staatsrechtliche Bindungen zuliebe nicht geleugnete völkerrechtlicher Grenzen ‚auszureizen'." Feststellen aber muß man, daß es eine politische Tatsache ist, mit der unsere Berlinpolitik zu rechnen hat, daß jeder Verdacht der anderen Seite, am Status Berlins herumdoktern zu wollen und damit Präjudizien zu ihren Ungunsten zu schaffen, Reaktionen provoziert und unsere praktischen Möglichkeiten einschränkt.

Ein weiteres Beispiel dafür, daß über die Einbeziehung Berlins die Frage des Status nicht zu lösen ist, bietet die an der sogenannten Geltungsbereichsklausel der EG orientierte „Gemeinsame Erklärung" von EG und RGW über die Aufnahme offizieller Beziehungen vom 25. Juni 1988. Hier heißt es: „Was die Anwendung auf die Gemeinschaft anbelangt, so gilt diese Erklärung für die Gebiete, in denen der Vertrag zur Grundlage der Europäischen Wirtschaftsgemeinschaft angewendet wird, und nach Maßgabe jenes Vertrages." Die RGW-Staaten haben in einer gesonderten Erklärung, die die Unberührtheit des Vier-Mächte-Abkommens betont, zum Ausdruck gebracht, daß sie an ihrer Auslegung des Berlin-Status festhalten. Noch deutlicher wurde M. Petrow, der Stellvertretende Sekretär des RGW, der diese Erklärung der RGW-Staaten am 10. Juni 1988 dahingehend kommentierte, daß „das bekannte Vierseitige Abkommen vom 3. September 1971, das den Status von Berlin (West) als einer besonderen politischen Einheit bestimmt, die nicht zur BRD gehört und von ihr auch nicht regiert werden darf, ... durch nichts in der Gemeinsamen Deklaration in Zweifel gezogen werden darf."[39] An der eigentlichen Einbeziehung von Berlin (West) aufgrund der Geltungsbereichsklausel ändert sich freilich nichts.

---

[35] Vgl. z. B. B. Döll: Die Einbeziehung Berlins in die Abkommen über wissenschaftlich-technische Zusammenarbeit der Bundesrepublik Deutschland mit osteuropäischen Staaten und der DDR, Festschrift für I. Seidel-Hohenveldern, a. a. O., S. 63 ff., S. 67 f.

[36] Weitere Einzelheiten bei B. Döll: a. a. O., S. 67 f.

[37] 16. Bericht über die „Durchführung des Vier-Mächte-Abkommens und der ergänzenden Vereinbarungen zwischen dem 1. Juni 1987 und dem 31. Mai 1988".

[38] Berlin in völkerrechtlichen Übereinkommen, a. a. O., S. 587, Anm. 49.

[39] Mitgeteilt von J. Hacker, Position der DDR in der Berlin-Frage, a. a. O., S. 17.

Ein anderes Problem, nämlich das der Geltung von Verträgen für Berlin (Ost) stellt sich — ebenfalls im Zusammenhang mit der Geltungsbereichsklausel der EG — bei dem jetzt verhandelten Handelsabkommen EG-DDR. Bereits vor drei Jahren hat W. Wengler[40] die Frage aufgeworfen, ob man angesichts der ausschließlichen Geltung einer Berlin-Klausel für Berlin (West) ein Abkommen mit der DDR mangels einer Ost-Berlin-Klausel als für Ost-Berlin gänzlich unanwendbar ansehen solle oder aber sich so verhalten wolle, daß man den Standpunkt der DDR über die Zugehörigkeit von Ost-Berlin zum Staatsgebiet der DDR und der Geltung von Verträgen für das ganze Territorium der DDR stillschweigend billige. In diesem Falle würde man anerkennen, daß Verträge der DDR automatisch auch für Berlin (Ost) gelten. Diese Frage stellt sich jetzt in voller Schärfe, da die zweiseitige Geltungsbereichsklausel (Territorialklausel), die in Verträgen der EG die Einbeziehung von Berlin (West) sichert, wohl bei EG-Verträgen mit anderen Staaten des RGW keine Komplikationen in bezug auf die Geltung dieser Verträge in Berlin (Ost) aufwirft, nicht aber bei einem Vertrag der EG mit der DDR, da hier die Erstreckung des Vertrages „auf das Gebiet in der DDR" notwendigerweise ein Präjudiz über die territoriale Zugehörigkeit von Berlin (Ost) zur DDR enthält.

V.

Die Frage des Status von Berlin kam ebenfalls hoch im Zusammenhang mit den von den westlichen Alliierten entwickelten diplomatischen Aktivitäten anläßlich der Reagan-Initiative. Wie erinnerlich, machte US-Präsident Reagan in seiner Rede vor dem Brandenburger Tor am 12. Juni 1987 Vorschläge zum Jugend- und Sportaustausch und im besonderen zur Verbesserung der Verkehrsverbindungen Berlins. Die westlichen Alliierten schlugen daraufhin der Sowjetunion in ihrem Aide-mémoire vom 27.12.1987 verschiedene Maßnahmen vor, u. a. auch die Einbeziehung von Berlin (West) in den Nord-Süd-Flugverkehr. Interessant ist die sowjetische Antwort vom 15.9.1988, die, durch eine Indiskretion ermöglicht, von der Zeitung „Bild am Sonntag"[41] veröffentlicht wurde. Diese Antwort, übrigens von schnörkelloser Deutlichkeit, stellt in den Mittelpunkt ihrer Betrachtungen die Statusfrage. Im einzelnen argumentiert sie,

— Berlin sei die Hauptstadt der DDR und habe denselben Status wie jeder andere Teil des Territoriums der DDR.
— Daneben existiere West-Berlin, „eine politische Formation mit einem speziellen Besatzungsstatus", nicht aber „Ost- und West-Sektoren der Stadt", wie in der Note der Drei Mächte behauptet werde.

---

[40] Wie steht es mit eine Ost-Berlin-Klausel?, FAZ Nr. 10 vom 13.1.1986, S. 9. Vgl. auch derselb. Geltung völkerrechtlicher Verträge, a. a. O., S. 153 f.
[41] Ausgabe vom 25.9.1988.

— Unter diesen Umständen solle es klar sein, daß die Sowjetunion mit den Drei Mächten weder in eine Diskussion über die Situation in der Hauptstadt der DDR noch über andere Fragen eintreten könne, die die Hoheitsrechte der DDR beträfen. „Nur die DDR kann Partner eines Dialogs über diese Dinge mit anderen Staaten sein."Dies gelte auch für alle Fragen des Zivilluftverkehrs von und nach West-Berlin.

— Es könne nur die Frage gestellt werden, wie die gegenwärtige abnorme Situation in Übereinstimmung mit den Forderungen des Völkerrechts, der notwendigen Achtung für die Souveränität der DDR und ihrer Zuständigkeit für den Luftraum der DDR zu bringen sei.

In Bezug auf West-Berlin merkt das Aide-mémoire der Sowjetunion an, daß die Situation in und um Berlin in erster Linie darauf beruhe, wie das Vier-Mächte-Abkommen funktioniere. Besonders unter diesem Gesichtspunkt wäre die Sowjetunion bereit, bestimmte Fragen in Bezug auf West-Berlin zu erwägen. Der Umfang dieser Fragen könne im Rahmen der bereits bestehenden Kontakte zwischen der Botschaft der UdSSR in der DDR und den Missionen von Frankreich, Großbritannien und den Vereinigten Staaten von Amerika in West-Berlin präzisiert werden.

Es fällt auf, mit welcher Schärfe die Sowjetunion den eigenen Standpunkt zum Status von Berlin umreißt, wenn sie auch zugleich die Tür für Vier-Mächte-Gespräche über die Verbesserung von Verkehrsverbindungen offenläßt. Die DDR ihrerseits versuchte mit einer Note vom 31.10.1988 an die Drei Westmächte ihren Fuß in die Tür zu setzen, indem sie vorschlug, zwischen der Alliierten Flugsicherheitszentrale und den Flugsicherungsstellen der DDR Informationen zur Flugsicherheit im Nahverkehrsbereich des DDR-Flughafens Berlin-Schönefeld auszutauschen. Die Westmächte gaben diese Note sofort kommentarlos zurück. Am 1.12.1988 antworteten die Westmächte ihrerseits auf das sowjetische Aide-mémoire vom 27.12.1987. Sie wiederholten ihre Vorschläge und bekräftigten dabei erneut ihren Wunsch, praktische Verbesserungen in Berlin zu erreichen.

An dieser Entwicklung der Reagan-Initiative zeigt sich plastisch, wie ein hoffnungsvoll begonnener pragmatischer Ansatz zu einem fruchtlosen Streit um Grundsatzpositionen auszuufern droht, sobald nur bei einer der beiden Seiten der Verdacht aufkommt, der Status Berlins solle zu ihren Ungunsten verändert werden, mit anderen Worten, selbst guten Willen beider Seiten vorausgesetzt, droht ein pragmatischer Lösungsversuch dann zu scheitern, wenn nur entfernt Status-Verschiebungen zu drohen scheinen.

VI.

Das Bild, daß ich mich über Berlin in den innerdeutschen Beziehungen Ihnen hier zu zeichnen bemüht habe, wäre freilich unvollständig, wenn ich nur über die besonderen Schwierigkeiten berichtete, die die Verteidigung des Status Berlins der innerdeutschen Politik in ihrer praktischen Gestaltung bereitet. Die Erfolge unserer Berlin-Politik in den letzten Jahren sprechen für sich. Ich darf in diesem Zusammenhang nur erwähnen

— Öffnung des Übergangs Heiligensee für den Transitverkehr in Richtung Hamburg (1987)
— Grunderneuerungsarbeiten auf der Autobahn vom Übergang Dreilinden bis zum Berliner Ring
— Die Schaffung von Übernachtungsmöglichkeiten für West-Berliner in Berlin (Ost) (bis September 1988: 60 500)
— Kommunalkontakte zwischen Zehlendorf und Königs Wusterhausen/Spandau und Nauen
— Auftritt der Schaubühne in der DDR im Sommer 1988
— Ausstellung des Bauhausarchivs in Dresden (Sommer 1988)
— Verbesserung der Pannenhilfe auf den Transitstrecken
— usw.

Diese Erfolge, die auch in die innerdeutschen Beziehungen hineinreichen, sprechen indessen nicht gegen die von mir hier vertretene Auffassung, daß innerdeutsche Politik nur dort erfolgreich sein kann, wo sie nicht Verdacht erregt, den Status Berlins verändern zu wollen. Dies bedeutet freilich nicht, daß unsere Politik darauf verzichten müßte, unseren Standpunkt aufrecht zu erhalten und zu verteidigen. Dies gilt im besonderen hinsichtlich des Fortbestandes der Vier-Mächte-Verantwortung für ganz Berlin. Jede Münze hat bekanntlich zwei Seiten. Unsere bewußte Rücksichtnahme, mit anderen Worten der Verzicht auf die Forderung nach prinzipiellen Konzessionen der anderen Seite hinsichtlich des Status Berlins, bedeutet zugleich auch, daß die andere Seite unseren prinzipiellen Rechtsstandpunkt zu achten und bei der Gestaltung der vertraglichen Beziehungen zu berücksichtigen hat. Diese gebotene gegenseitige Rücksichtnahme und eventuell erforderliche Ausklammerung gegenseitiger Rechtsstandpunkte muß uns dabei aber stets gestatten, unsere grundsätzlichen Vorstellungen hinsichtlich der rechtlichen Situation Berlins aufrecht zu erhalten und zu sichern.

Thesen

1. Die Differenzen über den Status Berlins sind unlösbar verknüpft mit den Auseinandersetzungen über die Rechtslage Deutschlands. Die politische Situation Berlins wird zwar in gewisser Weise durch den Zustand der innerdeutschen Beziehungen und der allgemeinen West-Ost-Lage beeinflußt, ist aber nicht das bestimmende Element oder gar die Ursache innerdeutscher Konfliktsituationen.

2. Die Beurteilung des Status Berlins ist zwischen der Bundesrepublik Deutschland, den westlichen Statusmächten sowie der Sowjetunion und der DDR kontrovers. Die Bundesrepublik sieht Berlin als „Land der Bundesrepublik Deutschland" an. Die westlichen Statusmächte verneinen die staatliche Zugehörigkeit Berlins zur Bundesrepublik Deutschland, bejahen aber seine besonderen Bindungen an den Bund. Die Sowjetunion geht von der von den Westmächten bestrittenen Grundkonzeption aus, der Vier-Mächte-Status Berlins habe sich auf Berlin(West) reduziert. Konsequenterweise ist die Berlin-Politik von Sowjetunion und DDR durch das Bemühen gekennzeichnet, Berlin (West) als eine gesonderte völkerrechtliche Entität (z.B. als „besondere politische Einheit Westberlin") getrennt von der Bundesrepublik Deutschland durchzusetzen.

3. In den innerdeutschen Beziehungen werden die grundsätzlichen Differenzen über den Status Berlins in dem fortdauernden Streit über die Einbeziehung Berlins in die zwischenstaatlichen Abkommen der Bundesrepublik Deutschland besonders deutlich. Die Staatspraxis der Bundesrepublik ist durch das Bemühen gekennzeichnet, die Einbeziehung Berlins in ihre zwischenstaatlichen Abkommen lückenlos durchzusetzen, nicht immer mit Erfolg. Gegenüber den Staaten des Warschauer Paktes hat es sich im besonderen als notwendig erwiesen, die hier gebräuchliche „Frank-Falin-Klausel" durch zusätzliche Absprachen über die praktische Gestaltung der Einbeziehung Berlins zu ergänzen. Es zeigt sich, daß das Instrument der Einbeziehung Berlins in zwischenstaatliche Abkommen kein geeignetes Mittel ist, die umstrittene Frage des Status von Berlin zugunsten der einen oder anderen Seite zu lösen.

4. Auch die im Zusammenhang mit der sog. „Reagan-Initiative" entwickelten diplomatischen Aktivitäten der Vier für Berlin verantwortlichen Mächte zeigen, daß bei fast jedem Versuch, die Situation Berlins zu verbessern, der Grundsatzstreit über den Status Berlins hervorkommt. Auch die beiden Staaten in Deutschland sind dabei, obwohl nicht für Statusfragen zuständig, mit Notwendigkeit in die Diskussion verwickelt. Andererseits erscheinen praktische, auf pragmatischen Überlegungen beruhende Fortschritte nicht a priori ausgeschlossen.

5. Facit: Die Gestaltung der innerdeutschen Beziehungen ist wenig geeignet, den prinzipiellen Streit über den Status Berlins zu entscheiden. Die inner-

deutsche Politik kann nur auf eine Weise geführt werden, die, bei aller gebotenen Respektierung der Rechtsauffassung der anderen Seite, die eigenen Rechtspositionen in bezug auf die Rechtslage Deutschlands und Berlins aufrechterhält und sichert.

Maria Haendcke-Hoppe

DIE WIRTSCHAFTSBEZIEHUNGEN ZWISCHEN BEIDEN DEUTSCHEN STAATEN

Legende und Wirklichkeit

I. Einleitung

Was sind innerdeutsche Wirtschaftsbeziehungen? Die Antwort lautet: Es handelt sich dabei in allererster Linie um den Handel mit Waren und Dienstleistungen, also den innerdeutschen Handel (IDH). Hinzu kommen andere Wirtschaftsbeziehungen, etwa in Form von noch recht bescheidener Kooperation und finanzieller sowie „paraökonomischer" Beziehungen zwischen der Bundesrepublik Deutschland und der DDR. Während die zuletzt genannten Beziehungen[1] sich erst im Zuge der Entspannungspolitik Anfang der 70er Jahre als Folge des Viermächteabkommens über Berlin und der innerdeutschen Folgeverträge herausgebildet haben, hat der innerdeutsche Handel (früher Interzonenhandel) inzwischen eine über 43jährige Geschichte und ist damit traditionsreichster, ältester und stabilster Teil der gesamten innerdeutschen Beziehungen. Über lange Jahre war er der einzige vertraglich geregelte Bereich der deutsch-deutschen Beziehungen. Er steht daher im Mittelpunkt dieses Beitrages.

Insbesondere sollen die historischen Ursprünge aufgezeigt werden. Denn gerade wegen dieser Ursprünge und seiner Rechtsgrundlagen ist der IDH ein Unikum ohne Parallele. Diese Einzigartigkeit kommt einerseits in der Kombination von binnen- und außenwirtschaftlichen Elementen und andererseits in den spezifischen, administrativen, steuerlichen und zahlungstechnischen Regelungen zum Ausdruck. Gerade diese „Konstruktion sui generis" hat den IDH im Ausland, aber auch in der Bundesrepublik, zum Gegenstand von vielfachen, kontroversen, sachlichen und unsachlichen Diskussionen und von Legendenbildung gemacht. Im Ausland wurde dieser Sonderstatus häufig als fossiles Gebilde angesehen, an dem beide deutsche Staaten festhalten, um besonders enge Wirtschaftsbeziehungen zu rechtfertigen. Das ist historisch und sachlich unrichtig.[2]

---

[1] Vgl. hierzu auch Armin Volze: „Zu den Besonderheiten der innerdeutschen Wirtschaftsbeziehungen im Ost-West-Verhältnis", in: Deutsche Studien, Vierteljahreshefte, XXI. Jg. Heft 83, S. 1.

[2] Vgl. Karl Heinz Groß: „Der Innerdeutsche Handel aus internationaler Sicht", in: Deutschland Archiv, Heft 10/86, S. 1075.

Historische Tatsache ist, daß im Potsdamer Abkommen vom August 1945 von den Siegermächten folgendes Grundprinzip aufgestellt wurde: „During the period of occupation, Germany shall be treated as a single economic unit". (Während der Besatzungszeit ist Deutschland als wirtschaftliche Einheit zu betrachten).[3] Aufgrund der Vorbehaltsklauseln über die polnische Westgrenze und die Stadt Königsberg mit anliegendem Gebiet[4] wurde der östliche Teil des Deutschen Reiches in den später entstehenden Interzonenhandel nicht einbezogen. Die gemeinsame Politik der Siegermächte sollte alle Fragen der Binnen- und Außenwirtschaft einschließlich der Landwirtschaft, des Verkehrs und der Kommunikation umfassen.

II. Vom illegalen Tauschhandel zum Interzonenhandel

Die Durchführung gemeinsamer Politik wurde vertagt. In den folgenden Jahren wurde aber immer wieder versucht, zu einer gemeinsamen Wirtschaftspolitik zu finden. Zu diesen Versuchen gehörte die Pariser Außenministerkonferenz vom 25. April bis zum 16. Mai 1946. Auf dieser Konferenz wurde der ordnungspolitische Gegensatz zwischen den marktwirtschaftlich orientierten USA und der zentralplanwirtschaftlich organisierten Sowjetunion offenbar. Die USA regten damals an, die vier Besatzungszonen unter marktwirtschaftlicher Regie zusammenzuführen, die UdSSR schlug dagegen die Legalisierung und Ausweitung des bis dato illegalen Tauschhandels[5] zwischen den Zonen vor. Großbritannien sympathisierte dabei mit dem amerikanischen, Frankreich hingegen mit dem sowjetischen Konzept.[6] Dieses Konzept des streng überwachten Tauschhandels setzte sich durch. Die ersten interzonalen Abkommen sind unter den Namen Dyson- und Britengeschäft (Britische Zone/SBZ), Länderratsgeschäfte (US-Zone/SBZ) und Sofrageschäft (Französische Zone/SBZ) bekannt geworden. Außerhalb dieser Geschäfte blühte der Schwarzhandel.[7]

---

[3] Protokoll der Potsdamer Konferenz, August 1945, in: US Department of State, Documents on Germany 1944–1985 Washington DC, Department of State 1985, S. 58 sowie Teil III Ziff. B 14 der Mitteilung über die Dreimächtekonferenz von Berlin (Potsdamer Abkommen) vom 2. August 1945, zitiert nach: „Die Staatsverfassungen der Welt", hrsg. von der Forschungsstelle für Völkerrecht und ausländisches öffentliches Recht der Universität Hamburg-Berlin 1962, Bd. 1, S. 100.
[4] Ebenda S. 102 f.
[5] Das erste Tauschgeschäft kam im Dezember 1945 zustande; es handelte sich dabei um Schlachtrinder und Salzheringe aus Bayern gegen Kartoffeln aus Sachsen.
[6] Vgl. hierzu Karl Heinz Groß, a. a. O., Anm. 2.
[7] Vgl. hierzu ausführlich Fritz Federau: „Der Interzonenhandel Deutschlands von 1946 bis Mitte 1953", in: Vierteljahreshefte zur Wirtschaftsforschung, hrsg. vom Deutschen Institut für Wirtschaftsforschung (DIW) Heft 4/1953, S. 387 ff. und Horst Lambrecht: Die Entwicklung des Interzonenhandels von seinen Anfängen bis zur Gegenwart, DIW-Sonderheft 72/1965, S. 9 ff.

Die USA versuchten dagegen ihre Konzeption mit Großbritannien durch den Zusammenschluß der amerikanischen und der britischen Zone im Dezember 1946 zur Bizone voranzutreiben. Nach dem Memorandum vom 2. Dezember 1946 sollte dies der erste Schritt zur Herstellung der ökonomischen Einheit Deutschlands sein.[8] Am 17. und 18. Januar wurde in Minden das erste umfassende Abkommen zwischen der Bizone und der sowjetischen Besatzungszone abgeschlossen (Mindener Abkommen). Deutsche Stellen waren erstmalig nach dem Krieg unterschriftsberechtigt. Unterzeichner war der Verwaltungsrat für Wirtschaft in Minden und die Deutsche Verwaltung für Interzonen- und Außenhandel der SBZ.[9] Das war die Geburtsstunde des Interzonenhandels.

Bereits im Jahre 1948 kam mit dem Ausbruch der Berliner Blockade der Interzonenhandel völlig zum Erliegen. Die Verhandlungen, die dann im April 1949 zur Beendigung der Blockade führten, hatten im sogenannten Yessup-Malik-Abkommen — benannt nach den beiden Unterhändlern Jacob Malik und Philip Yessup — ein Junktim zwischen freiem Zugang nach Berlin (West) und dem unbehinderten Interzonenhandel geschaffen. Auf der anschließenden Außenministerkonferenz vom Juni 1949 wurde den Wirtschaftsbehörden der Ostzone und der Westzonen empfohlen, den Handel zwischen den Zonen zu erleichtern und Handels- und Wirtschaftsabkommen anzuwenden.

III. Das Berliner Abkommen als Grundlage des innerdeutschen Handels

Am 8. Oktober 1949 endete der seit der Blockade vertragslose Zustand mit dem Abschluß des Frankfurter Abkommens. Dieses Abkommen enthielt bereits die Grundprinzipien des bis heute gültigen Berliner Abkommens vom 20. September 1951 in der Fassung vom 16. August 1960. Dieses auf den fein gestrickten Regelungen des Besatzungsrechtes, so etwa den Devisenbewirtschaftungsgesetzen (Militärregierungsgesetz 53 und Verordnung 500) basierende Abkommen mag, oberflächlich betrachtet, schon seit langem unschön und antiquiert erscheinen, die Geschichte und die Praxis der deutsch-deutschen Beziehungen hat aber immer wieder bewiesen, daß das Berliner Abkommen das bisher genialste deutsch-deutsche Abkommen geblieben ist. Der Staatssekretär im Bundeswirtschaftsministerium, v. Würzen, hat es einmal als „Musterbeispiel für partiellen Interessenausgleich unter besonders schwierigen Bedingungen" charakterisiert.[10]

---

[8] Nach Karl Heinz Groß, a. a. O., Anm. 2.
[9] Vgl. hierzu Franz Rösch/Fritz Homann: „Thirty years of Berlin Agreement — Thirty years of Inner-German Trade. Economic and Political Dimensions", in: Zeitschrift für die gesamte Staatswissenschaft, Bd. 137, Heft 3, September 1981, S. 528.
[10] „30 Jahre Berliner Abkommen zum innerdeutschen Handel" (Tagungsbericht), in: Deutschland Archiv Heft 1/1986, S. 76.

Politisches Kernstück des Berliner Abkommens ist sein Geltungsbereich. Dieser erstreckt sich nicht auf politische Einheiten, sondern auf die Währungsgebiete der DM (West) und der DM (Ost). Mit dieser Währungsgebietsklausel wurden Berlin (West) und Berlin (Ost) automatisch einbezogen. Im Gegensatz zu allen später geschlossenen Abkommen ist damit die Statusfrage mit Eleganz umgangen worden. Die Einbeziehung Berlin (West) manifestiert sich im Abkommen einmal durch die Bestimmung, daß ein angemessener Teil des Handels auf Berlin (West) entfallen soll. In der Regel sind das 1/4–1/3 der bundesdeutschen Bezüge. Zum anderen wurden und werden die Interessen von Berlin (West) von der „Treuhandstelle für Industrie und Handel", früher „Treuhandstelle für den Interzonenhandel" (TSI), mit Sitz in Berlin, vormals auch Frankfurt/Main, wahrgenommen. Die Treuhandstelle war bis 1953 als Institution des Deutschen Industrie- und Handelstages (DIHT) tätig, weil der Verkehr zwischen oberster Behörde der Bundesrepublik und der DDR durch Kabinettsbeschluß von 1949 untersagt war.

Seit 1953 ist die TSI staatliche Stelle und untersteht dem Bundeswirtschaftsministerium. Ihr Leiter, gleichzeitig Beamter des Bonner Wirtschaftsministeriums, besitzt doppelte Verhandlungsvollmacht, sowohl von der Bundesregierung, als auch vom Berliner Senat.[11] Die Treuhandstelle als offizielles Verhandlungsorgan der Bundesregierung für Handelsfragen mit der DDR wurde von der Errichtung der Ständigen Vertretung der Bundesrepublik bei der DDR im Jahre 1974 nicht tangiert, denn die Ständige Vertretung erhielt keinerlei handelspolitische Kompetenzen.

Weitere Merkmale des Berliner Abkommens sind:

Die strikte Bilateralität des Handels, er wird auf Verrechnungsbasis und nicht in konvertibler Währung abgewickelt. Sämtliche Waren und Dienstleistungen werden mit der Verrechnungseinheit VE bezahlt. Dabei wird in der Regel das Preisgefüge der Bundesrepublik zugrunde gelegt. Der Wert einer Verrechnungseinheit entspricht also einer DM.

Damit das Verrechnungsabkommen funktionstüchtig ist, wurde zum permanenten Saldenausgleich ein wechselseitiger Überziehungskredit, ein sogenannter Swing, vereinbart. Die spätere Dynamisierung dieses Swings und die weitgehend einseitige Ausnutzung durch die DDR gab dem Swing ab Ende der 60er Jahre eine politische Dimension.

Nach den Vorgaben der Siegermächte kann der deutsch-deutsche Handel kein Außenhandel sein. Zölle sowie Abschöpfungen im Rahmen der EG gelten für ihn nicht.

---

[11] Vgl. hierzu Willi Kleindienst: „Abwicklung und Praxis der Handelsbeziehungen zur DDR", in: Erik Böttcher (Hrsg.), Wirtschaftsbeziehungen mit dem Osten. Stuttgart 1971, S. 66.

Die internationale Anerkennung des Sonderstatus des IDH ist einmal beim Beitritt der Bundesrepublik 1951 zum GATT im Protokoll von Troquay festgelegt worden sowie bei der Gründung der EWG im „Protokoll über den innerdeutschen Handel und die damit zusammenhängenden Fragen". Dieses Protokoll ist als Anhang dem EWG-Vertrag vom 25. März 1957 beigefügt. In Ziff. 1 heißt es:

„Da der Handel zwischen den Deutschen innerhalb des Geltungsbereiches des Grundgesetzes für die Bundesrepublik Deutschland und den deutschen Gebieten außerhalb dieses Geltungsbereichs Bestandteil des innerdeutschen Handels ist, erfordert die Anwendung dieses Vertrages in Deutschland keinerlei Änderung des bestehenden Systems dieses Handels."

Um Nachteile für die übrigen Mitgliedsstaaten zu vermeiden, enthält das Zusatzprotokoll in Ziffer 2 die Auflage der gegenseitigen Unterrichtung der Mitgliedsstaaten über Abkommen, die mit dem anderen Teil Deutschlands abgeschlossen werden. Die EWG-Vertragspartei hat zusätzlich geeignete Vorkehrungen zu treffen, „um Schädigungen innerhalb der Volkswirtschaft der anderen Mitgliedsstaaten zu vermeiden".

Ziffer 3 des Zusatzprotokolls enthält eine Schutzklausel, die jedem Mitgliedsstaat Abwehrmaßnahmen zugesteht, wenn ihm durch den Handel anderer Mitgliedsstaaten mit der DDR Schwierigkeiten entstehen.

Die Bundesrepublik achtet ihrerseits darauf, daß den EG-Partnern aus dem IDH kein Schaden entsteht. Grundsätzlich werden nur Waren deutschen Ursprungs gehandelt. Der Handel mit Waren aus Drittländern ist nur mit produktbezogenen Sondervereinbarungen möglich, so etwa die bundesdeutschen Rohöllieferungen. Die Waren des IDH sind „frei verkehrsfähig", d. h. können in Drittländer reexportiert werden. Tatsächlich ist das Reexportvolumen außerordentlich niedrig und liegt unter 1 vH der Bezüge aus der DDR. Der sich immer wieder an diesem Thema entflammenden Kritik der EG-Partner sollte damit der Boden entzogen sein.[12]

Obwohl der IDH kein Außenhandel ist, wurden die Embargorichtlinien des Außenwirtschaftsrechts, z. B. Cocom, in das Recht des IDH übernommen und damit der IDH wie der übrige Osthandel behandelt.

IV. Unterschiedliche Dimensionen des IDH für beide deutsche Staaten

1. Die politische Dimension

Das Interesse am IDH und seine Bedeutung sind in beiden deutschen Staaten von unterschiedlichem Gewicht. Für die Bundesrepublik Deutschland dominiert

---

[12] Vgl. hierzu Franz Rösch/Fritz Homann, a. a. O., Anm. 9 S. 552.

von Beginn an die politische Dimension. Die DDR-Führung verneint hingegen politische Interessen, hat aber durchaus in der Vergangenheit durch ihr Handeln das Gegenteil bewiesen.

Im Laufe der Jahrzehnte gab es aus westdeutscher Sicht erhebliche Akzentverschiebungen der Funktionen des IDH. Aus heutiger Sicht bestimmen der freie Zugang nach Berlin und die deutsch-deutsche Klammerfunktion die Interessen der Bundesregierung am IDH, während die Funktion des IDH als politisches Druckmittel einzusetzen sich in der Vergangenheit als untauglich erwiesen hat und dabei ad acta gelegt wurde. So bewirkte die Kündigung des Berliner Abkommens seitens der Bundesregierung im Jahre 1960 als Reaktion auf die Einführung von Passierscheinen für Bundesbürger und die erneute Überlegung zur Kündigung 1961 als Reaktion auf den Mauerbau, seitens der DDR die offene Drohung, die Zugangswege nach Berlin (West) zu behindern.[13]

Mit dieser Reaktion hatte die DDR trotz Leugnens des Junktims Berlinverkehr/IDH sehr wohl gezeigt, daß für sie der IDH ebenfalls politisches Instrument ist. Auch in der Folgezeit wurde die Bedrohung der Transitwege „je nach Bedarf als probates Mittel" seitens der DDR eingesetzt.[14]

Das Junktim, IDH/freie Zugangswege nach Berlin, hat nach dem Abschluß des Viermächteabkommens vom 3. September 1971 und dessen Folgeverträgen zwar an unmittelbarem Gewicht verloren, da aber durch dieses Abkommen die „Vereinbarungen und Beschlüsse der Vier Mächte aus der Kriegs- und Nachkriegszeit ... nicht berührt werden",[15] bestehen die früher entstandenen Zusammenhänge weiter.

Die staatliche Anerkennung der DDR im Rahmen des Grundlagenvertrages zwischen der Bundesrepublik und der DDR von 1972 veränderte die Sicht der Bundesrepublik — „die DDR ist kein Ausland" — nicht. Im Zusatzprotokoll wurde ausdrücklich vereinbart, daß „der Handel zwischen der Bundesrepublik Deutschland und der Deutschen Demokratischen Republik" auf der Grundlage der bestehenden Abkommen abgewickelt wird. Damit wurde das vom Grundgedanken der wirtschaftlichen Einheit ausgehende Berliner Abkommen von 1951 in den Grundlagenvertrag mit einbezogen.

Da der Grundlagenvertrag zwischen Bundesrepublik und DDR die Sonderstellung des IDH nicht angetastet hatte, wie auch im Urteil des Bundesverfassungsgerichtes[16] zum Grundlagenvertrag festgeschrieben wurde, bestätigte der Ministerrat der Europäischen Gemeinschaft, nach vorangegangener kontrover-

---

[13] Neues Deutschland vom 16.10.1960 sowie Neues Deutschland vom 16.8.1961. Vgl. hierzu auch Siegfried Kupper. Der innerdeutsche Handel. Köln 1971, S. 26 ff.
[14] Vgl. hierzu Franz Rösch und Fritz Homann, a. a. O., Anm. 9, S. 535.
[15] Präambel des Viermächteabkommens.
[16] Vom 31. Juli 1973, vgl.: Zehn Jahre Deutschlandpolitik. Hrsg. vom Bundesministerium für innerdeutsche Beziehungen, Bonn 1980, S. 237.

ser Diskussion, im März 1973 die unveränderte Gültigkeit des Zusatzprotokolls über den IDH zu den Römischen Verträgen 1957.

Entgegen der bis dato in der DDR geübten Praxis erkannte auch Erich Honecker für die DDR im Zusammenhang mit dem Abschluß des Grundlagenvertrages den besonderen Charakter des IDH mit den Worten an: „... eine der wenigen Besonderheiten ..., die in den Beziehungen bestehen."[17]

2. Die ökonomische Dimension

Im folgenden soll die ökonomische Bedeutung des IDH dargestellt werden, die für die DDR ein unvergleichlich größeres Gewicht als für die Bundesrepublik Deutschland besaß und besitzt.

Bis 1936 war das Gebiet der heutigen beiden deutschen Staaten Bestandteil einer eng verflochtenen, arbeitsteiligen, industriell hochentwickelten Volkswirtschaft, in der die Struktur- und Standortpolitik allerdings im letzten Jahrzehnt bis 1945 kriegswirtschaftlichen Zielen weitestgehend untergeordnet war.[18]

An nur zwei Zahlen läßt sich das Ausmaß des Zusammenbruchs der gesamtdeutschen Volkswirtschaft demonstrieren. Im Jahre 1936 hatte der Wirtschaftsaustausch zwischen den Gebieten der heutigen Bundesrepublik und der DDR einschließlich Berlin den Wert von 8,6 Mrd. RM.[19] Im Jahre 1946 belief sich dagegen das Volumen des Interzonenhandels auf 176 Mill. RM, nominal waren das nur noch 2 vH des Wertes von 1936.

Für die damalige sowjetische Besatzungszone war dabei die Ausgangsposition für eine separierte Wirtschaft aus mehreren Gründen noch ungünstiger als für die Westzonen.

1. Der mitteldeutsche Raum war mit seiner hochspezialisierten Industrie wegen der knappen Energie- und Rohstoffbasis erheblich stärker auf „äußere" Absatz- und Bezugsmärkte angewiesen als der westdeutsche Raum. Nach Berechnung der UN Europa Kommission[20] gingen 1936 etwa 49 vH der mitteldeutschen Eigenproduktion in andere deutsche Gebiete, 55 vH des Eigenverbrauchs wurden aus anderen deutschen Gebieten bezogen.[21]
2. Die mitteldeutsche Wirtschaft war viel empfindlicher von Demontagen und Reparationszahlungen an die UdSSR betroffen als das zwar stärker zer-

---

[17] Interview mit dem amerikanischen Journalisten Sulzberger, in: „Neues Deutschland" vom 25.11.1972.
[18] Vgl. Bruno Gleitze: Ostdeutsche Wirtschaft. Berlin 1956, S. 5.
[19] Ebenda, S. 7 (einschließlich Saargebiet).
[20] UN Economic Bulletin for Europe III 1949, Vol. 1, Nr. 3, zitiert nach Bruno Gleitze: Die Industrie der Sowjetzone unter dem gescheiterten Siebenjahrplan. Berlin 1964, S. 4.
[21] Berlin je 64 vH.

bombte, dafür aber schnell von der Marshallplanhilfe profitierende westdeutsche Wirtschaftspotential.
3. Die Herauslösung aus dem nationalen Wirtschafsverbund führte in Mitteldeutschland zu noch schwerwiegenderen Strukturveränderungen als in Westdeutschland.[22] Zum einen war die SBZ/DDR nunmehr von ihren wichtigsten vormals einheimischen Rohstoff- und Energiequellen getrennt, so z. B. von der westdeutschen und oberschlesischen Steinkohle. Die Umrüstung der Steinkohlekraftwerke auf den einzigen eigenen Energieträger Braunkohle war durch Demontage von 40 vH der Bergbaukapazitäten unverhältnismäßig erschwert und vor allem nicht ausreichend.

Zum anderen wurden nunmehr trotz ungünstiger Standortbedingungen Produktionszweige ausgebaut, in denen vormals Abhängigkeit von westdeutschen Bezügen bestanden. Einen Schwerpunkt bildete dabei die Stahl- und Walzwerkindustrie.

4. Ein weiteres gravierendes Moment waren die „strukturverändernden Faktoren", die durch Einbindung der DDR in den östlichen Wirtschaftsblock auftraten. Mit Ausnahme der CSSR standen alle neuen Handelspartner, mit denen rd. 3/4 des Außenhandels ab 1949 abgewickelt wurde, auf einem erheblich niedrigeren Entwicklungsniveau als die früheren ausländischen Bezieher Mitteldeutschlands. Die DDR mußte ihre Produktionspalette nunmehr auf diese Partner ausrichten, was zur Vernachlässigung des vormals klassischen Produktionspotentials wie z. B. der chemischen Industrie, der Textil- und der Zellstoff- und Papierindustrie führte. Ihre Liefermöglichkeiten in die Bundesrepublik wurden dadurch außerordentlich beschnitten.

Aus den unter 1. und 2. geschilderten Ursachen resultiert die Tatsache, daß das IDH für die DDR ein erheblich größeres volkswirtschaftliches Gewicht gewinnen sollte als für die Bundesrepublik. Die Bundesrepublik war und ist mit einigen Ausnahmejahren, darunter 1986/87, der zweitgrößte Handelspartner der DDR nach der UdSSR (vgl. Tabelle 2). Nach den — allerdings zu niedrigen — Angaben der DDR-Statistik, bewegt sich der Anteil am Außenhandelsumsatz der DDR zwischen 7 und 8 vH. Nach eigenen Berechnungen dürften es 11–12 vH sein.[23] Würde man dagegen den IDH in Relation zum Außenhandel der Bundesrepublik setzen, dann liegt sein Anteil jeweils unter 2 vH.

Die einzelwirtschaftliche Bedeutung darf allerdings auch für die Bundesrepublik nicht unterschätzt werden. Vor allem, weil es sich bei etwa 80 vH der be-

---

[22] Über das Ausmaß der Strukturveränderungen vgl. Gert Leptin. Veränderungen in den Branchen- und Regionalstruktur der deutschen Industrie zwischen 1936 und 1962. Berichte des Osteuropainstituts an der Freien Universität Berlin 1965, Heft 68.

[23] Berechnungsmethode, vgl. Maria Haendcke-Hoppe: „Außenwirtschaft und Außenwirtschaftsreform — Umbau ohne Offenheit —", in: Glasnost und Perestrojka auch in der DDR? Schriftenreihe der Forschungsstelle, Bd. 3, 1988, S. 82/83.

teiligten Firmen um Klein- und Mittelbetriebe handelt. Aber auch Großunternehmen wie der Hamburger Hafen sind vom IDH abhängig.[24]

Analog zu den Wandlungen der politischen Einstellung der DDR-Führung hat sich die Terminologie und die wirtschaftliche Zuordnung im Laufe der Zeit geändert. Der Terminus IDH war die ursprüngliche DDR-Bezeichnung für den Interzonenhandel. Bis 1960 erschien er unter dieser Bezeichnung, getrennt vom Außenhandel, im Statistischen Jahrbuch der DDR. Das zuständige Ministerium hieß bis 1965 „für Außenhandel und Innerdeutscher Handel (MAI)". Ab 1963 erfolgte dann der Ausweis als Handel mit „Westdeutschland und Westberlin". 1964 wurde der Handel mit West-Berlin statistisch separiert und ab 1967 wurde beides als Außenhandel mit Kapitalistischen Industrieländern deklariert. 1970 erschien dann „Westdeutschland" erstmals als „BRD" in der Liste der Außenhandelspartner. Durch die alphabetische Einordnung war damit auch die optische Trennung vom „Außenhandelspartner Westberlin" vollzogen.

Der seitens der DDR grundsätzlich geleugnete Sondercharakter des IDH dokumentiert sich allein schon in der Tatsache, daß die DDR als einziges RGW-Land durch den IDH einen gespaltenen Westhandel hat. Denn etwa 40 vH[25] ihres Westhandels wird nämlich nicht auf der Basis von konvertiblen Devisen abgewickelt, sondern über das nicht konvertible Buchgeld Verrechnungseinheit.

V. Entwicklung und Struktur

In der Entwicklung des IDH schlagen sich bis Ende der 60er Jahre politische Ereignisse nieder. So gab es Einbrüche nach dem Mauerbau durch die 1961 propagierte „Aktion Störfreimachung", die den Versuch darstellte die Abhängigkeit von westlichen Lieferungen zu vermeiden (Vgl. Tabelle 1). Ende der 60er Jahre erhielt der IDH dann erstmals kräftige Impulse, die im Zuge der beginnenden Entspannungspolitik durch Förderungsmaßnahmen der großen Koalition ausgelöst wurden. Der damalige Bundeskanzler Kiesinger führte in seiner Regierungserklärung vom 13. Dezember 1966 aus:[26]

„Die Bundesregierung ist um eine Ausweitung des innerdeutschen Handels, der kein Außenhandel ist, bemüht. Sie wird dabei auch eine Erweiterung von Kreditmöglichkeiten anstreben und gewisse organisatorische Maßnahmen zur Verstärkung der innerdeutschen Kontakte ins Auge fassen".

---

[24] Vgl. hierzu Annemarie Schlemper: Die Bedeutung des IDH. Göttingen 1978, S. 221 ff.
[25] Eigene Berechnungen auf der Basis der Zahlen der Deutschen Außenhandelsbank DABA (DDR). Vgl. Anmerkung 23. Auch hier ist die Bestimmung des exakten Anteils wegen statistisch zu niedrigem Ansatz in der DDR-Statistik nicht möglich. Nach der DDR-Statistik bewegt sich der Anteil des IDH zwischen 25 und 30 vH am gesamten Westhandel. Nach dem überhöhten Ansatz der OECD-Statistik liegt der Anteil zwischen 50 und 60 vH.
[26] Bulletin vom 14. Dezember 1966, S. 1270.

Zu den bereits eingeleiteten praktischen Maßnahmen gehörten vor allem:
1. Die Gründung der GEFI (Gesellschaft zur Finanzierung von Industrieanlagen) zur günstigen Refinanzierung für westliche Lieferfirmen.
2. Die Aufhebung der sogenannten Widerrufsklausel. Nach der Neufassung des Berliner Abkommens waren Invistitionsgüterlieferungen nur unter dem Vorbehalt des jederzeitigen (allerdings nie angewandten) Widerrufes möglich.
3. Die stärkere Entlastung der DDR-Lieferungen als die der Bezüge der DDR von der Mehrwertsteuer.
4. Die Dynamisierung des Swings auf 25 vH der Vorjahresbezüge.
5. Die weitere Liberalisierung im Warenbereich.

Der durch die Förderungsmaßnahmen zunächst ausgelöste Aufwärtstrend im IDH schwächte sich aber bald wieder ab. Denn nach der diplomatischen Anerkennung durch die westlichen Industrieländer Anfang der 70er Jahre bemühte sich die DDR um die sogenannte Diversifizierung, d.h. die Umlenkung von Handelsströmen vom IDH in den übrigen Westhandel. Damit sollte die Abhängikeit vom IDH vermindert werden. Der IDH wuchs daher in den 70er Jahren langsamer als der übrige Westhandel der DDR, dabei muß allerdings berücksichtigt werden, daß mangels Lieferfähigkeit die DDR sich nun bei den westlichen Industrieländern erheblich schneller verschuldete als im IDH. 1980 stand einer Netto-Verschuldung von ca. 10 Mrd. US $ im übrigen Westhandel, im IDH lediglich eine von 4 Mrd. VE (das entsprach dem Wert von 2 Mrd. US $) gegenüber.[27]

Diese wesentlich günstigere Verschuldenssituation gegenüber der Bundesrepublik erlaubte es der DDR, den IDH in der Ende 1981 über sie hereinbrechenden Zahlungsbilanzkrise als Stabilisierungsfaktor einzusetzen. Damals war durch die Zahlungsunfähigkeit Polens und Rumäniens eine Vertrauenskrise auf dem internationalen Bankensektor ausgebrochen, in deren Sog auch die DDR geriet. Sie erhielt weder neue, noch Anschlußkredite (Vgl. Tabelle 4).

Dieser ihrer größten Außenwirtschaftskrise begegnete sie mit einer rigorosen Drosselung ihrer Westimporte. Die Bezüge aus der Bundesrepublik wurden dagegen ausgeweitet. Wahrscheinlich konnte so ein schwerer Kollaps der DDR-Wirtschaft vermieden werden.[28] Ende 1985 hatte der IDH mit 15,5 Mrd. seinen absoluten Höchststand erreicht (Vgl. Tabelle 1).

Seit 1985 schrumpft der IDH. Ende 1988 lag er mit 14 Mrd. DM 1,5 Mrd. unter dem Stand von 1985. Ursache dafür ist die nach wie vor unerfreuliche

---

[27] Vgl. hierzu Maria Haendcke-Hoppe: „Erfolge und Mißerfolge der Außenwirtschaft", in: Die Wirtschaftspolitik der Ära Honecker – ökonomische und soziale Auswirkungen. FS-Analysen der Forschungsstelle für gesamtdeutsche wirtschaftliche und soziale Fragen, Heft 1/1989, S. 51–67.

[28] Vgl. hierzu ausführlich Karl Heinz Groß: „Die innerdeutschen Wirtschaftsbeziehungen", in: Die Wirtschaft der DDR am Ende der Fünfjahrplanperiode, FS-Analysen, Heft 5/1985, S. 27–48.

Warenstruktur, die nicht dem Handel zwischen zwei hochentwickelten Industriestaaten entspricht, sondern eher dem Warenaustausch von Entwicklungsländern.

Statt Fertigerzeugnissen dominierten mit einem Anteil von durchschnittlich 55 vH und mehr in den 80er Jahren die Grundstoffe und Vorprodukte für die Produktionsgüterindustrien. In den Jahren 1982—85 fielen etwa 25 v.H der DDR-Lieferungen im IDH — im übrigen Westhandel sogar 30 vH — allein auf Mineralölerzeugnisse. Etwa 10 vH der Lieferungen sind Agrarprodukte, die insbesondere der Versorgung West-Berlins dienen. Der Lieferanteil der DDR von 25 vH bei Konsumgütern ist ein Ergebnis bundesdeutscher liberaler Bezugspolitik. Mit 10—16 vH ist dagegen der Anteil der Investitionsgüterlieferungen seit Jahrzehnten auf einem besonders niedrigen Stand. Auf der Bezugsseite bewegen sich die Invistitionsgüter mit einem Anteil von weniger als 20 vH ebenfalls auf einem erstaunlich niedrigen Niveau. Diese Tatsache steht im Gegensatz zu der gängigen Behauptung, daß die DDR sich in hohem Maße mit Technologie aus der Bundesrepublik eindeckt. Diese Güter kauft und kaufte die DDR in viel größerem Umfang bei den übrigen westlichen Handelspartnern. Sie nimmt dabei auch Preisnachteile in Kauf.

Die strikte Bilateralität macht den IDH bei praktisch unbegrenzter Lieferfähigkeit der Bundesrepublik abhängig von der Lieferfähigkeit der DDR. Daß es um diese heute schlechter bestellt ist als in früheren Jahren, trat ab 1986 mit drastischer Deutlichkeit zutage. In der ersten Hälfte der 80er Jahre konnte die DDR den Ölpreisboom auf dem Weltmarkt durch den Schwerpunktexport von Mineralölerzeugnissen aus billig erworbenem sowjetischen Rohöl nutzen. Dieses Exportprogramm brach mit dem Verfall des Erdölpreises auf dem Weltmarkt ab Anfang 1986 total zusammen. Bis heute ist es der DDR weder im IDH noch im übrigen Westhandel gelungen, die plötzlich auftretenden Erlöseinbußen aus dem Ölgeschäft, durch den Export anderer wettbewerbsfähiger Erzeugnisse, zu kompensieren. Das Gegenteil ist der Fall. Ihre qualitative und quantitative Wettbewerbsfähigkeit hat sich im Vergleich zur ersten Hälfte der 80er Jahre bei ihren traditionellen Lieferschwerpunkten in der Leichtindustrie verschlechtert. Einmal verlor die DDR durch den sinkenden Dollarkurs die Marktposition, die sie während der Zeit des hohen Dollarkurses den ostasiatischen Schwellenländern, die auf Dollarbasis abschließen, abringen konnte. Zum anderen entspricht das DDR-Angebot nach wie vor durch seinen immer noch nicht überwundenen Standard- und Massencharakter den westlichen Ansprüchen zumeist nicht. In denjenigen Bereichen, in denen DDR-Produkte aufgrund hoher Qualität wettbewerbsfähig sind, so z. B. bei Druckmaschinen, ist wegen der restriktiven Investitionspolitik der 80er Jahre ihr Export-Angebot zu gering.[29]

---

[29] Vgl. hierzu Maria Haendcke-Hoppe, a. a. O., Anm. 27, S. 59 ff.

VI. Die übrigen Wirtschaftsbeziehungen

Neben dem IDH, also dem Waren- und Dienstleistunsverkehr, haben sich im Laufe der Zeit auch andere Formen von Wirtschaftsbeziehungen herausgebildet.

1. Kooperationsbeziehungen

Zwischen der Bundesrepublik Deutschland und der DDR wäre schon aus historischen und geographischen Gründen eine enge Wirtschaftskooperation naturgegeben, tatsächlich ist ihr Umfang aber immer noch enttäuschend. Nach einer Umfrage des Deutschen Instituts für Wirtschaftsforschung (DIW)[30] erwies sich quantitativ die ökonomische Zusammenarbeit stärker als bisher angenommen.[31]

Insgesamt wurden über 1000 abgeschlossene, laufende oder in Verhandlung befindliche Projekte gemeldet. Davon entfielen allerdings 790 allein auf das Verlagswesen; diese Kooperation besteht als einzige schon seit den 50er Jahren. Für die übrigen Bereiche blieben lediglich 250 übrig. Das wertmäßige Volumen der Projekte konnte nicht ermittelt werden, an der Spitze steht die nach westlichem Verständnis zum Warenverkehr rechnende Lizenzproduktion.

Positive Impulse der Zusammenarbeit gehen von den Vereinbarungen während des Besuches von Erich Honecker in der Bundesrepublik aus. Dazu gehören der langfristige Energieverbund unter Einbeziehung von Berlin (West), der Bau eines Touristenhotels (Domhotel) in Berlin (Ost) und die Lieferung und Wartung von drei Airbussen.

Die höchste Kooperationsform, der gemeinsame Produktionsbetrieb (Joint Venture), ist bisher nicht vorhanden. Auf diesem Gebiet bildet die DDR bis heute das Schlußlicht im RGW. Sie hat auch bisher mit anderen westlichen Ländern nicht nur keine Joint Ventures, sondern auch immer noch keine gesetzlichen Voraussetzungen dafür geschaffen.

2. Kreditbeziehungen

Neben dem Warenverkehr spielen üblicherweise finanzielle Beziehungen in zwischenstaatlichen Wirtschaftsbeziehungen eine wichtige Rolle. Die streng bilaterale Konstruktion des IDH erfordert für den Kontenausgleich im Abrech-

---

[30] Horst Lambrecht: „Die DDR als Kooperationspartner", in: DIW-Wochenbericht, Nr. 46/1988, S. 615–622.

[31] Allerdings wurde der sehr weite östliche Kooperationsbegriff zu Grunde gelegt, der u. a. Lizenz- und Gestattungsproduktion sowie gegenseitige Zulieferung einbezieht, was nach westlicher Terminologie nicht Kooperation sondern Warenverkehr ist.

nungsverkehr den Einbau eines gewissen Kreditspielraumes einer zinslosen Überziehungslinie, den sogenannten Swing. Der ursprünglich technische Charakter des Swings, dessen Sockelbetrag ab 1959 auf 200 Mill. VE festgesetzt wurde, erhielt durch die 1967 vorgenommene Dynamisierung politische Dimension. Zunächst betrug er 25 vH der Bezüge aus der DDR. Ab 1976 gelten die in Abständen von fünf Jahren getroffenen Swingabmachungen. Bis 1990 ist er jährlich auf 850 Mill. VE vereinbart.

Da der Swing fast ausschließlich von der DDR in Anspruch genommen wurde, ist er ein traditionelles Förderinstrument des IDH. Seit 1984 hat er allerdings zunehmend an Bedeutung verloren. Während in den 70er Jahren der Ausnutzungsgrad des Swings bis zu 95 vH brtrug und z. B. 1975 noch 18 vH der Bezüge aus der Bundesrepublik Deutschland mittels des Swings finanziert wurden, ist die Auslastung ab Mitte der 80er Jahre ständig gesunken (Vgl. Tabelle 3).

Neben dem Sonderinstrument Swing gibt es Finanzierungsmöglichkeiten durch VE-Kredite zu herkömmlichen Bedingungen. Seitens der Bundesrepublik sind dabei, mit zwei Ausnahmen, in der Vergangenheit nur gebundene Kredite zugunsten der DDR ausgereicht worden, die dem IDH zugute kamen. Das Volumen der Kredite und der Swinginanspruchnahme spiegelt sich im sogenannten kumulierten Passivsaldo gegenwärtig in Höhe von knapp 4,0 Mrd. VE. Im Jahre 1983 und 1984 wurde von dieser bisher strikt eingehaltenen Praxis abgewichen und erstmals je ein ungebundener Finanzkredit in Höhe von 1 Mrd. DM ausgereicht. Dieses Kreditgeschäft wurde zu rein kommerziellen Bedingungen zwischen der Deutschen Außenhandelsbank (DABA) und einem westdeutschen Bankenkonsortium abgeschlossen und über den Euro-Markt abgewickelt.

Da die DDR zu diesem Zeitpunkt, wie oben erwähnt, in der größten Devisenklemme ihrer Geschichte steckte, bedeuteten diese Kredite die Stabilisierung ihrer Zahlungsbilanz und damit die Wiederherstellung ihrer internationalen Kreditwürdigkeit. Die Bürgschaft durch die Bundesregierung bedeutete dabei kaum ein Risiko. Denn über die Laufzeit der Kredite waren erhebliche jährliche Zahlungen für die Benutzung der Transitwege von und nach Berlin (West) in Höhe von 575 Mill. DM zu leisten. Bei Zahlungsverzug der DDR hätten die Banken aus der Transitpauschale befriedigt werden können. Für den IDH haben diese beiden Kredite in konvertibler DM keinerlei Vorteile gebracht, denn die DDR konnte sie überall im westlichen Ausland ausgeben. Tatsächlich hat die DDR in beiden Fällen die Kredite zunächst bei westlichen Banken als Guthabenpolster angelegt, um ihre Bruttoverschuldung zu reduzieren.

VII. Materielle und finanzielle einseitige Transfers

Im Rahmen der Innerdeutschen Beziehungen hat sich eine Kategorie von einseitigen Transfers aus der Bundesrepublik herausgebildet, deren Ursprung nicht ökonomisch, sondern politisch humanitär ist, die aber von fundamentaler ökonomischer Bedeutung für die DDR sind. Armin Volze[32] bezeichnet sie als paraökonomische Beziehungen.

Unter den materiellen Transfers ist der wichtigste und traditionsreichste Bereich der Paket- und Päckchenverkehr. Im Jahre 1980 standen 29 Mill. Sendungen aus der Bundesrepublik lediglich 9 Mill. aus der DDR gegenüber. Hinzu kommen die mitgebrachten Waren von Westbesuchern. Beides zusammen ist jährlich mit einer Größenordnung von 1 Mrd. DM zu veranschlagen.[33]

Seit Beginn der 70er Jahre haben die finanziellen Transfers ständig an Gewicht zugenommen. Sie sind eine Folge des Viermächteabkommens von 1971 und der damit verbundenen verbesserten Reisemöglichkeiten durch die DDR, in die DDR und nach Berlin (Ost).

Dabei müssen öffentliche und private Transfers unterschieden werden. Aus öffentlichen Haushalten fließen der DDR inzwischen jährlich etwa 1 Mrd. DM zu. Der größte Teil entfällt dabei auf die Transitpauschale zur Benutzung der Autobahnen nach und von Berlin (West). In den Jahren 1971–1975 betrug diese jährlich durchschnittlich 188 Mill. DM. In der Zeit von 1980–1990 war sie auf jährlich 575 Mill. DM festgeschrieben.[34] Hinzu kommen Kostenbeteiligungen am Ausbau der Verkehrswege nach Berlin oder die Erstattung von Visagebühren. Aus anderen öffentlichen Haushalten werden Ausgleichszahlungen in VE für Dienstleistungen gezahlt, so von der Bundespost für die stärkere Beanspruchung der DDR-Post.[35]

An dieser Stelle müssen auch die Zahlungen im Rahmen des „Häftlingsfreikaufs" erwähnt werden. Diese vom damaligen Bundesminister für gesamtdeutsche Fragen, Erich Mende, in den 60er Jahren eingeleitete Praxis ist zweifellos fragwürdig, aber diese Fragwürdigkeit hat ausschließlich die DDR zu vertreten. Für die Bundesregierung galt und gilt allein der humanitäre Aspekt. Die Zahlungen werden nicht in konvertibler DM sondern in VE-Gutschriften geleistet.

Von privater Seite fließen der DDR DM-Einnahmen aus dem Mindestumtausch, aus Intershopläden, Devisenhotels sowie nichterstatteten Visa- und Straßenbenutzungsgebühren u. ä. zu. Insgesamt kann gegenwärtig der Zufluß an harter DM in der Größenordnung von 3 Mrd. DM jährlich unterstellt werden.

---

[32] A. a. O., Anm. 1.
[33] Vgl. Materialien zum Bericht der Lage der Nation im geteilten Deutschland 1987, Bundestagsdrucksache 11/11, S. 634.
[34] Ab 1990–1999 beträgt die Transitpauschale jährlich 860 Mill. DM.
[35] VE-Zahlungen können nur im Rahmen des IDH abgerechnet werden.

VIII. Die Vorteilsdiskussion

Der am meisten mit Emotionen beladene Aspekt der innerdeutschen Wirtschaftsbziehungen ist im In- und Ausland die Frage nach den Vorteilen für die DDR-Wirtschaft.[36]

Fest steht, daß der DDR aus dem Sonderstatus des IDH und den sonstigen Sonderbeziehungen mit der Bundesrepublik ökonomische Vorteile erwachsen, die kein anderes RGW-Land hat. Fest steht ebenfalls, daß alle Bundesregierungen seit der Großen Koalition Förderungsmaßnahmen aus oben dargestellten politischen Motiven, die letztlich aus der ungelösten Deutschen Frage resultieren, befürworten. Das aus den unterschiedlichen Motivationen der DDR und der Bundesrepublik resultierende Interessenparallelogramm ist vorläufig auch die Basis für künftige Entwicklungen.

Äußerst schwierig ist die Quantifizierung aller dieser Vorteile für die DDR. Im Hinblick auf den IDH sind hier etliche Versuche unternommen worden, die lediglich spekulativen Modellcharakter haben können. Als Aufhänger gilt die landläufige aber falsche Behauptung, daß die DDR die größten Vorteile aus ihrem Status als „assoziiertes oder 13." Mitglied der EG hat.

Diesen Status hat die DDR nicht! Denn es bestehen immer noch die Zollschranken aller übrigen EG-Länder mit Ausnahme der Bundesrepublik gegenüber dem Drittland DDR.

Zweifellos hat die DDR durch die Zoll- und Abschöpfungsfreiheit sowie die geringere Belastung ihrer Lieferungen durch die Mehrwertsteuer Vergünstigungen, es bleibt aber offen, in welchem Verhältnis diese Präferenzen auch für die Wirtschaft der Bundesrepublik zu Buche schlagen.[37] Durch das EG-Hochpreisniveau bei Agrarprodukten sind die Lieferungen der DDR durch Abschöpfungsfreiheit zwar bevorzugt, ihr Anteil am IDH macht allerdings lediglich 10 vH aus. Da aber die Erstattung für Agrarlieferungen der Bundesrepublik in die DDR ebenfalls wegfallen, sind diese Lieferungen schlechter gestellt, d. h. sie sind teurer als die Ausfuhren der übrigen EG-Länder in die DDR.

Korrekt quantifizieren lassen sich dagegen die Vorteile aus dem einseitig von der DDR in Anspruch genommenen Swing. Dabei wird allerdings häufig im In- und Ausland die falsche Rechnung aufgemacht, daß der Swing in seiner gesamten Höhe jährlich zinslos gewährt wird. Tatsächlich besteht der Vorteil lediglich in der Zinsersparnis für den Ausnutzungsgrad des Swings. Dieser lag aber seit

---

[36] Vgl. Karl Heinz Groß: „Der innerdeutsche Handel ...", a. a. O., Anm. 6, S. 1084, sowie Karl C. Thalheim: „Die Bedeutung der neuen Ostpolitik für die Wirtschaftsbeziehungen der Bundesrepublik Deutschland und der DDR", in: Osthandel in der Krise (Hrsg. Stefan Graf Bethlen), München–Wien, 1976, S. 37.

[37] Vgl. hierzu Siegfried Kupper/Horst Lambrecht: „Die Vorteile aus dem innerdeutschen Handel", in: Deutschland Archiv, Heft 11/1977, S. 1204 ff.

1984 durchschnittlich mit knapp 250 Mill. VE erheblich unter dem vereinbarten Rahmen. Außerdem ist er ein Dauerkredit, der bei Inanspruchnahme erschöpft ist.

Weiterhin muß berücksichtigt werden, daß im Zusammenhang mit der vorletzten Swingvereinbarung ab 1986 eine Einschußpflicht der DDR in Höhe von jährlich 70 Mill. DM vereinbart wurde, um Teilbeträge von Ostmark-Sperrkonten von Bundesbürgern abzulösen und den Kontoinhabern in West-Mark zu überweisen. Die Transfervereinbarung, die informell auch schon vorher bestand, ist zwar wechselseitig, da DDR-Bürger sie aber wegen der ungünstigen Auszahlung 1:1 in der DDR nur beschränkt in Anspruch nehmen, besteht ein erhebliches Ungleichgewicht zu Lasten der DDR.[38]

Abgesehen von der Zinsersparnis des jährlichen genutzten Anteiles des Swings muß festgestellt werden, daß sämtliche Vorteilberechnungen rein hypothetischen Charakter haben und von der falschen Prämisse ausgehen, daß der IDH auch ohne Sonderstatus auf dem bisherigen Niveau verharren würde.[39] Wesentlich wahrscheinlicher ist aber, daß nach Beseitigung des Sonderstatus der Umfang des IDH sich erheblich verringern würde.

Im Gegensatz zur wenig ergiebigen Vorteilsdiskussion des IDH sind die oben geschilderten finanziellen Vorteile aus den Folgeverträgen zum Viermächteabkommen über Berlin unstrittig, annähernd quantifizierbar und von größtem Gewicht.

Das gesamte Bündel von Einnahmen aus diesen „paraökonomisch innerdeutschen Sonderbeziehungen" versetzt die DDR im Gegensatz zu allen anderen RGW-Staaten aufgrund der außenwirtschaftlich hochrelevanten Hartdevisenzuflüsse in eine privilegierte Situation. Die Bewältigung ihrer Zahlungsbilanzkrise in der ersten Hälfte der 80er Jahre wäre ohne die steigenden kontinuierlichen DM-Zuflüsse kaum gelungen.

IX. Fazit und Ausblick

Aus der über 40jährigen Geschichte innerdeutscher Wirtschaftsbeziehungen läßt sich folgendes Fazit ziehen:

---

[38] Vgl. hierzu Hannsjörg F. Buck: „Der innerdeutsche Handel – Bedeutung, Rechtsgrundlage, Geschichte, Organisation, Entwicklung, Probleme und politisch-ökonomischer Nutzen", in: Innerdeutsche Rechtsbeziehungen, Heidelberg 1988, S. 281.

[39] Eine derart hypothetische Bezifferung der Vorteile in Höhe von 500 Mill. US $ nimmt Paul Marer vor: „Economic Policies and Systems in Eastern Europe and Jugoslavia. Commonalities and Differences", in: US-Congress, Joint Economic Committee, East European Economies, Slow Growth in the 1980's Washington DC 1986. Gernot Schneider beziffert die Vorteile aus Zoll- und Abschöpfungsfreiheit sogar auf 1 Mrd. „Die DDR eine lebensfähige und erstrebenswerte Alternative zur Bundesrepublik Deutschland?", in: DDR heute, Nr. 25 März/April 1989, S. 17.

1. Gewichtigster, ältester und stabilster Bestandteil der gesamten innerdeutschen Beziehungen ist der IDH. Mit dem Berliner Abkommen von 1951 war er über viele Jahre der einzige vertraglich geregelte Bereich zwischen beiden deutschen Staaten. Auch heute noch kann dieses Abkommen als „Musterbeispiel für partiellen Interessenausgleich unter besonders schwierigen Bedingungen" charakterisiert werden.

2. Schon allein im Hinblick auf die Interessen Berlins sollte auch in Zukunft das Berliner Abkommen sorgfältig gehütet werden. In der Vergangenheit haben sich experimentelle Vorstellungen über Umgestaltung und sogenannte Modernisierung im Zuge eines umfassenden Wirtschaftsabkommens mit der DDR als untauglich erwiesen.
Auch die nach dem Honecker-Besuch von 1987 begonnenen Gespräche zur Bildung einer gemischten Kommission zur weiteren Entwicklung der Wirtschaftsbziehungen sind recht schnell in einer Sackgasse gelandet, weil die bisher unangefochtene Position von Berlin (West) als Verhandlungsort in Gefahr geriet.[40]

3. Abgesehen von Statusfragen Berlins würde eine Veränderung der rechtlichen Grundlagen des IDH die bisherige Tolerierung der Sonderbeziehungen durch die EG-Partner höchstwahrscheinlich hinfällig machen. Das wäre weder im Interesse der DDR noch der Bundesrepublik Deutschland.

4. Die Einsicht in die Untauglichkeit des IDH als politisches Druckmittel hat — dank der Förderung durch alle Bundesregierungen seit Ende der 60er Jahre — unbeschadet des politischen Klimas zu relativ kontinuierlichem und stabilem Wachstum geführt.
Für die DDR ist der IDH sozusagen das Standbein im Westhandel. Für die Bundesrepublik Deutschland ein wichtiger, lange Zeit der wichtigste Teil der Deutschlandpolitik.

5. Trotz vorteilhafter Rahmenbedingungen als in der Vergangenheit, ist der IDH in den letzten drei Jahren geschrumpft. Seine herkömmlichen Wachstumschancen scheinen erschöpft. Äußerer Anlaß ist die Preisentwicklung für Mineralölerzeugnisse seit 1986. Innere Ursache ist die Unfähigkeit der DDR-Wirtschaft, ihre deformierte Exportwarenstruktur wettbewerbsfähig zu gestalten.
Die zukünftige Entwicklung der innderdeutschen Wirtschaftsbeziehungen hängt entscheidend von der Überwindung der oben erwähnten anhaltenden Schwäche der DDR-Wirtschaft ab. Eine der zukünftigen Herausforderungen ist der EG-Binnenmarkt nach 1992.[41] Der Sonderstatus des IDH wird de jure vom

---

[40] Zur „sonderstatusfeindlichen" Rolle der Gemischten Kommission vgl. auch Horst Lambrecht: „Weiterhin unbefriedigende Entwicklung im innerdeutschen Handel?", in: DIW-Wochenbericht Nr. 11/1988, S. 156 f.

[41] Vgl. hierzu Fritz Homann: „Innerdeutscher Handel und EG-Binnenmarkt", in: Deutschland Archiv, Heft 3/1989, S. 301–308.

EG-Binnenmarkt nicht tangiert.[42] De facto wird sich aber das gesamte Umfeld verändern. Durch den Abbau von Handelsschranken ist einerseits mit einer erheblichen Nachfragesteigerung zu rechnen, die sich auf Drittländer positiv auswirken kann. Andererseits wird der Wettbewerbsdruck erheblich verschärft. Das ist in Wirtschaftskreisen der DDR durchaus erkannt.[43] Ohne entscheidenden Strukturwandel und ein reformiertes Wirtschaftssystem kann die DDR diese und andere Herausforderungen nicht bestehen.

Tabelle 1: Entwicklung im Innerdeutschen Handel 1949–1988[a]

Jahr	Umsatz in Mrd. DM/VE	DDR-Lieferungen in Mrd. DM/VE	DDR-Bezüge in Mrd. DM/VE
1949[b]	0,43	0,21	0,22
1950	0,80	0,41	0,39
1955	1,15	0,59	0,56
1960	2,08	1,12	0,96
1965	2,47	1,26	1,21
1970	4,41	2,00	2,41
1975	7,26	3,34	3,92
1980	10,87	5,58	5,29
1981	11,63	6,05	5,58
1982	13,02	6,64	6,38
1983	13,83	6,88	6,95
1984	14,15	7,74	6,41
1985	15,54	7,64	7,90
1986	14,29	6,84	7,45
1987	14,05	6,65	7,40
1988	14,02	6,79	7,23

a) Einschließlich Berlin (West) und Berlin (Ost). – b) Ab 12.5.1949.
Quellen: Für 1949 Fritz Federau: „Der Interzonenhandel Deutschlands von 1946 bis Mitte 1953", Viertes Heft. Ab 1955 Statistisches Bundesamt Fachserie F/Reihe 6, später Fachserie 6/Reihe 6.
Statistische Erhebungen für den IDH werden beim Statistischen Bundesamt und beim Bundesministerium für Wirtschaft gemacht. Beide Erhebungen weichen aus methodischen Gründen voneinander ab.

---

[42] Horst Lambrecht: „Innerdeutscher Handel: Expansionsmöglichkeiten nutzen, in: DIW-Wochenbericht Nr. 10/1989, S. 102 ff.
[43] Vgl. Dr. Karl-Heinz Arnold: „Export ist und bleibt für uns eine Lebensfrage", in: Berliner Zeitung (Ost) vom 15.2.1989.

Tabelle 2: Regionalstruktur des DDR-Außenhandels

	Anteile am Umsatz in vH					
	1976/80	1981/85	1985	1986	1987	1988
Insgesamt	100	100	100	100	100	100
Sozialistische Länder	69	66	66	67	69	69
darunter						
UdSSR	35	38	39	39	39	37
übrige RGW-Länder	31	25	25	26	28	32
Westliche Industrieländer	26	29	29	29	27	28
davon						
IDH	.	11	11	11	12	13
übrige	.	18	18	18	15	15
Entwicklungsländer	5	5	5	4	4	3

Quellen: Statistische Jahrbücher der DDR. Berechnungen zum Anteil des IDH vgl. Maria Haendcke-Hoppe „Außenwirtschaft und Außenwirtschaftsreform – Umbau ohne Offenheit –", in: Glasnost und Perestrojka auch in der DDR? Schriftenreihe der Forschungsstelle für gesamtdeutsche wirtschaftliche und soziale Fragen, Bd. 3, 1988, S. 82/83.

Tabelle 3: Der Swing im IDH
Höhe, Inanspruchnahme und Finanzierungsanteil 1968–1988

Jahr	Swing	Durchschnittliche Inanspruchnahme	Finanzierungsanteil der DDR-bezüge
	Mill. VE	in vH	in vH
1968	200	68	9
1969	260	75	12
1971	440	94	16
1975	790	90	18
1976	850	92	18
1980	850	88	14
1981	850	80	12
1982	850	68	9
1983	770	71	8
1984	690	31	3
1985	600	29	2
1986	850	22	2
1987	850	47	5
1988	850	31	4

Quelle: Hansjörg F. Buck, „Der innderdeutsche Handel – Bedeutung, Rechtsgrundlage, Organisation, Entwicklung, Probleme und politisch-ökonomischer Nutzen", in: Innerdeutsche Rechtsbeziehungen, Schriftenreihe der Deutschen Richterakademie, Bd. 4, Heidelberg 1988, S. 280 und 282, 1987 und 1988 nachrichtlich.

Tabelle 4: Westverschuldung der DDR

	in Mrd. US $				
OECD[a]	1981	1985	1986	1987[b]	1988
Bankkredite	10,7	10,2	12,2	14,2	15,7
Lieferantenkredite	1,6	1,6	1,9	2,0	1,6
Bruttoverschuldung	12,3	11,8	14,1	16,2	17,3
Guthaben	-2,2	-6,5	-7,4	-9,0	-9,9
Nettoverschuldung	10,1	5,3	6,7	7,2	7,4
	Mrd. VE				
Kumulierter Passivsaldo im IDH	3,7	3,5	4,1	4,2	<4

a) Bekannte Verschuldung (ohne innerdeutsche Transaktionen). — b) Anstieg z. T. durch Talfahrt des US $ entstanden.

Quellen: BIZ Quartalsbericht Mai 1989 — BIS/OECD-Statistics on external indebtedness Juli 1989 — Pressemitteilungen des BMWi

Thesen

1. Die Wirtschaftsbeziehungen zwischen den beiden deutschen Staaten (innerdeutsche Wirtschaftsbeziehungen) bestehen in allererster Linie aus dem Waren- und Dienstleistungsverkehr, dem *Innerdeutschen Handel (IDH)*. Der innerdeutsche Handel — früher Interzonenhandel, als Handel zwischen der sowjetischen und den übrigen Besatzungszonen — ist ein Unikum ohne Parallele. Er wird auf der Basis des noch heute gültigen *Berliner Abkommens von 1951* abgewickelt. Wichtigstes Kriterium des Abkommens ist sein *Geltungsbereich für Währungsgebiete* und nicht für politische Einheiten. Dadurch sind Berlin (West) und Berlin (Ost) automatisch einbezogen. Der Handel ist streng bilateral, er wird auf der Basis von Verrechnungseinheiten (VE) abgewickelt.

2. Der *Sonderstatus des IDH* — den die DDR sich bemüht zu leugnen — ist international abgesichert. Sowohl 1951 im GATT durch das Protokoll von Torquay, als auch im Zusatzprotokoll der Römischen Verträge bei der Gründung der EWG 1957. Die DDR hat dadurch *nicht*, wie häufig aber falsch behauptet wird, den Status eines *Quasi-EG-Mitgliedes*, denn die Zollschranken zu den übrigen EG-Ländern bestehen weiter.

3. Die *Interessen* der beiden deutschen Staaten am IDH sind *unterschiedlich motiviert*. Für die Bundesrepublik Deutschland stehen die politischen Motive im Vordergrund. Dazu gehört vor allem die *Klammerfunktion* des IDH zwischen beiden deutschen Staaten sowie die Sicherung des *freien Zugangs nach Berlin* (West).
Für die DDR hat der IDH handfeste ökonomische Bedeutung. Er wird dort im Gegensatz zur Bundesrepublik als Außenhandel definiert. Die Bundesrepublik ist in der Regel nach der UdSSR der zweitgrößte Handelspartner.

4. Die Entwicklung des IDH verlief schwankend und wurde von *politischen Ereignissen beeinflußt*. Ende der 60er Jahre erhielt er kräftige Impulse durch *Förderungsmaßnahmen* der Bundesrepublik (Dynamisierung des Swings, Mehrwertsteuerregelung u. ä. mehr). Nach der diplomatischen Anerkennung durch den Westen in der ersten Hälfte der 70er Jahre bemühte sich die DDR ihren Westhandel zu Lasten des IDH schneller auszuweiten. Die dadurch entstandene *prekäre Hartdevisenverschuldung* führte aber zu Beginn der 80er Jahre zu einer schweren Zahlungsbilanzkrise. Durch die wesentlich günstigere Verschuldungssituation im IDH, konnte dieser als *entscheidender Stabilisierungsfaktor* der DDR-Wirtschaft eingesetzt werden.

5. Die *Warenstruktur* des IDH entspricht dem hohen *industriellen Niveau* der beiden deutschen Staaten *nicht*. Der Anteil der *Grundstoffe und Produktionsgüter* dominiert. Die DDR bezieht nicht, wie häufig behauptet, in bedeutendem Umfang Technologie aus der Bundesrepublik, sondern kauft diese in viel größerem Umfang bei den übrigen westlichen Handelspartnern.

6. Neben dem IDH spielen andere Wirtschaftsbeziehungen (Kooperationen) eine untergeordnete Rolle. Von herausragender Bedeutung sind die *Finanzbeziehungen*. Dabei handelt es sich vor allem um *einseitige Bartransfers* aus der Bundesrepublik, die aus den Folgeverträgen des Berliner Viermächteabkommens von 1971 resultieren. Dazu gehören Zahlungen aus den öffentlichen Haushalten so z. B. die *Transitpauschale* und übrige DM-Einnahmen so z. B. aus dem *Zwangsumtausch*.

7. Der DDR erwachsen aus der Sonderstellung der innerdeutschen Wirtschaftsbeziehungen ökonomische *Vorteile*, die kein anderer RGW-Staat hat. Die Vorteile aus dem IDH sind dabei schwer zu quantifizieren. Die finanziellen Transfers in Höhe von inzwischen 2,5–3 Mrd. DM jährlich sind für die DDR-Wirtschaft von fundamentaler Bedeutung.

8. Die *Perspektive* der innerdeutschen Wirtschaftsbeziehungen hängt entscheidend von der Wettbewerbsfähigkeit der DDR-Wirtschaft ab. Der IDH hat mit seiner unbefriedigenden Warenstruktur anscheinend seine Wachstumsgrenze erreicht. Insbesondere auch im Hinblick auf die Herausforderung der 90er Jahre (EG-Binnenmarkt) ist eine nachhaltige qualitative und quantitative *Erhöhung der Konkurrenzfähigkeit* der DDR-Produkte zwingend. Der dreijährige Schrumpfungsprozeß des IDH und des übrigen Westhandels der DDR hat allerdings diese, bereits auf dem letzten Parteitag der SED von 1986 postulierte, handelspolitische Dringlichkeit konterkariert.

Manfred Ackermann

DIE KULTURBEZIEHUNGEN SEIT ABSCHLUSS DES KULTURABKOMMENS

Eine aktuelle Stellungnahme und Einschätzung

I.

Die kommunistisch regierten Staaten haben sich seit dem „Kalten Krieg", insbesondere die DDR seit dem Bau der Mauer, in den verschiedensten Lebensbereichen in einen Prozeß zunehmender Selbstisolierung verstrickt. Sie wurden dazu durch den Westen nicht gezwungen, obwohl dies ideologisch teilweise so begründet wird. Sie haben diese Haltung selbst gewählt, weil sie geglaubt haben, daß es für ihr Politikziel des Aufbaus einer neuen Ordnung die adäquateste Form der Verwirklichung wäre.

Wir beobachten zur Zeit einen atemberaubenden Prozeß in umgekehrter Richtung: Die kommunistische Welt erkennt, so wie bisher kann es nicht weitergehen. Sie muß sich öffnen, d.h. verändern. Sie muß sich nach (West-)Europa, nach Westen hin öffnen, wenn sie eine Chance in der Systemauseinandersetzung haben will. Dies ist die wichtigste Voraussetzung, um Kulturpolitik über die Grenze, insbesondere die Grenze in Deutschland, gestalten zu können. Denn der Transport von Ideen, Meinungen, Kenntnissen kann natürlich nur gelingen, wenn beide Seiten bereit sind zur Kommunikation.

Erstes Fazit: Wir haben es mit einem Prozeß der Öffnung des Ostens zu tun. Er betrifft alle kommunistischen Staaten, wenn auch unterschiedlich; auch die DDR ist davon betroffen.

II.

Unter den besonderen Bedingungen in Deutschland hat dieser Öffnungsprozeß ganz spezifische Aspekte für die DDR. Dieser Staat ist in einer nicht einfach mit Polen oder Ungarn gleichzusetzenden Lage. Eines der Hauptdiskussionsthemen bei uns ist zur Zeit die Frage, warum die DDR sich nicht der Gorbatschowschen Vorgabe von Glasnost und Perestrojka anschließt. Zunächst ist die Feststellung einer Verweigerung über weite Strecken richtig, aber dennoch ist hier eine deutliche Alternativanmerkung zu machen: Auch in der DDR ist ein Prozeß der Öffnung, aber eben auf DDR-Weise, zu beobachten.

Sicher öffnet sich die DDR nicht in dem Maße, wie die Bevölkerung das wünscht. Sicher auch nicht in dem Maße, wie viele Leute bei uns – mich eingeschlossen – glauben, daß es notwendig und ohne „Gefahr" riskiert werden könnte. Dennoch: Auch die DDR nimmt teil an dem Öffnungsprozeß; sie ändert langdauernde Verhaltensweisen.

Zwei Dinge scheinen mir für die Kultur besonders wichtig. Das eine ist die erhebliche, millionenfach praktizierte, Verbesserung der Reise- und Besuchsmöglichkeiten für DDR-Bürger. Im wesentlichen zwar auf den bekannten Regelungen für Verwandte beruhend, ist aber die Prognose nicht abwegig, daß es im Zuge der Verwandtenreisen gar nicht zu umgehen sein wird, die funktionellen Träger des Staates, seien sie nun im Wirtschaftsbereich, Verkehrsbereich, Kulturbereich, Wissenschaftsbereich usw., langfristig auch sehr viel mehr in den Westen reisen zu lassen. Heute schon ist der Punkt erreicht, wo die Finanzen eine Rolle spielen, und nicht mehr nur die förmliche Genehmigung. Damit ist gemeint: Normalisierung kündigt sich als Möglichkeit an, denn Finanzfragen bei der Gestaltung von Kultur sind übliche normale Probleme.

Der Reise- und Besuchsverkehr hat sich in den letzten Jahren in einem nicht erwarteten Maße ausgeweitet und meine Prognose lautet: Die DDR wird sich – wenn auch nicht ohne Rückschläge – noch weiter öffnen.

Ein zweiter Aspekt ist für die Kultur langfristig ebenso wichtig, denn Bewegung allein ist nicht alles: Wir sind eine Konkurrenzgesellschaft. Kultur ist in vieler Hinsicht ein freiwilliges Geben und Nehmen. Mit staatlichen Verordnungen ist relativ wenig zu erreichen. Wenn Langeweile herrscht, bricht ein Kontakt ab.

Nicht nur die Reisemöglichkeiten, sondern auch die kulturpolitische Linie der DDR hat sich verändert. Ohne daß die DDR für uns interessanter, vielschichtiger, lebendiger geworden wäre, hätte der Öffnungsprozeß kaum kulturpolitischen Sinn gehabt. Insofern bedingt sich beides. Die DDR ist für uns inhaltlich wichtiger geworden, weil es für die Führung der DDR heute möglich scheint, viele Dinge zu dulden, die sie vor einiger Zeit nicht gestattet hätte. Dies gilt für die eigene Produktion wie für die von außen importierte.

Beispiel: Als 1981 in der Ständigen Vertretung in Berlin (Ost) aus einer Düsseldorfer Sammlung im sogenannten Gartenhaus eine kleine Ausstellung mit Josef Beuys inszeniert wurde, dachte man, „sie" werden doch hoffentlich dem Beuys die Einreise nicht verweigern, wenn er im Wagen des Leiters der Ständigen Vertretung kommt. Was auch nicht passierte. Zur Ausstellungs-Eröffnung sind einige Spezialisten eingeladen worden und dazu kamen zahlreiche andere, die von dem Ereignis gehört hatten. Wenige Jahre später, 1988, gab es dann eine „offizielle" öffentliche Beuys-Ausstellung in der Akademie der Künste, im Marstall direkt neben dem Staatsratsgebäude, später in Leipzig.

Insgesamt ist wohl unstrittig, daß sich die kulturpolitische Linie der DDR deutlich verbreitert hat. Vielfältigere Formen in der eigenen Szene werden zugelassen, z. B. in der bildenden Kunst. Aber dies gilt auch für andere Bereiche und für das, was man in das Land hereinläßt. Erwähnen will ich hier nur zwei besonders wichtige Bereiche: Geschichte und Religion.

III.

Die Führung der DDR hätte die Öffnung nach Westen ohne größere Komplikationen nicht länger hinausschieben dürfen. Und zwar im wesentlichen aus drei Gründen:

Erstens gab es intern eine spürbare kritische Masse unter den Kulturschaffenden, die mit ihrer Lage, mit ihrem Staat und mit dem Verhältnis Staat – Kunst in hohem Maße unzufriedener wurden. Stichwort: X. Schriftstellerkongreß 1987, Frage der Zensur, die Beiträge von Günter de Bruyn oder Christoph Hein. Inzwischen gibt es seit dem 1.1.1989 eine neue „Zensurregelung", wonach das Genehmigungsverfahren heruntergestuft ist vom Ministerium auf die Verlage. Dies war eine der Forderungen auf dem Schriftstellerkongreß. Über das übliche Maß der in der DDR seit ihrer Gründung ertragenen Unzufriedenheit hinaus war hier Kritik angewachsen. Verloren gingen für die Sache „der" Partei eine Vielzahl von Personen, die früher doch dem System zumindest noch eine Chance geben wollten. Ob sie zurückgewonnen werden, bleibt abzuwarten.

Zweitens gab/gibt es einen relativen Rückstand im eigenen Lager. Dies ist konkret die Frage, die wir zur Zeit aktuell diskutieren: Gorbatschow und die DDR – verstärkt durch das, was in den letzten Jahren in Ungarn und in Polen geschah. Die DDR hat z. Z. kulturpolitischen Gleichklang nur mit der Tschechoslowakei und Rumänien. Sie hatte diesen natürlich bis zum Auftreten Gorbatschows auch mit der Sowjetunion, aber wenn man im engeren Sinne Mitteleuropa nimmt, dann muß man konstatieren, die DDR rutschte in den vorletzten Wagen des Geleitzuges ab. Das ist für den am meisten westlich liegenden Staat des kommunistischen Lagers mit national offener Flanke auf Dauer offensichtlich eine nicht haltbare Position.

Die DDR hat drittens anders als andere kommunistisch regierte Staaten einen starken Bedarf an internationaler Reputation. Als Staat lange nicht zur Kenntnis genommen, oder sogar bekämpft, muß die Führung besorgen, daß sie auch im internationalen KSZE-Kontext der Ost-West-Entspannung nicht das letzte Rad am Wagen bleibt und damit auf ganz neue Weise zum Störenfried wird.

IV.

Wir reden hier über 40 Jahre innerdeutsche Beziehungen. Letztlich verläuft die Geschichte der DDR auch immer im Kontakt mit uns. Eine Entwicklung kann innerdeutsch nur reüssieren, wenn beide Staaten im gewissen Maße mitspielen. Am bedeutsamsten für den Fortgang der Diskussion war die Tatsache, daß mit dem Regierungswechsel 1982 in Bonn eine bundesinterne Entspannung insoweit eingetreten ist, als bis dahin die Deutschlandpolitik und natürlich auch die Betrachtung der kulturpolitischen Szene der DDR und der Kulturbeziehungen stark im Schlagschatten der deutschlandpolitischen Auseinandersetzungen standen. Vereinfacht: Die Anhänger der sozialliberalen Koalition begrüßten Auftritte von DDR-Künstlern und -Wissenschaftlern, und die Anhänger der christlich-demokratischen Opposition blieben eher skeptisch, weil sie hinter einem solchen Auftritt – wenn es sich nicht um Dissidenten handelt – eine „kommunistische" staatliche Genehmigung sahen u. a. m. Wenn man von den Randzonen absieht, die es in jeder normalen Gesellschaft gibt, dann besteht heute ein ganz breiter Konsens zwischen den die Politik unseres Staates seit Jahren tragenden Parteien: Wir wollen einen positiven Versuch der Kooperation mit Kunst, Kultur, Wissenschaft und Bildung aus der DDR machen.

Diese offene Einstellung hat dazu geführt, daß mehr die Sache selbst, der Inhalt, in den Vordergrund rückte. Es wird gefragt, ist das fachlich gut oder schlecht, was jemand aus der DDR macht. Wir merken das auch in den Rückzugsgefechten, wenn DDR-Künstler in Talk-Shows sich mit Recht beklagen, daß sie quasi immer als Staatsfunktionäre behandelt werden. Denn natürlich haben auch DDR-Künstler ein Recht, nicht ständig nach der Mauer gefragt zu werden. Sie wollen über ihre Kunst, ihre wissenschaftliche Arbeit sprechen.

V.

Die Internationalität unserer Gesellschaft ist bereits so normal geworden, daß man eine gewisse Ermüdung im „Internationalismus" konstatieren kann. Die Problematik „Deutschland" steht dadurch weniger im fachlichen Abseits. Unser deutschlandpolitisches Verfassungsziel ist zwar bekannt, aber in der täglichen Arbeit gibt es andere Fragen, die seit langem im Mittelpunkt stehen. Die Diskussion über Deutschland, die deutsche Frage, die innerdeutschen Beziehungen, die DDR ist neu entdeckt worden und mit einem teilweise besorgten Unterton ins Zentrum vieler Gespräche gerückt.

Davon hat auch die Kultur aus der DDR profitiert. Beispiel „Bildende Kunst": Der Westen hat alle Stile durchprobiert, und wer auf die westdeutschen Kunstmessen geht, muß sich mit Recht fragen, ob nun 1985 war oder schon 1990 ist, im Prinzip ist das irgendwie gleichgültig. Die Rückbesinnung auf Geschichte und Herkunft findet deshalb wieder mehr Interesse. Es ist nicht mehr so notwendig, jede Detail-Bewegung von L. A. oder NYC ganz genau nachvollziehen zu müssen. In diesem Trend entdeckt man u. a. die DDR, weil sie auf eine ganz andere Weise an Traditionen, an Deutschland, an deutsche Verhaltensweisen anknüpft und in diesem Punkte durchaus einiges zu bieten hat. Etwas weniger Hektik wird nun nicht nur als langweilig abgetan, sondern positiv in die eigene Auseinandersetzung, in die Debatte über Kunst und Kultur, einbezogen. Die sächsischen Knabenchöre, die seit über 700 Jahren in Leipzig oder Dresden singen, müssen ja auch nicht auf dem Altar einer neuen Kunstmode oder von Glasnost geopfert werden. Sie können ruhig über 700 Jahre weiter singen.

Für viele Menschen, die fortlaufend an Veränderungen teilhaben, ist das auch beeindruckend, wie in Sachsen unter vielfältigen, wechselnden politischen Pressionen eine Kulturlandschaft — wie in einem Naturschutzpark — teilweise sich erhalten hat. Das stellen z. Z. viele Leute hier fest und das trägt, je mehr es professionell gut gemacht wird, je weniger es ideologisch ist. Auch das, neben der genannten innenpolitischen Komponente des Regierungswechsels, trägt dazu bei, daß DDR-Kultur sehr viel positiver gesehen wird.

VI.

Heute wird wieder sehr viel breiter über „Kultur-Nation" diskutiert, in beiden deutschen Staaten und darüber hinaus. Auch diejenigen sind beteiligt, die diese Frage für belanglos gehalten haben. Im intellektuellen Milieu gibt es viele, die sagten: „Was geht mich die Nation an? Ich bin Europäer und Weltbürger." Sie werden über die DDR auf eine ganz neue Weise mit „Nation" konfrontiert, weil die DDR alles andere als international ist, sondern auf eine altertümlich-liebenswerte und auch verstaubte Weise deutsch bleibt. Wenn ein ostdeutscher und ein westdeutscher Künstler zusammenkommen und sie vergleichen ihre Arbeit, führt das oft dazu, daß die Westdeutschen auch wieder über „deutsch" nachsinnen. In der internationalen Bundesrepublik, Datum 1992, hilft die DDR uns auch dabei, wieder mehr zu uns selbst zu finden. Dies wird hoffentlich dazu führen, daß wir uns ein bißchen gelassener in den europäischen Einigungsprozeß einbringen können und nicht als Teilhaber, der etwas versäumt hat.

Von DDR-Seite wird man damit konfrontiert, daß eine Berücksichtigung des gemeinsamen Deutschseins ein Aspekt sei, der die ganze, in Gang gekommene Kooperation wieder „kaputt" mache. Wir empfinden diese Erfahrung stimulierend, als das Besondere im innerdeutschen Kulturaustausch, als etwas, das anregend sein kann für die eigene Produktivität. Außerhalb von uns wird es überwiegend als Belastung gesehen, auch bei den jeweiligen Bündnispartnern, aber vor allem in der offiziellen DDR.

VII.

Die Bundesrepublik Deutschland und die Deutsche Demokratische Republik haben eine Phase des Lernens vor sich und müssen ganz praktisch proben, wie sie jetzt miteinander auskommen können. Bei der täglichen konkreten Arbeit ist unübersehbar, daß der Teilungszeitraum zu unterschiedlichen Verhaltensweisen bei der Lösung von Sachproblemen geführt hat. Jeder Beteiligte ist jeden Tag mindestens 3x versucht, wegen unüberwindlich scheinender Hindernisse die Flinte ins Korn zu werfen. Auch die Kultur zwischen beiden deutschen Staaten kann aber (noch) nicht ohne administrative Unterstützung kooperieren.

Die gesellschaftlichen Grundstrukturen passen nicht mehr ohne weiteres ineinander. Diese Unterschiede beginnen bei den Zuständigkeiten: Länder-Kulturhoheit steht gegen Zentralkompetenz. Der ökonomische Staatsmonopolismus der DDR steht gegen teilindividualisierte Mittelverantwortung. Flexible Veränderungswünsche sind im Fünfjahrplan nicht vorgesehen. Es gibt Schwierigkeiten, der Kultur einigermaßen „funktionierbare" Räume zu ermöglichen. Die praktische zwischenstaatliche Arbeit kann Unvorhergesehenes und Nicht-Geplantes nicht vorplanen und Kunst lebt natürlich von Spontaneität.

Wir sind ein Experimentierfeld hier in Deutschland und müssen hier Formen der Kooperation entwickeln, die beiden Systemen angemessen sind und dennoch lebensnah bleiben. Das geht nur, wenn staatliche Verwaltung sich inhaltlich zugunsten der Sache zurückhält. Inwieweit das in der DDR politisch durchzusetzen ist, bleibt eines der Hauptdiskussionsthemen zwischen Kulturschaffenden und Staats- und Parteifunktionären. Jeder aber, der sich für die kulturelle Situation in der DDR interessiert, kann erkennen, daß in den letzten Jahren eine Entkrampfung in Gang gekommen ist.

Ein Beispiel dafür ist die zunehmende Bedeutung (normaler) ökonomischer Vorgaben bei der Realisierung von Kultur, verbunden mit einer Reduzierung des politischen Faktors. Die ökonomische Enge der DDR macht sich gerade wegen der zunehmenden Kommunikationsdichte verständlicherweise stärker auch in der Kultur bemerkbar, und die Kulturleute setzen sich bislang leider nicht durch. Es hat sich — entgegen offiziösen Behauptungen — noch nicht herumgesprochen, daß mit Kultur auch Staat zu machen ist; „Staat" nicht nur nach außen, das ist der Führung der DDR wohlbekannt, sondern im Innern. Diese Haltung gründet in der grundsätzlichen Unterbewertung des Dienstleistungsbereich schon bei Marx und prägt sich heute so aus, daß im Konfliktfall „Kultur" oft nur als disponierbare Dekoration mißverstanden wird. Beim X. Kongreß der bildenden Künstler im November 1988 hat das im kritischen Beitrag des Verbands-Sekretärs deutlich seinen Ausdruck gefunden. Auch in der DDR von heute geht es nicht nur um „Raum", sondern um „mehr Geld" für Kultur.

Langfristig werden die ökonomische Enge und theoretische Unterbewertung das Hauptproblem sein. Der innerdeutsche Kulturaustausch kann dazu beitragen, die Bedeutung von Kultur überhaupt in der innenpolitischen Situation der DDR zu stärken, weil wir — und zwar Regierung und Bevölkerung — als Bundesrepublik Deutschland einen hohen Imagewert haben. Wir sollten mehr Kunst und Wissenschaft aus der DDR bei uns verbreiten und umgekehrt uns in die DDR bringen, um damit die Bedeutung von Kultur zu heben und ihr im Rahmen der ökonomischen Auseinandersetzung beim inneren Verteilungskampf, den Rücken zu stärken. Das gilt immer auch umgekehrt für uns selbst.

VIII.

Bei Diskussionen über das Kulturabkommen ist zu spüren, daß eine gewisse Verwirrung eingetreten ist, was man alles mit dem Abkommen machen kann und welche Wege praktikabel sind und welche nicht. Wenn wir in einer gegenseitigen Lernphase sind, in einer Phase der Erprobung, dann impliziert das Schonung und gegenseitige Respektierung. Dagegen wird Reserve und Ungeduld, teilweise Intoleranz, spürbar. Menschen denen es nicht schnell genug geht, hat es immer gegeben. Es gibt auch handfeste Gründe, zu sagen: „DDR, nun mach es mal ein bißchen einfacher".

Drei Gruppen von Kritikern sind zu unterscheiden:

a) „Orthodoxe". Wenn jemand aus der DDR versucht, „unideologisch" zu argumentieren, dann haben einige bei uns große Probleme, es ihm/ihr zu gestatten. Auch wir müssen lernen, der DDR/"dem Osten" offener zuzuhören, nicht nur im Bereich von Kunst und Wissenschaft. Wenn jemand wirklich sachlich, fachlich, professionell argumentiert, dann dürfen wir dies nicht zudecken mit politischen Klischees und pseudoanteilnehmenden Fragen, ob sich das eigentlich noch mit „dem" Sozialismus verträgt usw. Wir müssen den einzelnen Personen mehr Chancen einräumen gegen die noch immer behaupteten Bilder „der" DDR.

Eine große Hilfe ist hier die Bildung eines neuen Stils in der UdSSR. Es ist heute oft schon so, daß eine bestimmte sowjetische Äußerung nur in einem bestimmten Kontext zu werten ist und endlich nicht jeder Sowjetkünstler für die gesamte Sowjetunion sprechen muß/sprechen kann. In Polen ist das längst so, und in der DDR ist das am Entstehen.

Mancher bei uns zögert nun, eine solche Differenzierung mitzumachen und hebt — weil einfacher damit umzugehen ist — jede Äußerung auf die offiziöse Stellvertreter-Ebene: „Er/Sie spricht nicht für sich, sondern man spricht durch ihn."

Umgekehrt gibt es einen Diskussionsprozeß in der DDR, ob man sich nicht durch den Kulturaustausch in zu weitem Maße öffnet und damit unverbindlich, liberal, individuell usw. wird, wenn jeder nur für sich (und keiner mehr für die DDR) steht.

b) Wir haben eine kritische Diskussion über den Kulturaustausch mit einigen ehemaligen DDR-Bürgern. Diese haben Bedenken gegen „Staatskünstler" oder „Staatswissenschaftler", die sich nicht selten von früher persönlich kennen. Sicher gibt es berechtigte Skepsis gegen zuviel Staat auf beiden Seiten, aber Kulturaustausch ist nicht zu arrangieren durch beinharte Vorgaben, wer von der jeweils anderen Seite daran teilnehmen darf und wer nicht. Man wird langfristig voneinander lernen müssen, wird mehr Kenntnisse des Gegenübers haben müssen, um da zwischen fachlich guten Persönlichkeiten und anderen zu unterscheiden. Auf die Dauer kann man dies hoffentlich den Marktmechanismen überlassen. Qualität wird hoffentlich beständig sein, und Scharlatane gibt es überall, sie werden nur aus verschiedenen Quellen gespeist.

c) Es gibt neue Formen von Unduldsamkeit an den politischen Rändern. Am signifikantesten sind Alternative, die sich wundern, warum im Kulturabkommen nicht die Kulturoperation zwischen der Kreuzberger-Szene und der Prenzlauer Berg-Szene formal und finanziell abgesichert wird. Sicher ist das ein Schwachpunkt staatlich vermittelter Kulturkooperation: Der Drang zur Mitte und das Bewegen in etablierten, professionellen Bahnen. Jedes Abkommen hat irgendwo sein Ende, und bestimmte kulturelle Äußerungsformen bei uns und in der DDR sind da kaum reinzupacken. Sie müssen ihre eigenen Wege gehen. Das halte ich auch für zumutbar.

IX.

„Kultur" ist bekanntlich mehr als Kunst. Gesprochen wird viel zu einseitig über Künstler. Von den Zahlen her sollten diese aber nur etwa 40 % der Kooperation ausmachen, dazu 40 % Wissenschaft und 20 % Bildungswesen. Bei der Bewertung des ganzen Vorgangs sind Fachvoten erforderlich, ohne den politischen Gesamtzusammenhang zu vergessen. Dann wird man feststellen, wo man gut vorangekommen ist und wo nicht. In der bildenden Kunst und bei vielen Wissenschaften sind wir gut vorangekommen. In der Literatur weniger gut, aus vielen Gründen, auch weil Schriftsteller persönlicher entscheiden, was sie machen, welche Bücher sie wo veröffentlichen. Das kann ein Bildhauer nur sehr viel schwieriger, ein Architekt kaum.

Es gibt Probleme für jene, die nicht „Experten" und nicht „Profis" sind. Profis und Experten sind unabdingbar, aber nach unserer Auffassung genügt das nicht und wir müssen nach dieser ersten Lernphase Wege öffnen für die Halbprofis und Amateure. Denn das wäre ein Fehlverständnis von Kultur, wenn nur jene betroffen sein sollten, die das beruflich betreiben. Einen Weg dazu könnten Städtepartnerschaften aufzeigen. Oft werden leider nur durch Spitzenkönner Anregungen gegeben, die sich dann nicht verallgemeinern lassen. Aber die Landschaft ist in Bewegung und erfreulicherweise äußert die Regierung der DDR zwar eindeutige Wünsche in Richtung Profis, geht aber auch davon aus, daß jetzt gefundene Kooperationsformen keinen Ausschluß anderer, neuer bedeuten müssen.

X.

In den letzten drei Jahren hat es in der DDR und in der Bundesrepublik Deutschland zwischen Künstlern, Wissenschaftlern, interessierten Bürgern ungezählte Begegnungen gegeben, die vielen Leuten persönlich Freude gebracht haben. Dem Publikum und den Akteuren selbst. Wir müssen für einen längeren Zeitraum die Kraft haben, Kulturaustausch möglichst überall, über Unterschiede und Differenzen hinweg für Profis, Halbprofis, Amateure, Interessierte in Gang zu bringen. Wir brauchen heute nicht mehr viele neue Verträge, sondern wir müssen möglichst viele Leute bei uns und in der DDR dazu bringen, die Möglichkeiten der bestehenden Verträge zu nutzen, auch wenn das mühselig sein kann, und miteinander zu kommunizieren. Fünf Bereiche sind meines Erachtens dabei besonders wichtig: Kultur, Wissenschaft, Wirtschaft, Ökologie und Verkehr.

Im Kulturbereich wurde das bestehende Abkommen in der relativ kurzen Zeit durchaus genutzt, um aus der bloßen Papierform herauszukommen. Wenn nichts Außergewöhnliches passiert, wird sich dieser Prozeß weiter fortsetzen. Dabei sollten beide Seiten gegenüber manchen kulturellen Äußerungsformen des anderen Toleranz zeigen. DDR-Künstler müssen nicht, weil sie Deutsche sind, die gleichen kulturellen Äußerungsformen wie wir praktizieren und gutfinden. Insoweit kann im Kulturbereich aus der unterschiedlichen staatlichen Verfassung auch ein positives Moment der beiderseitigen Bereicherung entstehen in einem ökonomisch gleichförmiger werdenden Welt dürfen wir darauf nicht verzichten. Wir Deutschen angesichts unserer besonderen nationalen Lage schon gar nicht.

Thesen

1. In den kommunistisch regierten Staaten Europas ist ein Prozeß der Öffnung gegenüber dem Westen in Gang gekommen. Nach und nach wird in den verschiedensten Bereichen die Selbst-Isolierung abgebaut.
2. Von besonderer Bedeutung für die Kulturbeziehungen zur DDR sind dabei die Verbesserungen im Reise- und Besuchsverkehr und die Verbreiterung der kulturpolitischen Linie (z. B. Diskussion um Tradition und Erbe).
3. Die Lockerung ist positiv zu bewerten, aber sie war überfällig: Leistungsabfall (relativ zum Westen) durch fehlende Kontakte nach außen verstärkte intern die Unzufriedenheit vieler Kulturschaffender. Blockpolitisch geriet die DDR in den Rückstand (z. B. gegenüber Ungarn, Polen und − seit dem Amtsantritt Gorbatschows − teilweise gegenüber der Sowjetunion). International entsprach die restriktive Linie nicht mehr dem Standard der Ost-West-Beziehungen (KSZE-Absprachen).
4. In der Bundesrepublik Deutschland wurde die Öffnung durch eine Image-Verbesserung für Kultur aus der DDR gefördert. Nach dem Regierungswechsel in Bonn und der Orientierung der DDR zu mehr Professionalität werden kulturelle Kontakte nicht von Fragen des innenpolitischen Streits über die Deutschlandpolitik überschattet, sondern die Sache selbst rückt in den Vordergrund.
5. Als Kontrast-Bild „deutscher" Prägung kam für bestimmte kulturelle Leistungen der DDR in der Bundesrepublik Deutschland Sympathie auf. Kultur aus der DDR wurde vor dem Hintergrund der Internationalisierung im Westen (in Europa) interessant und anregend. Die Leistungen der Kulturschaffenden aus der DDR erfuhren, unbeschadet der erkennbaren Probleme hinsichtlich inhaltlicher Variabilität und materieller Beschränktheit, Anerkennung wegen ihrer traditionsbezogenen Sorgfalt, Solidität und Dauerhaftigkeit.
6. In der Folge kommt es zu einer für den jeweiligen kulturellen Fachbereich spezifischen Bewertung der besonderen Situation der Deutschen nach 1945. Jahrhundertealte Überlieferungen und aktuelle Bedingungen der deutschen Kultur-Nation wurden neu empfunden und diskutiert. Entsprechend den politisch stark divergierenden Systemen wird dieser Bezug in West-Deutschland als motivierend, dagegen in Ost-Deutschland für die weitere Öffnung als eher störend interpretiert.
7. Bei der praktischen Umsetzung von geschlossenen Abkommen hat ein gegenseitiges Lernen begonnen. Die Grundstrukturen des Kulturaustausches sind gesellschaftspolitisch extrem unterschiedlich: Finanzmittel und Kapazitäten, Bürokratien, Politische Vorgaben, Zentrale Institutionen − Länderkompetenz, ökonomischer Staatsmonopolismus − Kommerz usw. müssen wechselseitig ausgeglichen werden, bis eine praktische Zusammenarbeit zustandekommt.

8. Beide Seiten sind mehr und mehr bereit, vielfältige Formen (individuell, institutionell, kommerziell, territorial, staatlich und nichtstaatlich) zu tolerieren. Die Möglichkeiten befinden sich im Stadium der Erprobung; dabei ist es erforderlich, sich wechselseitig bei Empfindlichkeiten zu schonen. Diese Respektierung von unterschiedlichen Interessen findet auf beiden Seiten nicht überall Zustimmung (Einbeziehung von alternativen Kulturaktivitäten?, ehemalige Bewohner der DDR? Liberalisierung des „Sozialistischen Realismus"?). Partiell gibt es neue Formen der Unduldsamkeit und Ungeduld. Dennoch ist die Zustimmung zur Gesamtentwicklung weit verbreitet.

9. Ausgehend von dem weiten Kulturbegriff des Abkommens ist die Zusammenarbeit nicht auf allen Gebieten gleich weit vorangekommen. Im Bereich der Profi-Kunst gibt es gravierende Fortschritte (z. B. in der bildenden Kunst; schwieriger: Literatur). In anderen Bereichen gibt es Experten-Besuche, aber nur wenig gemeinsame Arbeit (Wissenschaft). Einige, insbesondere jüngere Bürger sind von der Entwicklung ausgespart (Schüler, Lehrlinge). Volks- und Laienkunst bleiben unterrepräsentiert.

10. Jenseits der Abstrahierungen (s. o. Nr. 1 bis 9) ist festzuhalten: Zahllosen Bürgern in beiden Staaten hat der Kulturaustausch konkret erfahrbar Freude gemacht!

Gilbert Gornig

DIE INNERDEUTSCHEN STÄDTEPARTNERSCHAFTEN

Eine rechtliche Würdigung

I. Einleitung

Die ersten Versuche, Kontakte auf partnerschaftlicher Ebene mit Städten in der DDR anzustreben, gehen auf den Beginn der achtziger Jahre zurück. Zunächst hatte sich aber die DDR in dieser Frage große Zurückhaltung auferlegt. Partnerschaftsvorschläge des Innerdeutschen Ministeriums wurden von der Führung der DDR stets negativ oder überhaupt nicht beantwortet. Schließlich wurden von der DDR Vorleistungen verlangt, die die Kommunen in der Bundesrepublik Deutschland aus rechtlichen und politischen Gründen nicht erfüllen konnten. Zu diesen Forderungen gehörten etwa die Anerkennung einer DDR-Staatsbürgerschaft, die Aufnahme offizieller Beziehungen zwischen der Volkskammer der DDR und dem Deutschen Bundestag sowie die Abschaffung der Zentralen Erfassungsstelle in Salzgitter.[1]

Als jedoch im Anschluß an den Besuch des saarländischen Ministerpräsidenten Lafontaine beim Staatsratsvorsitzenden der DDR Honecker die erste Partnerschaftsbeziehung zwischen Saarlouis und Eisenhüttenstadt[2] im April 1986 vereinbart wurde, war keine dieser Forderungen erfüllt. Städtepartnerschaften zwischen Städten in der Bundesrepublik Deutschland und der DDR sollten jedoch eine „Ausnahmeregelung" bleiben. Gleichwohl hat sich seit dieser Zeit das Verhalten der Behörden der DDR grundlegend gewandelt.[3] Bis Ende 1988 wurden über 40 innerdeutsche Städtepartnerschaftsabkommen geschlossen; allerdings fanden sich Partnerstädte in der DDR oftmals erst, nachdem sich Politiker aus der Bundesrepublik Deutschland für eine Partnerschaft eingesetzt

---

[1] Vgl. Franz Reinhard Habbel: „In Geduld üben", in: Städte- und Gemeindebund 1987, S. 236 ff.; Walter Leitermann: Deutsch-deutsche Städtepartnerschaften, in: Der Städtetag 1988, S. 172 ff.

[2] Text: Städte- und Gemeindebund 1987, S. 247 f.

[3] Zur Entwicklung vgl. Der Städtetag 1988, S. 387; Habbel (Anm. 1), Städte- und Gemeindebund 1987, S. 236 ff.; Leitermann (Anm. 1), Der Städtetag 1988, S. 172 ff.; Jürgen Wohlfarth: Anmerkungen zu deutsch-deutschen Städtepartnerschaften, in: Verwaltungsrundschau 1988, S. 229 ff.; Kommunalpolitische Blätter 1988, S. 292 ff., sowie Königsteiner Kreis-Mitteilungsblatt 1988, Nr. 1, S. 6 ff.

hatten.[4] Heute haben über 700 Gemeinden, Städte und Kreise der Bundesrepublik Deutschland ihr Interesse an einer innerdeutschen Partnerschaft bekundet.

Die innerdeutschen Städtepartnerschaftsabkommen unterscheiden sich wesentlich von den Vereinbarungen, mit denen Kommunen oder nichtstaatliche Gebietskörperschaften in der Vergangenheit immer wieder versucht haben, eine Lösung ihrer gebietsbezogenen oder grenzüberschreitenden Probleme zu erreichen. Es fehlt nämlich weitgehend an regionalen Bezügen und an der Bereitschaft der Partner, spontane, staatlich nicht reglementierte Praktiken zuzulassen. Vielmehr wird die westdeutsche Partnerstadt von der Staatsführung der DDR ausgesucht[5] und vor Abschluß des Abkommens gründlich durchleuchtet. Der Staatssicherheitsdienst trifft die Auswahl der Delegationsmitglieder und bestimmt, welche Personen nach Westen reisen dürfen; Äußerungen der Delegationsmitglieder werden zensiert.[6] Bei den Vertragsverhandlungen versucht die DDR ferner in großem Umfange, staatspolitische Zielsetzungen zu verwirklichen. Inhaltlich unterscheiden sich die Partnerschaftsabkommen demzufolge von denjenigen mit Städten westlicher Staaten durch ihren hochpolitischen Inhalt. In den Präambeln nehmen sie häufig zu konkreten, zumeist noch kontroversen Fragen der Deutschlandpolitik Stellung.

Bei den Beziehungen deutscher Kommunen mit Städten des westlichen Auslands[7] sind niemals grundsätzliche Rechtsfragen aufgetaucht. Es war nicht notwendig, die Grenzen des gemeindlichen Selbstverwaltungsrechts bei den Auslandskontakten der Kommunen näher zu präzisieren. Es erschien selbstverständlich, daß bei der Anbahnung freundschaftlicher Beziehungen zwischen den Gemeinden der Bürger im Mittelpunkt des Geschehens stehen sollte. Erst die seit 1976 zwischen Kommunen in der Bundesrepublik Deutschland und in der Volksrepublik Polen abgeschlossenen Städtepartnerschaftsverträge sowie die innerdeutschen Städtepartnerschaftsabkommen[8] haben Probleme besonderer Art deutlich werden lassen.

Die rechtliche Würdigung der innerdeutschen Städtepartnerschaftsabkommen berührt viele Bereiche des Rechts. Eine völkerrechtliche Betrachtung ist wegen des grenzüberschreitenden Charakters anzustellen. Die besondere Rechts-

---

[4] Vgl. Leitermann (Anm. 1), Der Städtetag 1988, S. 173.
[5] Vgl. auch Wohlfarth (Anm. 3), S. 230.
[6] Vgl. F. Paul Schwakenberg: Immer mehr Kontakte zur DDR, in: Der Gemeinderat 1987, S. 34.
[7] Heute gibt es allein mit Frankreich nahezu 1300 Städtepartnerschaften; vgl. hierzu Holger Mirek: Glanz und Elend der Städtepartnerschaften, in: Dokumente. Zeitschrift für den deutsch-französischen Dialog 1987, S. 413 ff., sowie Städte- und Gemeindebund, H. 10, 1987, S. 585.
[8] Vgl. auch Gilbert Gornig: Staats- und Völkerrechtliche Probleme beim Abschluß von Partnerschaften zwischen Kommunen in der Bundesrepublik Deutschland und Kommunen in den Staaten des Warschauer Pakts, insbesondere in den Gebieten des Deutschen Reiches und in früheren deutschen Siedlungsgebieten, in: Literaturspiegel 1989, S. 1 ff.

lage Deutschlands verlangt eine Beschäftigung mit den speziellen, die deutsche Frage regelnden Rechtsnormen. Schließlich ist insbesondere das Verfassungsrecht und das Kommunalrecht der beiden Staaten in Deutschland als Maßstab heranzuziehen, geht man der Frage nach, ob die Kommunen überhaupt die Kompetenz zu derartigem Handeln im zwischenstaatlichen Bereich haben.[9]

II. Rechtscharakter der Vereinbarungen

Zunächst ist zu prüfen, ob die getroffenen Vereinbarungen zwischen den Partnerstädten dem internationalen oder dem innerstaatlichen Recht unterstehen.

Für den völkerrechtlichen Charakter der Vereinbarungen könnte der Bezug zu einem anderen Staat und der Phänotypus der Abkommen mit einer umfangreichen Präambel,[10] einem operativen Teil und einer Schlußklausel,[11] die häufig der völkerrechtlicher Verträge ähnelt, sprechen.

---

[9] Vgl. auch Gilbert Gornig: Die rechtliche Bewertung der innerdeutschen Städtepartnerschaftsverträge, in: Königsteiner Kreis-Mitteilungsblatt 1988, Nr. 1, S. 13 ff.

[10] So heißt es in der Vereinbarung über die Städtepartnerschaft zwischen Eisenhüttenstadt, Stadt in der Deutschen Demokratischen Republik, und der Kreisstadt Saarlouis, Stadt in der Bundesrepublik Deutschland, in der Präambel:
„Die Stadt Eisenhüttenstadt und die Kreisstadt Saarlouis vereinbaren auf der Grundlage des Beschlusses der Stadtverordnetenversammlung von Eisenhüttenstadt vom 26. Februar 1986 und des Beschlusses des Rates der Kreisstadt Saarlouis . . ., geleitet von dem Wunsch, einen Beitrag zum Frieden und zu normalen, gutnachbarlichen Beziehungen zwischen der Deutschen Demokratischen Republik und der Bundesrepublik Deutschland zu leisten sowie zur Förderung der Freundschaft und Zusammenarbeit zwischen den Bürgern beider Städte eine Städtepartnerschaft.
Beide Städte wollen im Rahmen ihrer Möglichkeiten das Streben der Völker nach Frieden und Sicherheit, nach Abrüstung, Entspannung und Zusammenarbeit unterstützen. Sie treten dafür ein, daß das Wettrüsten in allen Bereichen beendet bzw. verhindert wird. Es ist ihre Absicht, in diesem Sinne den politischen Dialog zwischen den Bürgern beider Partnerstädte zu fördern und ungeachtet unterschiedlicher gesellschaftlicher Auffassungen mit allen Kräften für eine friedliche Zukunft und für das Wohl der Menschen zu wirken.
In Übereinstimmung mit diesen Zielen und im Geiste der Prinzipien der friedlichen Koexistenz, die in der Schlußakte der Konferenz von Helsinki über Sicherheit und Zusammenarbeit enthalten sind, gemäß dem Vertrag über die Grundlagen der Beziehungen zwischen der Bundesrepublik Deutschland und der Deutschen Demokratischen Republik, der die gegenseitige Respektierung der staatlichen Souveränität, die Gleichberechtigung und die Nichtdiskriminierung in den Beziehungen zwischen den beiden deutschen Staaten beinhaltet, sowie zum Zwecke des gegenseitigen Kennenlernens und zur Herstellung freundschaftlicher Beziehungen zwischen den Bürgern beider Städte vereinbaren die Vertragspartner: . . .".

[11] So heißt es in Art. 4 der Vereinbarung über die Städtepartnerschaft zwischen Wuppertal in der Bundesrepublik Deutschland und Schwerin in der Deutschen Demokratischen Republik:
„(1) Diese Vereinbarung bedarf der Zustimmung der Stadtverordnetenversammlung der Stadt Schwerin und des Rates der Stadt Wuppertal. Sie tritt mit dem Tag in Kraft, an dem beide Seiten unterzeichnet haben.

Es bestehen andererseits aber Bedenken an der völkerrechtlichen Qualität der Vereinbarungen, weil Städte und nicht Staaten gehandelt haben. Hier ist aber wiederum zu untersuchen, ob die völkerrechtliche Qualität der Verträge dadurch entstanden ist, daß die Städte im Auftrag oder gar mit Ermächtigung des Staates diese Abkommen geschlossen haben. Schließlich taucht bei den innerdeutschen Städtepartnerschaften die Frage auf, ob es denn zwischen den beiden Staaten in Deutschland überhaupt völkerrechtliche Beziehungen geben kann.

1. Unterliegen die Vereinbarungen dem Völkerrecht

Unter einem völkerrechtlichen Vertrag verstehen wir eine ausdrückliche oder durch konkludente Handlungen zustandegekommene, vom Völkerrecht bestimmte, bewußte und gewollte Willenseinigung zwischen zwei oder mehreren Völkerrechtssubjekten, in denen sich diese zu bestimmten Leistungen, Duldungen oder Unterlassungen verpflichten.[12]

Wesentliche Begriffsmerkmale jedes völkerrechtlichen Vertrages sind daher zum einen die Völkerrechtssubjektivität der Vertragspartner,[13] zum anderen die Absicht der Parteien, ihre Abmachungen dem Völkerrecht zu unterstellen.[14]

a) Völkerrechtssubjektivität von Gemeinden

Bei Städtepartnerschaftsabkommen stellt sich als erstes die Frage, ob denn Städte überhaupt Völkerrechtssubjekte sind. Dies ist ganz klar zu verneinen. Völkerrechtssubjekte sind in erster Linie souveräne Staaten. Im Laufe der Geschichte sind zwar noch andere Rechtssubjekte zur Erfüllung neuer Bedürfnisse des internationalen Lebens in den Kreis der Völkerrechtssubjekte aufgenommen worden – so wurden schon im frühen Mittelalter der Heilige Stuhl, seit dem Ende des vorigen Jahrhunderts verschiedene internationale Organisationen, in unserem Jahrhundert das Internationale Komitee vom Roten Kreuz und seit

---

(2) Diese Vereinbarung wird für unbestimmte Zeit geschlossen. Sie kann von jeder der beiden Seiten gekündigt werden; in einem solchen Fall verliert sie nach Ablauf von 3 Monaten vom Tag der Zustellung der Kündigung an die andere Seite ihre Gültigkeit."

[12] Vgl. Alfred Verdross/Bruno Simma: Universelles Völkerrecht, 3. Aufl., Berlin 1984, § 534; Friedrich Berber: Lehrbuch des Völkerrechts, 2. Aufl., München 1975, S. 440.

[13] Vgl. unten I.1.a).

[14] Vgl. Hierzu Art. 2 Abs. 1 lit. a der Wiener Konvention über das Recht der Verträge vom 23.5.1969 (deutscher und englischer Text: BGBl. 1985 II, S. 927 ff.); dort heißt es: „... an international agreement ... governed by international law." Im Kommentar der International Law Commission (ILC) zum Art. 2 des Entwurfs von 1966 heißt es: „... the element of intention is embraced in the phrase, governed by international law ...". Vgl. ILC-Yearbook 1966 II, S. 189.

1930 der Souveräne Malteser-Ritterorden als nichtstaatliche Völkerrechtssubjekte anerkannt –, nicht jedoch die Kommunen.[15]

b) Ermächtigung der Gemeinden

Die von den Städten abgeschlossenen Vereinbarungen könnten aber eventuell dadurch völkerrechtliche Qualität erlangen, daß die Städte von ihren Staaten zum Abschluß ermächtigt worden sind.

aa) Allgemeine Ermächtigung

Eine allgemeine Ermächtigung zum Abschluß eines völkerrechtlichen Vertrages liegt jedoch nicht vor.

α) Rechtslage in der Bundesrepublik Deutschland

Das Grundgesetz der Bundesrepublik Deutschland kennt zwar eine sehr ausgeprägte Form der Dezentralisierung der auswärtigen Gewalt. So räumt Art. 32 Abs. 2 GG den Ländern ein Mitspracherecht bei bestimmten Verträgen des Bundes ein, nach Art. 32 Abs. 3 können die Länder Verträge mit auswärtigen Staaten in dem Umfang abschließen, in welchem ihnen die ausschließliche oder konkurrierende Gesetzgebungsbefugnis eingeräumt ist.[16] Für Gemeinden trifft das Grundgesetz jedoch keine entsprechende Regelung.

Eine analoge Anwendung des Art. 32 Abs. 3 GG auf Gemeinden mit dem Ziel, ihnen ein Vertragsschlußrecht im Bereich der Gemeindehoheit einzuräumen, ist ausgeschlossen, da nach der Rechtsprechung des Bundesverfassungsgerichts die Kompetenznormen des Grundgesetzes nicht extensiv ausgelegt werden dürfen.[17]

β) Rechtslage in der Deutschen Demokratischen Republik

In der DDR leitet gemäß Art. 76 Abs. 3 der Verfassung der Ministerrat die Durchführung der Außenpolitik der Deutschen Demokratischen Republik entsprechend den Grundsätzen der Verfassung.[18]

---

[15] Vgl. Berber (Anm. 12), Bd. 1, S. 162 ff., 173; Verdross/Simma (Anm. 12), §§ 404 ff.; Füßlein, in: Karl Heinz Seifert/Dieter Hömig (Hrsg.): Grundgesetz für die Bundesrepublik Deutschland, 1982, Art. 32 Rdnr. 6; vgl. ferner Bericht der Enquete-Kommission des Deutschen Bundestages, BT-DS 7/5924, S. 232.

[16] Vgl. Dieter Blumenwitz: Der Schutz innerstaatlicher Rechtsgemeinschaften beim Abschluß völkerrechtlicher Verträge, München 1972, S. 82 ff.

[17] Vgl. VBerfGE 2, S. 347 ff. (374 f.) zum Kehler Hafenabkommen. Dort (S. 375) heißt es, „für Verträge mit fremden öffentlich-rechtlichen Gebilden, die nicht Staaten oder staatenähnlich sind, enthält das Grundgesetz keine Bestimmungen. Weder die Vorschriften über die völkerrechtliche Vertretung der Bundesrepublik Deutschland noch über die Bildung des Bundeswillens beim Abschluß von Staatsverträgen des Bundes (Art. 59 GG) tref-

158　Gilbert Gornig

γ) Ergebnis

Es besitzen also weder die Städte in der Bundesrepublik Deutschland noch die Städte in der DDR eine – partikuläre – Völkerrechtssubjektivität.[19] Es fehlt den Gemeinden die verfassungsrechtliche Kompetenz, auf internationaler Ebene aufzutreten, und zudem die völkerrechtliche Anerkennung,[20] um als partikuläres Völkerrechtssubjekt international in Erscheinung zu treten.

bb) Ausdrückliche Ermächtigung

Es ist aber durchaus möglich, daß sich zwei Staaten einigen, ihren Kommunen im Verhältnis zueinander eine völkerrechtliche Vertragsfähigkeit einzuräumen. Mit einer solchen ausdrücklichen Ermächtigung würden die Staaten als Rechtsinhaber den Städten als den Ermächtigten die Befugnisse verleihen, im eigenen Namen einen völkerrechtlichen Vertrag abzuschließen.

Die Bundesrepublik Deutschland und die DDR haben ihre jeweiligen Kommunen jedoch nicht ausdrücklich ermächtigt, auf der Ebene des Völkerrechts miteinander zu verkehren. Wegen der vom Völkerrecht geforderten Rechtsklarheit[21] hinsichtlich des Vorliegens eines Völkerrechtssubjekts hätte es zudem der Form eines Mantelvertrages oder Dachvertrages der Staaten bedurft,[22] um den Gemeinden eine völkerrechtliche Vertragsfähigkeit zu übertragen. Eine solche Regelung erfolgte weder im Grundlagenvertrag noch im Kulturabkommen mit der DDR.[23]

---

fen auf sie zu und ebensowenig die Bestimmung des Art. 32 Abs. 3 GG, welche den Abschluß von Staatsverträgen eines Landes einer Kontrolle des Bundes unterwirft."

[18] Vgl. auch Art. 77 Verfassung der DDR vom 6. April 1968 in der Fassung des Gesetzes zur Ergänzung und Änderung der Verfassung vom 7. Oktober 1974 (Text: GBl. DDR 1968 I, Nr. 8, S. 199 ff.; 1974 I, S. 432 ff.). Gemäß Art. 76 Abs. 3 der DDR-Verfassung leitet der Ministerrat die Durchführung der Außenpolitik der Deutschen Demokratischen Republik entsprechend den Grundsätzen der DDR-Verfassung.

[19] Partikuläre Völkerrechtssubjektivität besitzt ein Gebilde dann, wenn es nur von einigen anderen Völkerrechtssubjekten als Völkerrechtssubjekt anerkannt ist.

[20] Vgl. hierzu Eberhard Menzel/Knut Ipsen: Völkerrecht, 2. Aufl., München 1975, S. 136 ff.

[21] Vgl. Dieter Blumenwitz: Die deutsch-polnischen Städtepartnerschaftsabkommen im Lichte des Staats- und Verfassungsrechts, 1980, S. 19; ders.: Zur Rechtsproblematik von Städtepartnerschaftsabkommen, in: BayVBl. 1980, S. 193 ff.

[22] So wird im Schrifttum gefordert, die grenzüberschreitenden Aktivitäten von Nichtvölkerrechtssubjekten durch den Abschluß eines Rahmenvertrages zwischen den beteiligten Staaten zu lösen. Dieser Rahmenvertrag soll es den beteiligten Staaten ermöglichen, Teile der Vertragsausführung Gebietskörperschaften zu übertragen, die dann ihrerseits als Vertreter der Vertragspartner oder in eigener Verantwortung und im eigenen Namen handelnd die jeweiligen Ausführungsabkommen schließen. Vgl. Helmut Strebel: Völkerrechtliche Komponenten innerstaatlicher Zuständigkeit, in: ZaöRV, Bd. 33 (1973), S. 152 ff. (164), Anm. 11; Ondolf Rojahn, in: Ingo von Münch (Hrsg.): Grundgesetz-Kommentar, Bd. 2, 2. Aufl., München 1983, Art. 32 Rdnr. 35; Michael Bothe: Rechtsprobleme grenzüberschreitender Planung, in: Archiv des öffentlichen Rechts, Bd. 102, S. 68 ff. (74).

c) Vertretung durch die Gemeinden

Es wäre ferner denkbar, daß die Städte in Vertretung der jeweiligen Regierungen gehandelt haben, wenn sie schon zum Abschluß völkerrechtlicher Verträge im eigenen Namen nicht befugt sind.

Die Städte hatten jedoch keine ausdrückliche Vollmacht[24] zu einem derartigen Handeln. Diese ist den Städten auch nicht stillschweigend übertragen worden. Allein aus der staatlichen Billigung der Städtepartnerschaftsabkommen kann keine Vertretungsmacht hergeleitet werden.[25]

Die Vertretung verlangt ferner die Abgabe der Willenserklärung im Namen des Vertretenen. Es muß ein erkennbares Handeln im fremden Namen vorliegen. Ein solches Handeln im fremden Namen läßt sich aber weder den Partnerschaftsabkommen noch den Umständen entnehmen.

Es bliebe damit allein die Konstruktion einer verdeckten Stellvertretung.[26] In diesem Fall macht der Vertreter gegenüber dem Dritten nicht deutlich, daß die Rechtsfolgen des Geschäfts nicht ihn, sondern den Geschäftsherrn treffen. Eine solche verdeckte Stellvertretung ist jedoch bei völkerrechtlichen Verträgen nicht möglich. Dies bestätigt auch das Bundesverfassungsgericht in seiner Entscheidung zum Kehler Hafenabkommen.[27]

---

[23] Vgl. Vertrag zwischen der Bundesrepublik Deutschland und der DDR über die Grundlagen der Beziehungen vom 21. Dezember 1972 (Text: BGBl. 1973 II, S. 432 f.) sowie Abkommen zwischen der Regierung der Bundesrepublik Deutschland und der Regierung der Deutschen Demokratischen Republik über kulturelle Zusammenarbeit vom 6. Mai 1986 (Text: BGBl. 1986 II, S. 710 f.). Dasselbe gilt für die Verträge zwischen der Bundesrepublik Deutschland und der Volksrepublik Polen über die Normalisierung ihrer Beziehungen vom 7. Dezember 1970 (Text: BGBl. 1972 II, S. 362 f.) und über kulturelle Zusammenarbeit vom 11. Juni 1976 (Text: BGBl. 1977 II, S. 1489 f.) sowie für den Vertrag über die gegenseitigen Beziehungen zwischen der Bundesrepublik Deutschland und der Tschechoslowakischen Sozialistischen Republik vom 11. Dezember 1970 (Text: BGBl. 1974 II, S. 990 ff.), deren beiderseitiges Kulturabkommen vom 19. Juli 1966 (Text: BGBl. 1967 II, S. 1210 ff.) und deren Vertrag über kulturelle Zusammenarbeit vom 11. April 1978 (Text: BGBl. 1979 II, S. 940 f.).

[24] Vgl. Art. 2 lit. c Wiener Vertragskonvention (Text: BGBl. 1985 II, S. 927 ff.): danach bedeutet „Vollmacht" eine vom zuständigen Organ eines Staates errichtete Urkunde, durch die einzelne oder mehrere Personen benannt werden, um in Vertretung des Staates den Text eines Vertrags auszuhandeln oder als authentisch festzulegen, die Zustimmung des Staates auszudrücken, durch einen Vertrag gebunden zu sein, oder sonstige Handlungen in bezug auf einen Vertrag vorzunehmen".

[25] Vgl. § 7 Abs. 1 lit. b Wiener Vertragsrechtskonvention.

[26] Vgl. auch Blumenwitz (Anm. 21), BayVBl. 1980, S. 195.

[27] Vgl. BVerfGE 2, S. 347 ff. (374); das Bundesverfassungsgericht entschied, daß es sich beim Kehler Hafenabkommen zwischen dem Lande Baden und dem von Frankreich ermächtigten Port Autonome de Strasbourg vom 19. Oktober 1951 nicht um einen Vertrag zwischen der Bundesrepublik Deutschland und Frankreich handele, da verdeckte Stellvertretung bei Vertragsschlüssen im völkerrechtlichen Verkehr nicht denkbar sei.

d) Quasi-völkerrechtliche Verträge

Schließlich können — nach umstrittener Ansicht — auch quasi-völkerrechtliche Verträge[28] eine Völkerrechtssubjektivität der nichtstaatlichen Vertragsparteien begründen,[29] wenn die Abkommen internationales Recht für anwendbar erklären. Quasi-völkerrechtliche Verträge sind Verträge, die zwischen einem Staat und einer ausländischen Gesellschaft eingegangen werden.

Diese Abkommen sind grundsätzlich weder Verträge, die der Rechtsordnung eines Staates unterstehen, noch völkerrechtliche Verträge, da sie nicht zwischen Völkerrechtssubjekten abgeschlossen werden. Sie sind einer von den Parteien geschaffenen Rechtsordnung — nämlich der von ihnen vereinbarten lex contractus — unterstellt.[30]

Beziehungen der Kommunen auf quasi-völkerrechtlicher Ebene scheitern aber schon daran, daß diese koordinationsrechtliche Sonderrechtsordnung nur von einem iure imperii handelnden Völkerrechtssubjekt geschaffen werden kann. Da Städte keine Völkerrechtssubjekte sind, können sie schon deshalb keine quasi-völkerrechtlichen Verträge eingehen. Auf die weiteren Voraussetzungen, der Absicht der Parteien, den Vertrag zu internationalisieren und ihn in der lex contractus dem Völkerrecht zu unterwerfen, kommt es daher gar nicht mehr an.[31]

Abschließend ist also festzustellen, daß die Vereinbarungen nicht dem Völkerrecht unterworfen sind.

2. Unterliegen die Vereinbarungen dem innerstaatlichen Recht

Da die Vereinbarungen nicht dem Völkerrecht unterliegen, ist zu prüfen, ob sie etwa dem innerstaatlichen Recht der betroffenen Staaten unterworfen sind.

a) Anwendung des Rechts eines der beiden Staaten

Zunächst ist es möglich, die Verträge dem Recht eines der beteiligten Staaten zu unterstellen. Grundsätzlich ist es statthaft, daß die Gemeinde eines

---

[28] Vgl. hierzu Alfred Verdross: Die Sicherung von ausländischen Privatrechten aus Abkommen zur wirtschaftlichen Entwicklung mit Schiedsklauseln, in: ZaöRV, Bd. 18 (1957/58), S. 635 ff. (639 ff.); Julio A. Barberis: Nouvelles questions concernant la personnalité juridique international, vol. 179 (1983 I), S. 145 ff. (189 ff.).

[29] So heißt es im Schiedsspruch im Falle Texaco/Calasiatic v. Libya, International Law Reports, vol. 53, S. 458: „(S)tating that a contract between a State and a private person means that for the purposes of interpretation and performance of the contract, it should be recognized that a private contracting party has specific international capacities." Vgl. ferner Verdross/Simma (Anm. 12), § 429.

[30] Vgl. Verdross (Anm. 28), in: ZaöRV, Bd. 18 (1957), S. 635 ff. (638).

[31] Vgl. Verdross/Simma (Anm. 12), §§ 4, 429.

Staates mit der eines anderen Staates gemäß dem Recht des einen oder anderen Staates einen Vertrag schließt. Dieser Vertrag kann — soweit die Unterscheidung überhaupt nach dem betreffenden Recht gemacht wird — privatrechtlicher oder öffentlich-rechtlicher Natur sein.

aa) Privatrecht

Im Falle der Städtepartnerschaftsabkommen liegen privatrechtliche Verträge schon deshalb nicht vor, weil die Stadtoberhäupter beim Abschluß der Vereinbarungen erkennbar hoheitlich handeln.[32] Die Städtepartnerschaftsabkommen können daher nicht als private nachbarschaftliche Kontakte gedeutet werden. Das Zivilrecht der Bundesrepublik Deutschland bzw. der DDR wird daher jedenfalls nicht als Maßstab heranzuziehen sein.

bb) Öffentliches Recht

Da hoheitliches Handeln vorliegt, die Gemeinde also in ihrer Eigenschaft als Behörde handelt, könnte ein öffentlich-rechtlicher Vertrag gegeben sein. Im Rahmen des Staats- und Verfassungsrechts findet eine Kooperation zwischen Gebietskörperschaften regelmäßig durch öffentlich-rechtliche Verträge statt. Eine Legaldefinition des öffentlich-rechtlichen Vertrags findet sich im Recht der Bundesrepublik Deutschland in § 54 S. 1 Verwaltungsverfahrensgesetz (VwVfG).[33] Die Anwendung dieser Vorschrift setzt allerdings — soweit man nicht ausdrücklich die Rechtsnormen der Bundesrepublik Deutschland für anwendbar erklärt — die Klammer einer einheitlichen Rechtsordnung voraus. Diese besteht nun aber — mit Ausnahme der fortbestehenden Viermächteverantwortung[34] — nicht zwischen den beiden Staaten in Deutschland.

Da die Städtepartnerschaftsabkommen weder das Recht der Bundesrepublik Deutschland noch das Recht der DDR für anwendbar erklären, ist keine der Rechtsordnungen als Maßstab heranzuziehen.

b) Anwendung des Rechts beider Staaten

Denkbar ist nun allerdings, daß jede Stadt nach der für sie maßgebenden Rechtsordnung Zusagen gibt.[35] Das der Form nach zweiseitige Rechtsgeschäft

---

[32] Das gilt für alle Städtepartnerschaftsabkommen; zu den deutsch-polnischen Städtepartnerschaftsabkommen vgl. Blumenwitz (Anm. 21), S. 21; ders. (Anm. 21), BayVBl. 1980. S. 195. Vgl. ferner Bothe (Anm. 22), Archiv des öffentlichen Rechts, Bd. 102, S. 75.

[33] Vgl. hierzu O. Ferdinand Kopp: Verwaltungsverfahrensgesetz, 2. Aufl., München 1980, § 54 Rdnr. 6 ff.

[34] Vgl. hierzu Friedrich Waitz von Eschen: Die völkerrechtliche Kompetenz der Vier Mächte zur Gestaltung der Rechtslage Deutschlands nach dem Abschluß der Ostvertragspolitik, 1988, S. 1 ff.

würde dann in zwei sich einander entsprechenden Erklärungen zerfallen. Diese Konzeption wird bei zwischenstaatlichen kommunalen Vereinbarungen wohl am nächsten liegen.

3. Unterliegen die Vereinbarungen einer „lex contractus"

Schließlich ist zu erwägen, ob nicht auch ein Vertrag zwischen örtlichen Gebietskörperschaften möglich ist, der weder dem Recht eines der beteiligten Staaten noch dem Völkerrecht angehört. Von dieser Möglichkeit wird häufig bei Verträgen zwischen Staaten und nichtstaatlichen internationalen Organisationen Gebrauch gemacht. Geltungsgrund dieser Verträge ist der von den Vertragsparteien durch den Vertragsschluß anerkannte allgemeine Rechtsgrundsatz „pacta sunt servanda".[36] Diese lex contractus[37] ist eine selbständige Rechtsordnung, die das Verhältnis zwischen den Parteien erschöpfend regelt, wobei allerdings nicht ausgeschlossen, daß sie zur Ausfüllung von Lücken auch auf ein staatliches Recht oder das Völkerrecht verweist. Auch diese Theorie bietet einen brauchbaren Lösungsansatz.

III. Verbindlichkeit der Vereinbarungen

1. Fehlender rechtlicher Bindungswille

Von einer lex contractus bzw. von einem öffentlichrechtlichen Vertrag kann aber nur dann die Rede sein, wenn die Parteien beim Abschluß der Städtepartnerschaftsabkommen überhaupt einen rechtlichen Bindungswillen[38] hatten.

Die äußere Form der Abkommen deutet durchaus auf rechtliche Vereinbarungen hin. Teilweise ist gar von „Vertragspartnern" die Rede.[39] Zu berück-

---

[35] So ist im internationalen Recht der Vertragsschluß durch korrespondierende einseitige Erklärungen durchaus üblich, vgl. den Notenwechsel zwischen Großbritannien und dem Deutschen Reich vom 18. Juni 1935 über die Beschränkung der Seerüstungen; den Notenwechsel zwischen Großbritannien und der USA vom 2. September 1940 betreffend den Stützpunkt-Zerstörertausch; den Notenwechsel zwischen dem Vereinigten Königreich und Frankreich einerseits und der Tschechoslowakei andererseits vom 19./21. September 1938 über die Abtretung des Sudetengebietes (Text: siehe unten Anm. 119); vgl. dazu J. L. Weinstein: Exchanges of Notes, British Yearbook of International Law 1952, S. 205 ff.; Alfred Verdross: Völkerrecht, 5. Aufl., Wien 1964, S. 164.

[36] So heißt es in Art. 26 der Wiener Vertragsrechtskonvention unter der Überschrift „pacta sunt servanda": „Ist ein Vertrag in Kraft, so bindet er die Vertragsparteien nach Treu und Glauben".

[37] Vgl. hierzu auch Verdross (Anm. 28), in: ZaöRV, Bd. 18 (1957), S. 638; vgl. auch oben II.1.d.

[38] Ob ein Verhalten als Ausdruck eines rechtlichen Bindungswillens zu werten ist, ist durch Auslegung zu ermitteln.

sichtigen ist aber, daß ein Mangel an rechtlicher Verbindlichkeit häufig durch ein Übermaß an Form ausgeglichen wird.[40]

Bei den Städtepartnerschaftsabkommen handelt es sich zwar um korrespondierende einseitige Erklärungen. Es fehlt bei der Abgabe der Willenserklärungen jedoch der Rechtsbindungswille, der Wille, durch das Verhalten etwas rechtlich Erhebliches zu erklären.

Daß keine rechtliche Bindung bezweckt ist, ergibt sich auch aus dem Inhalt der Vereinbarungen, in denen in der Regel nur Absichten[41] zum Ausdruck gebracht werden, deren Realisierung einer rechtlichen Nachprüfung entzogen ist.[42]

2. Politischer und moralischer Bindungswille

a) Abkommen mit politischer Bindungswirkung

Das Fehlen eines rechtlichen Bindungswillens läßt aber nicht den Schluß zu, es fehlte bei den Vereinbarungen jeder Bindungswille. Ein politischer Bindungswille ist sehr wohl vorhanden. Willenserklärungen, die mit politischem Bindungswillen abgegeben werden, führen allerdings nur zu einer politischen Bindung der Partner, wie wir sie etwa im innerstaatlichen Recht bei den Koalitionsvereinbarungen[43] kennen.

Das Fehlen eines Rechtsbindungswillens bedeutet also nicht, daß die Vereinbarungen zur Disposition der Parteien stünden, vielmehr können politische Konsequenzen bei einer Nichtbeachtung gezogen werden. An die Stelle der Rechtsgebundenheit tritt die politische Gebundenheit. Auf dem Rechtsweg sind die Vereinbarungen jedenfalls nicht einklagbar.

---

[39] So etwa in den Abkommen Saarlouis–Eisenhüttenstadt am Ende der Präambel; in den Abkommen Neunkirchen–Lübben, Fellbach–Meißen und Trier–Weimar zu Beginn des operativen Teils.

[40] Blumenwitz (Anm. 21), S. 22 Anm. 37, verweist dabei auf den Abschluß des KSZE-Schlußakte vom 1. August 1975.

[41] So ist nach Wilhelm Wengler: Rechtsvertrag, Konsensus und Absichtserklärung im Völkerrecht, in: JZ 1976, S. 195 f., von der Begründung einer völkerrechtlichen Verpflichtung die Absichtserklärung zu unterscheiden. Das in einer Absichtserklärung in Aussicht gestellte Verhalten wird nicht als ein Verhalten bezeichnet, „das deshalb ‚beabsichtigt' werde, weil es als ein rechtlich gesolltes Verhalten ‚gewollt' sei; im Gegenteil wird das beabsichtigte Verhalten oft nur als ein im eigenen Interesse liegendes Verhalten hingestellt".

[42] So beabsichtigt man zu informieren, bekanntzumachen, zusammenzuarbeiten, zu fördern, zu unterstützen, den Dialog zu führen usw. Es ist davon auszugehen, daß diese Absicht bei der Unterzeichnung vorgelegen hat.

[43] Vgl. Wilhelm Kewenig: Zur Rechtsproblematik der Koalitionsvereinbarungen, in: Archiv des öffentlichen Rechts, Bd. 90 (1965), S. 182 ff., 186; Helmut C. F. Liesegang, in: von Münch (Anm. 22), Art. 65 Rdnr. 6.

b) Gentlemen's Agreement

Zu denken wäre ferner an ein „gentlemen's agreement".[44] Auch hier handelt es sich um unverbindliche Abmachungen mit politischer Bindungswirkung. Der Begriff ist aber in diesem Zusammenhang wenig brauchbar, da er zu sehr auf Abmachungen zwischen Individuen abstellt.[45]

c) „Soft law"

Das Phänomen der Bindung unterhalb der rechtlichen Ebene gibt es insbesondere im Völkerrecht.

So werden seit einigen Jahrzehnten auf zwischenstaatlicher Ebene immer mehr Verhaltensregeln erzeugt und angewendet, die weder von dem herkömmlichen Begriff der formellen Quellen des Völkerrechts erfaßt noch mit einer aus völkerrechtlichen Verträgen abgeleiteten Rechtsverbindlichkeit ausgestattet sind.

Es handelt sich um Regelungsinstrumente, die Verhaltenserwartungen ohne rechtliche Bindungen schaffen. Für derartige Verhaltensregelungen, die außerhalb der in Art. 38 des Statuts des Internationalen Gerichtshofs[46] kanonisierten Formen entstanden, hat sich die Bezeichnung „soft law"[47] eingebürgert. Diese außerrechtlichen Vereinbarungen und Beschlüsse ohne Rechtsverbindlichkeit werden ganz bewußt als Alternative eingesetzt, um die Vorläufigkeit einer Einigung zu betonen, Absichtserklärungen[48] zu statuieren oder Planziele anzustreben. Die Normen des „soft law" können Maßstäbe für künftiges Verhalten setzen und einzelne Argumente und Standpunkte ausschließen.

---

[44] Bei „gentlemen's agreements" handelt es sich um persönliche politische Absprachen zwischen Staatsmännern verschiedener Staaten. Sie begründen keine völkerrechtlichen Verpflichtungen dieser Staaten, sondern nur eine politische Bindung der Staatsmänner; als Beispiele seien genannt die Atlantik-Charta vom 14. August 1941 sowie die Beschlüsse von Jalta vom 11. Februar 1945; vgl. Fritz Münch: Unverbindliche Abmachungen im zwischenstaatlichen Bereich, in: Mélanges offerts à Juray Andrassy (Festschrift für Juray Andrassy), La Haye 1968, S. 214 ff.; ders.: Non-binding Agreements, in: ZaöRV, Bd. 29 (1969), S. 1 ff.; Manfred Rotter: Die Abgrenzung zwischen völkerrechtlichem Vertrag und außerrechtlicher zwischenstaatlicher Abmachung, in: Festschrift für Alfred Verdross zum 80. Geburtstag, hrsg. v. René Marcic/Hermann Mosler/Erik Suy/Karl Zemanek, München, Salzburg 1971, S. 413 ff. (414); Gerrit von Haeften: Gentlemen's Agreement, in: Karl Strupp/Hans-Jürgen Schlochauer (Hrsg.): Wörterbuch des Völkerrechts, Bd. 1, Berlin 1960, S. 659 f.; Georg Dahm: Völkerrecht, Bd. III, Stuttgart 1961, S. 7; für ihn ist die Erfüllung des gentlemen's agreement eine Anstands- und Ehrenpflicht des so gebundenen Staates, Rechtspflichten kommen nicht zur Entstehung.
[45] Ludwik Gelberg: Partnerschaften zwischen polnischen und bundesdeutschen Städten, in: Osteuropa-Recht 1980, S. 184 ff. (186), bejaht ein gentlemen's agreement.
[46] Text: BGBl. 1973 II, S. 505 ff.
[47] Vgl. Wengler (Anm. 41), JZ 1976, S. 193 ff.; er weist darauf hin, daß dieser Begriff von McNair stammt (ebenda Anm. 20); vgl. ferner: Christoph Schreuer: Die innerstaatliche Anwendung von internationalem „soft law" aus rechtsvergleichender Sicht, in: Österreichische Zeitschrift für öffentliches Recht und Völkerrecht, Bd. 34 (1983), S. 243 ff.
[48] Als Beispiel sei die KSZE-Schlußakte vom 1. August 1975 erwähnt.

Das Fehlen einer Rechtsbindung bedeutet nun aber nicht, daß dem sog. „soft law" in der Praxis keine Autorität zukäme. Die Beziehung mit „soft law" ist eine andere als ohne „soft law". Die Verletzung von Normen des „soft law" kann dem anderen Partner ebenso vorgeworfen werden wie die Verletzung von Rechtsnormen. Die Mißachtung kann auch erhebliche Folgen nach sich ziehen; zu denken ist etwa an unfreundliche Akte der anderen Seite. Ausgeschlossen bleibt jedoch eine Repressalie[49] sowie die Anrufung eines Gerichts bei Verletzung des Abkommens. Erst recht kann kein Schadensersatzanspruch[50] gestellt werden.

Der Begriff des „soft law" umfaßt damit einen eigenständigen Bereich zwischen „Recht" einerseits und „Nichtrecht" andererseits, der wegen seiner normativen Grundlage und seiner an die Stelle der rechtlichen Verbindlichkeit tretenden moralischen Verbindlichkeit einer durchaus klaren Umschreibung zugänglich ist.

3. Ergebnis

Die Städtepartnerschaftsabkommen sind also entweder als politisch bindende Abkommen oder als „soft law" zu betrachten. Die praktischen Auswirkungen von „politischer Bindungswirkung" und „soft law" sind identisch, so daß eine Entscheidung offen bleiben kann. Die fehlende rechtliche Bindungswirkung der Städtepartnerschaftsabkommen schließt jedoch nicht aus, daß im Rahmen der Partnerschaften rechtlich bindende Verträge geschlossen werden.

IV. Vereinbarkeit mit den Schranken gemeindlichen Handelns

Beim Abschluß der Städtepartnerschaftsabkommen tauchen ferner Bedenken auf, ob den Kommunen überhaupt der grenzüberschreitende Kontakt erlaubt ist.

Das allgemeine Völkerrecht enthält keine Normen, die es den Staaten verbieten würden, daß ihre unteren Organe grenzüberschreitende Beziehungen pflegen.

---

[49] Unter Repressalie versteht man einen Rechtsangriff eines in seinen völkerrechtlichen Rechten verletzten Staates in einzelne Rechtsgüter jenes Staates, der ihm gegenüber den Unrechtstatbestand gesetzt hat, um ihn zur Wiedergutmachung des Unrechts zu bewegen. Voraussetzung ist also ein völkerrechtswidriges Verhalten des anderen Staates; vgl. Verdross/Simma (Anm. 12), § 1342; Ignaz Seidl-Hohenveldern: Völkerrecht, 5. Aufl., Köln, Berlin, Bonn, München 1984, Rdnr. 1289.

[50] Es ist allgemein anerkannt, daß ein Staat, dem ein völkerrechtswidriger Unrechtstatbestand zugerechnet wird, dem verletzten Staat gegenüber zur Wiedergutmachung verpflichtet ist; vgl. Verdross/Simma (Anm. 12), § 1204; ferner: Wengler (Anm. 41), JZ 1976, S. 193 ff. (195).

Zu untersuchen bleibt aber, ob das innerstaatliche Recht den Gemeinden Grenzen setzt. Zwar enthalten die Rechtsordnungen der Bundesrepublik Deutschland und der DDR keine Normen, die den zwischenstaatlichen Kontakt von Kommunen verbieten würden, es stellt sich aber die Frage, ob dieser Kontakt mit den innerstaatlichen Kompetenzvorschriften vereinbar ist.

1. Rechtslage in der Deutschen Demokratischen Republik

In der DDR gewährte die Verfassung vom 7. Oktober 1949[51] den Gemeinden noch das Recht der Selbstverwaltung.[52] Mit dem „Gesetz über die weitere Demokratisierung des Aufbaus und der Arbeitsweise der staatlichen Organe in den Ländern der Deutschen Demokratischen Republik" vom 23. Juli 1952[53] wurde die kommunale Selbstverwaltung aber aufgegeben. Die Gemeinden wurden gemäß den Organisationsprinzipien des demokratischen Zentralismus zu Grundeinheiten der einheitlichen Staatsmacht.

Die Gemeinden sind damit in ihrer Tätigkeit nicht auf die im Gesetz über örtliche Volksvertretungen vom 4. Juli 1985[54] beschriebenen Zuständigkeitszuweisungen beschränkt, wonach sich die Gemeinden in erster Linie bürgernahen Versorgungsaufgaben im weitesten Sinne zu widmen haben.[55] Die örtlichen Volksvertretungen sind vielmehr nach § 1 des Gesetzes über örtliche Volksvertretungen „Organe der sozialistischen Staatsmacht".

Die Frage, ob die Gemeinden mit den Städtepartnerschaftsabkommen Grenzen eines Selbstverwaltungsrechts überschreiten, stellt sich daher gar nicht. Im Gegenteil wird von einem arbeitsteilig-kooperativen Zusammenwirken aller Glieder der sozialistischen Staatsmacht ausgegangen, das auch die differenzierte Ausgestaltung der Rechte und Pflichten des jeweiligen Staatsorgans auf den einzelnen Aufgabengebieten nach sich zieht.[56] Örtliche Volksvertretungen

---

[51] Text: GBl. DDR 1949, Nr. 1, S. 5 ff.
[52] So heißt es in Art. 139 der Verfassung vom 7. Oktober 1949: „(1) Gemeinden und Gemeindeverbände haben das Recht der Selbstverwaltung innerhalb der Gesetze der Republik und der Länder. (2) Zu den Selbstverwaltungsaufgaben gehören die Entscheidung und Durchführung aller öffentlichen Angelegenheiten, die das wirtschaftliche, soziale und kulturelle Leben der Gemeinde oder des Gemeindeverbandes betreffen..." (zitiert nach GBl. DDR 1949, Nr. 1, S. 16).
[53] Text: GBl. DDR 1952, Nr. 99, S. 613 ff.
[54] Text: GBl. DDR 1985 I, Nr. 18, S. 213 ff.
[55] Vgl. auch Art. 43 Abs. 2 sowie Art. 81 Abs. 2 der Verfassung der DDR vom 6. April 1968 in der Fassung vom 7. Oktober 1974. In Art. 81 Abs. 2 DDR-Verfassung heißt es: „Die örtlichen Volksvertretungen entscheiden auf der Grundlage der Gesetze in eigener Verantwortung über alle Angelegenheiten, die ihr Gebiet und seine Bürger betreffen. Sie organisieren die Mitwirkung der Bürger an der Gestaltung des politischen, wirtschaftlichen, kulturellen und sozialen Lebens und arbeiten mit den gesellschaftlichen Organisationen der Werktätigen zusammen." (Zitiert nach GBl. DDR 1968 I, Nr. 8, S. 199 ff.; 1974 I, S. 432 ff.).

sind somit zur Befolgung der SED-Politik verpflichtet. Die grundsätzlichen Entscheidungen werden an zentraler Stelle, dem Politbüro und dem Sekretariat des Zentralkomitees, vorbereitet und müssen auch von den örtlichen Volksvertretungen umgesetzt werden.

Die Gemeinden können daher mit den Städtepartnerschaftsabkommen durchaus auch außenpolitische Zielsetzungen verfolgen. Die vielmalige Beschwörung der Sicherung des Friedens, die auf Wunsch der DDR-Partnergemeinden erfolgt, erklärt sich daraus, daß gemäß § 2 Abs. 1 des Gesetzes über die örtlichen Volksvertretungen in der DDR „das gesamte Wirken der örtlichen Volksvertretungen ... auf die Sicherung des Friedens" gerichtet ist. Ihnen obliegen gemäß § 3 Abs. 1 und 6 des Gesetzes auch die Verantwortungsbereiche der Landesverteidigung und Wehrerziehung.

In der Praxis entscheidet über die Auswahl der Partnergemeinde und den Inhalt der Vereinbarungen nicht die Gemeinde selbst, sondern die DDR zentral und auf hoher Ebene. Die DDR-Gemeinden haben auf das Zustandekommen der Partnerschaft keinen oder nur geringen Einfluß.[57]

2. Rechtslage in der Bundesrepublik Deutschland

a) Verstoß gegen Art. 32 GG

Das Recht der Bundesrepublik Deutschland ist hingegen weitaus komplizierter. Nach Art. 32 Abs. 1 GG ist nämlich die Pflege der Beziehungen zu auswärtigen Staaten Sache des Bundes.

Soweit es um Städtepartnerschaftsabkommen mit Städten in der Deutschen Demokratischen Republik geht, stellt sich zunächst die Frage, ob denn die DDR ein „auswärtiger" Staat sei. Diese Frage ist umstritten.[58] Unter Berücksichtigung der Rechtsprechung des Bundesverfassungsgerichts bestehen aber gegen eine derartige extensive Interpretation des Art. 32 GG Bedenken, da die DDR nicht als Ausland anzusehen ist.[59]

---

[56] Vgl. Akademie für Staats- und Rechtswissenschaft der DDR (Hrsg.): Staatsrecht der DDR, Lehrbuch, Berlin (Ost) 1984, S. 260 ff., 264 ff.; auf S. 267 heißt es: „Alle Organe des sozialistischen Staates erhalten ihre Befugnisse direkt oder indirekt (vermittelt über andere Organe) von der Volkskammer." Vgl. auch Siegfried Mampel: Die sozialistische Verfassung der Deutschen Demokratischen Republik. Kommentar, 2. Auflage, Frankfurt am Main 1982, Rz. 9–16 zu Art. 81; Herwig Roggemann: Kommunalrecht und Regionalverwaltung in der DDR, Berlin 1987, S. 38 ff., 40.
[57] So Merkblatt des Auswärtigen Amtes vom 27. März 1987, S. 10.
[58] Vgl. Georg Ress, in: Karl Doehring/Georg Ress: Die parlamentarische Zustimmungsbedürftigkeit von Verträgen zwischen der Bundesrepublik Deutschland und der Deutschen Demokratischen Republik, 2. Aufl., Frankfurt/Main 1972, S. 19 ff. (27 ff.); Wilhelm Kewenig, in: Karl Doehring/Wilhelm Kewenig/Georg Ress: Staats- und völkerrechtliche Aspekte der Deutschland- und Ostpolitik, Frankfurt/Main 1971, S. 97 ff.

Dem Grundvertragsurteil vom 31. Juli 1973[60] sowie der Entscheidung vom 21. Oktober 1987[61] kann auch kein Signal entnommen werden, Art. 32 GG analog auf die innerdeutschen Beziehungen anzuwenden. Die analoge Anwendung von Art. 32 GG findet ihre Schranke in der vom Grundgesetz vorgegebenen deutschlandrechtlichen Wertordnung. Diese verbietet, die „anderen Teile Deutschlands" (Art. 23 GG) mit auswärtigen Staaten gleichzusetzen. Schließlich muß berücksichtigt werden, daß es sich bei Art. 32 GG um eine Zuständigkeitsregelung handelt, die restriktiv auszulegen ist.[62] Auch in der Vertragspraxis der Bundesregierung[63] wird weiterhin Wert auf eine deutliche Unterscheidung zwischen Verträgen mit auswärtigen Staaten und solchen mit der DDR gelegt.[64]

Aber auch für den Fall, daß man das Adjektiv „auswärtig" als Hinweis auf völkerrechtsfähige Gebilde außerhalb des territorialen Jurisdiktionsbereichs der Bundesrepublik versteht,[65] vermag Art. 32 GG die Initiativen der bundesdeutschen Gemeinden nicht zu hemmen, da Art. 32 Abs. 3 GG lediglich eine Voraussetzung für die Teilnahme der Länder am zwischenstaatlichen Rechtsverkehr schafft. Sollten mit Art. 32 Abs. 3 GG auch die einem Land eingegliederten Gebietskörperschaften in das System der auswärtigen Gewalt einbezogen werden, hätte dies besonders hervorgehoben werden müssen. Der Tatsache, daß die Gemeinden in Art. 32 Abs. 3 GG nicht genannt werden, ist aber nicht zu ent-

---

[59] Vgl. Urteil des Bundesverfassungsgerichts zum Grundlagenvertrag, BVerfGE 36, S. 1 ff.; dort heißt es (S. 17), „die Deutsche Demokratische Republik gehört zu Deutschland und kann im Verhältnis zur Bundesrepublik Deutschland nicht als Ausland angesehen werden"; an anderer Stelle (S. 31) heißt es, der „Vertrag bedarf daher, um verfassungskonform zu sein, der Auslegung, daß die Deutsche Demokratische Republik auch in dieser Beziehung nach dem Inkrafttreten des Vertrages für die Bundesrepublik Deutschland nicht Ausland geworden ist".
Vgl. auch BVerfGE 11, S. 150 ff. (158). In der Entscheidung vom 21. Oktober 1987 (2 BvR 373/83) bringt das Bundesverfassungsgericht erneut zum Ausdruck, daß auch nach Abschluß des Grundlagenvertrages die Deutsche Demokratische Republik „ein anderer Teil Deutschlands" ist. „Erst wenn eine Trennung der Deutschen Demokratischen Republik von Deutschland durch eine freie Ausübung des Selbstbestimmungsrechts besiegelt wäre, ließe sich die in der Deutschen Demokratischen Republik ausgeübte Hoheitsgewalt aus der Sicht des Grundgesetzes als eine von Deutschland abgelöste fremdstaatliche Gewalt qualifizieren" (S. 18 f.); vgl. auch den Beschluß auf S. 35 ff.

[60] Vgl. BVerfGE 36, S. 1 ff.

[61] Vgl. BVerfG, JZ 1988, S. 144; vgl. hierzu Wilfried Fiedler: Die staats- und völkerrechtliche Stellung der Bundesrepublik Deutschland, in: JZ 1988, S. 132 ff.

[62] Vgl. BVerfGE 2, S. 347 ff. (374).

[63] Das Bundesgesetzblatt Teil II erwähnt ausdrücklich „völkerrechtliche Vereinbarungen sowie Verträge mit der DDR"; der Fundstellennachweis B spricht von „völkerrechtlichen Vereinbarungen und Verträgen mit der DDR".

[64] Da die DDR für die Bundesrepublik Deutschland also weder Ausland noch ein „auswärtiger" Staat im Sinne des Art. 32 Abs. 1 GG ist, ist es wichtig, von „innerdeutschen" Städtepartnerschaftsabkommen zu sprechen und nicht von „deutsch-deutschen", da letztere Bezeichnung suggerieren könnte, die DDR sei Ausland.

[65] Vgl. Ress (Anm. 58), in: Doehring/Ress, S. 27 ff.; Kewenig (Anm. 58), in: Doehring/Kewenig/Ress, S. 97 ff.; Rojahn (Anm. 22), in: von Münch, Art. 32 Rdnr. 11.

nehmen, daß den Gemeinden grenzüberschreitende Kontakte untersagt seien.[66] Es wird lediglich verdeutlicht, daß sich die Zusammenarbeit mit Gemeinden anderer Staaten nicht in völkerrechtlichen Formen abspielt; sie vollzieht sich vielmehr im Rahmen der innerstaatlichen Rechtsordnungen.

Es handelt sich also bei interkommunalen Kontakten nicht um eine nach Art. 32 GG dem Bund vorbehaltene „Pflege der Beziehungen" zu anderen Staaten.

b) Verstoß gegen die Schranken kommunaler Selbstverwaltung

aa) Allgemein

Bedenken an der Kompetenz der Gemeinden zum Abschluß von Städtepartnerschaftsabkommen bestehen schließlich insofern, als die Gemeinde bei all ihren Aktionen grundsätzlich auf den örtlichen Wirkungskreis beschränkt ist. Nach Art. 28 Abs. 2 GG und entsprechenden Bestimmungen in den Landesverfassungen[67] erfaßt die gemeindliche Selbstverwaltungsgarantie alle Aufgaben der örtlichen Gemeinschaft, aber nur solche.

Aufgaben der örtlichen Gemeinschaft sind nach der Rechtsprechung des Bundesverfassungsgerichts[68] nur solche Aufgaben, „die in der örtlichen Gemeinschaft wurzeln oder auf die örtliche Gemeinschaft einen spezifischen Bezug haben und von dieser örtlichen Gemeinschaft eigenverantwortlich und selbständig bewältigt werden können".

Die Vereinbarung einer Städtepartnerschaft ist grundsätzlich eine Angelegenheit der örtlichen Gemeinschaft, soweit sie eine Zusammenarbeit auf Gebieten anstrebt, die in den eigenen Wirkungskreis der Gemeinden fällt, wie in

---

[66] So wird im Schlußbericht der Enquête-Kommission „Verfassungsreform" (BT-DS 7/5924 v. 9. Dezember 1976, S. 232) klargestellt, daß Städtepartnerschaften zulässig sind. Ein allgemeiner Begriff wie „Pflege der auswärtigen Beziehungen" erfasse nicht die Auslandskontakte der Regionen und Städte im Normalfall.

[67] Vgl. Art. 71 Verfassung von Baden-Württemberg; Art. 83 der Verfassung von Bayern; Art. 137 der Verfassung von Hessen; Art. 44 der Verfassung von Niedersachsen; Art. 78 der Verfassung von Nordrhein-Westfalen; Art. 49 der Verfassung von Rheinland-Pfalz; Art. 119 der Verfassung des Saarlandes; Art. 39 der Landessatzung für Schleswig-Holstein; Texte: Rudolf Schuster/Hans Ulrich Evers (Hrsg.): Alle deutschen Verfassungen, München 1985, S. 259 ff.

[68] BVerfGE 8, S. 124 ff. (134); in diesem Fall befaßten sich gemeindliche Beschlüsse allgemein und grundsätzlich mit der Frage der Ausrüstung der Bundeswehr mit Atomwaffen. Das Gericht entschied, daß hiermit eindeutig der Kreis der Angelegenheiten der örtlichen Gemeinschaft und damit der gemeindliche Zuständigkeitsbereich überschritten werde. Das Gericht führt ferner aus, daß die Gemeinde ihre rechtlichen Schranken überschreite, „wenn sie zu allgemeinen überörtlichen, vielleicht hochpolitischen Fragen Resolutionen faßt oder für oder gegen eine Politik Stellung nimmt, die sie nicht als einzelne Gemeinde besonders trifft, sondern der Allgemeinheit – ihr nur so wie allen Gemeinden – eine Last aufbürdet".

den Bereich der Jugendfürsorge, der Erwachsenenbildung, der Kulturpflege sowie in den Bereich von Freizeit und Sport, um nur einige Beispiele zu nennen. Nicht der Staat, sondern der Bürger und seien Gruppierungen stehen im Mittelpunkt des Geschehens.

bb) Würdigung im Einzelfall

α) Politische Bedenken

Bedenken zunächst politischer Natur erweckt allerdings die Auslandsorientierung von Gemeinden als Medien der Friedens- und Verständigungspolitik. Der in den Präambeln zum Ausdruck gebrachte Wunsch, das Streben der Völker nach Frieden und Sicherheit, Entspannung und Zusammenarbeit zu unterstützen,[69] kann aber durchaus auch als ein Anliegen der örtlichen Gemeinschaft betrachtet werden. Die Idee des Friedens und der Aussöhnung hat ohne Frage einen spezifischen Bezug zu den in der örtlichen Gemeinschaft zusammengefaßten Individuen.[70] Auch werden mit dem Begriff „Frieden" noch keine außenpolitischen Positionen vertreten.[71] Dabei darf aber nicht übersehen werden, daß politische Leitbegriffe wie Frieden, Abrüstung, Völkerverständigung oder Demokratie und friedliche Koexistenz, die auf beiden Seiten prinzipiell anerkannt werden, in ihren politischen Voraussetzungen und Inhalten sehr unterschiedlich ausgelegt werden. Damit können sie zur Quelle vielfältiger Mißverständnisse, Meinungsverschiedenheiten und Enttäuschungen werden, die das Funktionieren der Partnerschaftsverhältnisse belasten oder sogar in Frage stellen können. Dies ist insbesondere dann von Bedeutung, wenn unsere Gemeinden bestimmte politische Verpflichtungen übernehmen, die zu erfüllen sie nicht

---

[69] Vgl. z. B. Abkommen zwischen Saarlouis und Eisenhüttenstadt; von Entspannung ist die Rede im Abkommen zwischen Wuppertal und Schwerin, Meißen und Fellbach, Kiel und Stralsund, Neunkirchen und Lübben, Erlangen und Jena, Saarbrücken und Cottbus, Hof und Plauen, Bremen und Rostock, Karlsruhe und Halle, Würzburg und Suhl; der Frieden bzw. die Sicherung des Friedens wird in allen bisher abgeschlossenen innerdeutschen Städtepartnerschaftsabkommen beschworen.

So heißt es in der Vereinbarung Saarlouis–Eisenhüttenstadt, „beide Städte wollen im Rahmen ihrer Möglichkeiten das Streben der Völker nach Frieden und Sicherheit, nach Abrüstung, Entspannung und Zusammenarbeit unterstützen. Sie treten dafür ein, daß das Wettrüsten in allen Bereichen beendet bzw. verhindert wird". Weiter heißt es, daß sich die Vertragspartner über „beiderseitig interessierende politische Fragen austauschen und sich gegenseitig darüber informieren, welchen Beitrag die Bürger der Stadt für Frieden, Abrüstung und Entspannung leisten". Im Vertrag zwischen Karlsruhe und Halle heißt es, beide Partner „verpflichten sich entsprechend den kommunalen Möglichkeiten zur Sicherung des Friedens beizutragen".

Zu den Städtepartnerschaftsabkommen mit Städten in Polen und der Tschechoslowakei vgl. Gornig (Anm. 8), Literaturspiegel 1988, S. 34 ff.

[70] Vgl. Blumenwitz (Anm. 21), BayVBl. 1980, S. 198.

[71] So Georg Ress bei einer Fachtagung der Konrad-Adenauer-Stiftung; vgl. Vera Becher: Verträge müssen vor allem Bürgerkontakte ermöglichen, in: Kommunalpolitische Blätter 1988, S. 30.

in der Lage sind. Partnerschaftsverträge sollten daher nicht mit solchen allgemeinpolitischen Zielsetzungen belastet werden.[72]

Im übrigen stellt sich die Frage, ob die Städtepartnerschaftsabkommen wirklich zu einem besseren Verständnis der Bürger der beiden Staaten in Deutschland beitragen können, wenn in den Abkommen häufig an keiner Stelle die individuelle und private Begegnung der Bürger angestrebt wird.[73] Partnerschaften, die sich auf einen Delegations- und Polittourismus reduzieren, verfehlen ihr Ziel.

β) Rechtliche Bedenken

Es bestehen also jedenfalls Bedenken politischer Natur. Damit ist aber noch nicht gesagt, daß jedes Städtepartnerschaftsabkommen ohne weiteres verfassungsmäßig ist.

Die Städtepartnerschaftsabkommen wahren nämlich nur dann ihren kommunalpolitischen Charakter, wenn ihre Ziele — unter Ausklammerung hochpolitischer Fragen — mit einem spezifischen Bezug zu den — in der örtlichen Gemeinschaft zusammengefaßten — Bürgern verfolgt werden. Die Kommunen dürfen sich also nicht zu einer Art „Nebendeutschlandpolitik" hinreißen lassen,[74] wie dies im Einzelfall bereits geschehen ist.

Es ist also in jedem Einzelfall zu überprüfen, ob bei den grenzüberschreitenden Kontakten die Schranken des örtlichen Wirkungskreises eingehalten werden. Dies erscheint bei einigen zwischen den Städten ergangenen Rahmenvereinbarungen vor allem hinsichtlich mancher Aussagen in den Präambeln zumindest zweifelhaft.

---

[72] Vgl. Bundesminister für innerdeutsche Beziehungen, Informationen, Nr. 13, 1987, S. 15; vgl. ferner das Interview mit der Bundesministerin für Innerdeutsche Beziehungen, in: Städte- und Gemeindebund 1987, S. 240 ff.; vgl. auch Bulletin der Bundesregierung vom 17. Juni 1986, Nr. 72, S. 609. Vgl. auch Leitermann (Anm. 1), der Städtetag 1988, S. 175; Wohlfahrth (Anm. 3), Verwaltungsrundschau 1988, S. 231.

[73] Vgl. auch die Kritik in der FAZ v. 12. Juli 1986; Peter Michael Mombaur: Für die Demokratie — Beiträge der Städte zur Zukunft der Nation, 1987, S. 11. Allerdings heißt es in der Vereinbarung zwischen Neunkirchen und Lübben, daß es feste Absicht sei, „die vereinbarte Zusammenarbeit durch Begegnungen zwischen den Bürgern beider Städte zu entwickeln und zu fördern". ... „Die Vertragspartner vereinbaren den Austausch von Delegationen sowie weitere Begegnungen von Bürgern beider Städte in gegenseitigem Einvernehmen." Vgl. auch die Vereinbarung zwischen Wuppertal und Schwerin, Erlangen und Jena, Saarbrücken und Cottbus.

[74] Vgl. die Entscheidung des OVG Koblenz, Az. 7 A 37/87, sowie Dieter Blumenwitz: Kommunale Außenpolitik, in: Festgabe für Georg Christoph von Unruh, Selbstverwaltung im Staat der Industriegesellschaft, hrsg. von Albert von Mutius, Heidelberg 1983, S. 747 ff. Der Oberbürgermeister Hermann Struck (SPD) von Salzgitter will allerdings das Städtepartnerschaftsabkommen mit Gotha als „eine Außenpolitik von unten" verstanden wissen; vgl. Die Welt vom 1. August 1988. In dieser Äußerung manifestiert sich nicht nur eine bewußte Kompetenzüberschreitung der Stadt Salzgitter, sondern auch eine eklatante und politische Unkenntnis der Rechtslage Deutschlands, da es sich allenfalls um Deutschlandpolitik, nicht aber um Außenpolitik handeln würde.

Den innerdeutschen Vereinbarungen ist gemein, daß die Partnerstädte danach trachten, das Wettrüsten zu beenden bzw. zu verhindern, und versprechen, sich für Abrüstung einzusetzen.[75] Man will sich auch gegenseitig über die dabei ergriffenen Initiativen Rechenschaft ablegen. Die Zusammenarbeit soll in der Regel in Übereinstimmung mit den Zielen und Grundsätzen sowie dem Geiste der Schlußakte der Konferenz über Sicherheit und Zusammenarbeit in Europa vom 1. August 1975[76] sowie des Vertrages über die Grundlagen der Beziehungen zwischen der Bundesrepublik Deutschland und der Deutschen Demokratischen Republik vom 21. Dezember 1972 stattfinden.[77] Nach dem Hinweis auf den Grundlagenvertrag wird teilweise akzentuiert,[78] daß dieser die gegenseitige Respektierung der staatlichen Souveränität, die Gleichberechtigung und Nichtdiskriminierung in den Beziehungen zwischen den beiden deutschen Staaten beinhalte und zur Unverletzlichkeit der Grenzen verpflichte. In diesen Klauseln zeigt sich, daß die DDR die Vereinbarungen nicht nur zur Förderung kommunalpolitischer Ziele abschließt, sondern auch als Instrument zur Durchsetzung ihrer staatspolitischen Ziele verwendet.

Zu diesen Bestimmungen ist anzumerken, daß über die Anwendung und Auslegung internationaler Vereinbarungen sowie über Krieg und Frieden nicht die Kommunen zu befinden haben. Unzulässig sind insbesondere Klauseln, die dem Wiedervereinigungsgebot des Grundgesetzes entgegenstehen, die von der Anerkennung der vollen Souveränität der DDR ausgehen und die Fortexistenz des Deutschen Reiches verneinen, zwei Staatsangehörigkeiten für die Bewohner der Bundesrepublik Deutschland und die Bewohner der DDR proklamieren oder zu Grenzfragen Stellung nehmen. Unzulässig ist ferner, die Auflösung der Zentralen Erfassungsstelle der Landesjustizverwaltung in Salzgitter[79] sozu-

---

[75] Vgl. die Abkommen zwischen Saarlouis und Eisenhüttenstadt, Kiel und Stralsund, Neunkirchen und Lübben, Erlangen und Jena, Fellbach und Meißen, Karlsruhe und Halle, Bremen und Rostock, Nürnberg und Gera.

[76] Seltsamerweise wird jedoch der der Zusammenarbeit in humanitären Bereichen (menschliche Kontakte, Reisen aus persönlichen oder beruflichen Gründen, Begegnungen der Jugend, Sport, verbesserter Informationsstand, Zusammenarbeit im Bereich der Kultur und Bildung usw.) gewidmete Korb III (vgl. hierzu Gilbert Gornig: Äußerungs- und Informationsfreiheit als Menschenrechte, 1988, S. 388 ff.) nicht eigens angesprochen.

[77] Vgl. die Abkommen zwischen Saarlouis und Eisenhüttenstadt, Wuppertal und Schwerin, Kiel und Stralsund, Fellbach und Meißen, Hof und Plauen, Karlsruhe und Halle, Bremen und Rostock.

[78] Vgl. Abkommen zwischen Saarlouis und Eisenhüttenstadt, Wuppertal und Schwerin, Kiel und Stralsund.

[79] Die Ende Oktober 1961 von allen Länderjustizministern in Wiesbaden beschlossene Zentralstelle soll Beweise über politische Gewalttaten sichern, die in der DDR und Berlin (Ost) begangen werden. Kommt es, etwa wegen Übersiedlung des Verdächtigen in die Bundesrepublik Deutschland, zu einem Strafverfahren, gibt die Erfassungsstelle die Unterlagen an den BGH weiter. Die Zentrale Erfassungsstelle hat in vielen Fällen mäßigend auf Gewalttäter in Uniform in der DDR eingewirkt.
Zwar ist nach dem Urteil des BGH vom 26. November 1980 (BGHSt 30, S. 1 ff.) das Gebiet der DDR nicht Inland gemäß § 3 StGB. „Normale", also unpolitische Straftaten

sagen in Aussicht zu stellen oder als wünschenswert zu betrachten. Sie steht nicht zur Disposition der Stadt Salzgitter, sie kann damit auch nicht Thema eines Partnerschaftsvertrages sein.[80]

Wenn die Kommune in Städtepartnerschaftsabkommen auf rechtliche und politische Folgen des Grundlagenvertrags Bezug nimmt, dann bewegt sie sich außerhalb des ihr zugewiesenen örtlichen Wirkungsbereiches. Mit der Präambel verstieße man insbesondere dann gegen anerkannte Verfassungsgrundsätze, wenn die Hinweise auf den Grundlagenvertrag so verstanden werden, als enthielte dieser Verhaltenspflichten auch für den einzelnen Gemeindebürger.

Beim Grundlagenvertrag[81] handelt es sich — wie bei allen Ostverträgen — aber um einen sog. politischen Vertrag nach Art. 59 Abs. 2 S. 1 1. Alt. GG und nicht um einen gesetzesinhaltlichen Vertrag. Daraus ergibt sich, daß der Grundlagenvertrag keine unmittelbaren Verhaltenspflichten einzelner begründen kann. Das Bundesverfassungsgericht hat im Grundvertragsurteil vom 31. Juli 1973 ausdrücklich darauf hingewiesen und betont, daß der Vertrag insbesondere keine Rechtsgrundlage dafür abgebe, der DDR unerwünschte Äußerungen zu unterbinden.[82] Zudem wäre hiermit zwangsläufig eine kommunale Beaufsichtigung der Ausübung des Rechts der freien Meinungsäußerung durch die Gemeindebürger verbunden und eine verfassungswidrige Einschränkung der Meinungsäußerungsfreiheit stipuliert.[83] Aber auch ein Verstoß gegen das Grundrecht der Vereinigungsfreiheit ist gegeben, wenn aufgrund der Vereinbarungen die Bildung und Tätigkeit von Vereinigungen durch die sich partnerschaftlich gebundene Stadt verboten wird. Das Bundesverfassungsgericht[84] hat deutlich gemacht, daß verfassungsmäßige Vereinigungen, die der anderen Seite wegen ihres Programms unerwünscht sind, nicht an die Zügel genommen werden können, nur weil der Vertragspartner ihre Ziele und Propaganda als mit dem Inhalt und Geist der Vorträge unvereinbar angreift und verlangt, daß sie wegen

---

seien daher nicht Gegenstand der Erfassungsstelle. Aber das Strafrecht der Bundesrepublik Deutschland gilt laut BGH-Urteil „auch für eine in der DDR begangene politische Verdächtigung zum Nachteile eines Bürgers der DDR", der dort seinen Wohnsitz hat. Weil die DDR staatsrechtlich als Inland angesehen wird, nimmt die Bundesrepublik Deutschland Schutzrechte wahr, jedenfalls gegenüber Bewohnern der DDR, die politischer Verfolgung oder Bedrängnis unterliegen.

[80] Im Städtepartnerschaftsabkommen zwischen Salzgitter und Gotha heißt es: „Beide Seiten treten für die Fortsetzung des Entspannungsprozesses ein; in diesem Zusammenhang wäre auch die Auflösung der Zentralen Erfassungsstelle ein weiterer Schritt zur allgemeinen Verbesserung der gegenseitigen Beziehungen". Vgl. hierzu auch FAZ vom 15. Juli 1988; Die Welt vom 1. August 1988; Die Welt vom 10. August 1988; FAZ vom 13. August 1988.

[81] Vgl. BVerfGE 36, S. 1 ff. (13); Rojahn (Anm. 22), in: von Münch, Art. 59 Rdnr. 23.

[82] Vgl. BVerfGE 36, S. 1 ff. (33 f.).

[83] Darauf weist auch Blumenwitz (Anm. 21), S. 32; ders. (Anm. 21), BayVBl. 1980, S. 199 f., hin.

[84] BVerfGE 36, S. 1 ff. (33 f.).

angeblicher Einmischung in innere Verhältnisse verboten werden. Der Grundlagenvertrag verpflichtet also nur die Bundesrepublik Deutschland als Völkerrechtssubjekt und bindet nicht die Kommunen oder einzelne Bürger.

Die Hinweise auf die Schlußakte über Sicherheit und Zusammenarbeit in Europa und den Grundlagenvertrag können hingegen auch so verstanden werden — und dies sei zur Entlastung der Gemeinden und wegen der politisch gebotenen und rechtlich möglichen verfassungskonformen Auslegung der Partnerschaftsabkommen unterstellt —, daß sich die Bevölkerung der Partnerstädte vom Geiste leiten läßt, der in diesen völkerrechtlichen Instrumenten zum Ausdruck kommt. In den Präambeln der Schlußakte von Helsinki und des Grundlagenvertrages wird das Bestreben betont, einen Beitrag zur Entspannung und Sicherheit in Europa zu leisten, man läßt sich vom Wunsche leiten, zum Wohle der Menschen in den beiden deutschen Staaten die Voraussetzungen für die Zusammenarbeit zu schaffen.

Beruft man sich also lediglich auf die in den Präambeln zum Ausdruck gekommenen Wünsche und Zielsetzungen, dann wird der örtliche Wirkungsbereich der Gebietskörperschaft nicht überschritten. So enthält auch eine Reihe von Partnerschaftsverträgen mit westeuropäischen Gemeinden Hinweise auf außenpolitische Programme, etwa durch die Bezugnahme auf die deutsch-französische Verständigung oder den Europa-Gedanken.[85] Die Verwirklichung politischer Programme läßt sich auch auf die örtliche Gemeinschaft projezieren, da auch diese einen Beitrag zur Aussöhnung und zum Frieden sowie zur Entspannung leisten kann.

Zudem wird teilweise vereinbart, daß die Städtepartnerschaftsabkommen im Rahmen ihrer Möglichkeiten und Zuständigkeiten[86] ihre Beiträge zur Friedenssicherung, Abrüstung und Entspannung leisten wollen. Hiermit wird verdeutlicht, daß man sich wohl bewußt ist, nur im Rahmen des eigenen Wirkungskreises handeln zu können.

cc) Kommunalaufsicht

Überschreitet die Gemeinde die ihr gesetzten Schranken, indem sie in den Städtepartnerschaftsabkommen zu hochpolitischen Fragen Stellung nimmt und damit in die Kompetenzen des Bundes eingreift, dann „muß"[87] bzw. „kann"[88]

---

[85] Vgl. hierzu Blumenwitz (Anm. 74), S. 747 f.

[86] Vgl. die Abkommen zwischen Kiel und Stralsund, Neunkirchen und Lübben, Erlangen und Jena, Saarbrücken und Cottbus, Hof und Plauen, Trier und Weimar, Bremen und Rostock, Hannover und Leipzig, Braunschweig und Magdeburg.

[87] Vgl. hierzu Art. 108 ff., 112 bayGemO. So heißt es in Art. 112 S. 1 bayGemO: „Die Rechtsaufsichtsbehörde hat rechtswidrige Beschlüsse und Verfügungen der Gemeinde zu beanstanden und ihre Aufhebung oder Änderung zu verlangen." Der Rechtsaufsichtsbehörde steht mithin kein Ermessen zu; vgl. hierzu Franz-Ludwig Knemeyer: Bayerisches Kommunalrecht, 6. Aufl. 1988, Rdnr. 317.

nach manchen Landesgemeindeordnungen die Kommunalaufsichtsbehörde dagegen einschreiten.[88] Soweit Belange des Bundes berührt sind, kann das zuständige Land auch nach dem verfassungsrechtlichen Grundsatz der Bundestreue[90] verpflichtet sein, mit Mitteln der Kommunalaufsicht dagegen vorzugehen.[91]

Im Rahmen der Selbstverwaltungsangelegenheiten beschränkt sich die Kommunalaufsicht auf Rechtsaufsicht, da der Abschluß eines Städtepartnerschaftsabkommens keine Auftragsangelegenheit ist. Die Rechtsaufsicht hat die Aufgabe, die Rechtmäßigkeit der Verwaltung zu gewährleisten, wobei auch politisches Handeln der Gemeinde der Rechtskontrolle unterliegt, da auch dabei der örtliche Wirkungskreis der Gemeinde überschritten werden kann. Der einzelne hat jedoch keinen Anspruch auf rechtsaufsichtliches Einschreiten, da die Rechtsaufsicht nicht im Individualinteresse erfolgt.[92]

V. Resümee

Aufgrund der unterschiedlichen gesellschaftlichen und wirtschaftlichen Systeme in den beiden Staaten in Deutschland haben die bestehenden Städtepartnerschaftsvereinbarungen bisher nicht jene lebendige, von der direkten Begegnung der Menschen geprägte Qualität erreichen können, die für Kontakte zu Kommunen im westlichen Ausland kennzeichnend ist.[93] Schuld daran

---

[88] Vgl. hierzu §§ 118 ff., 121 bwGemO; §§ 135 ff., 138 hessGemO; §§ 127 ff., 130 ndsGemO; §§ 106 ff., 108 nwGemO; §§ 117 ff., 121 rhpfGemO. Der Rechtsaufsichtsbehörde steht aber trotz des abweichenden Wortlauts kein Ermessen zu.

[89] Vgl. hierzu auch das rechtsaufsichtliche Einschreiten der Regierung von Mittelfranken vom 13. September 1979 gegen das Städtepartnerschaftsabkommen Nürnberg–Krakau, AZ 230 – 410a – 8/79; Text: Blumenwitz (Anm. 21), S. 77 ff.; vgl. zu diesem Verfahren Blumenwitz (Anm. 21), S. 39 ff.
Vgl. ferner das rechtsaufsichtliche Einschreiten des hessischen Ministeriums des Innern vom 26. April 1988 gegen das Städtepartnerschaftsabkommen Wiesbaden–Breslau, AZ IV A 1 – 7d – 27/88; vgl. hierzu FAZ v. 28. April 1988; Deutscher Ostdienst 1988, Nr. 18, S. 1 ff.
Vgl. ferner die Antwort des Staatssekretärs Neusel vom 2. August 1988 auf die Frage des Abgeordneten Dr. Czaja, BT-DS 11/2778.

[90] Vgl. hierzu Manfred Gubelt, in: von Münch (Anm. 22), Art. 30, Rdnr. 2 a m.w.N.

[91] Wenn das betroffene Land gegen diese Pflicht verstößt, kann die Bundesregierung beim Bundesverfassungsgericht gemäß Art. 93 Abs. 1 Nr. 3 GG die Feststellung einer solchen Pflichtverletzung beantragen. Nach Art. 37 GG kann die Bundesregierung ferner, wenn ein Land die ihm nach dem Grundgesetz oder einem anderen Bundesgesetz obliegenden Bundespflichten nicht erfüllt, mit Zustimmung des Bundesrats die notwendigen Maßnahmen treffen, um das Land im Wege des Bundeszwanges zur Erfüllung seiner Pflichten anzuhalten; vgl. hierzu auch die Antwort des Staatssekretärs Neusel vom 2. August 1988 auf die Anfrage des Abgeordneten Dr. Czaja, BT-DS 11/2778.

[92] Dem Bürger steht damit nur die Möglichkeit offen, bei der Aufsichtsbeschwerde eine Überpüfung kommunaler Akte anzuregen; vgl. Knemeyer (Anm. 87), Rdnr. 317; Oskar Tschira/Walter Schmitt Glaeser: Verwaltungsprozeßrecht, 9. Aufl. 1988, S. 4 ff.

[93] Vgl. auch Merkblatt des Auswärtigen Amtes, Referat 012–9 vom März 1988.

ist das Bestreben der DDR, mit den Partnerschaftsvereinbarungen staatspolitische Zielsetzungen zu verwirklichen, aber auch das unreflektierte Nachgeben westdeutscher Gemeinden gegenüber den Forderungen der DDR. Die Praxis hat sehr wohl gezeigt, daß bei der Ausarbeitung der Partnerschaftsabkommen eine beachtliche Variationsbreite hinsichtlich der formalen und inhaltlichen Gestaltung besteht.

Innerdeutsche Städtepartnerschaftsabkommen sollten sich zum Ziele setzen, das Zusammengehörigkeitsgefühl der Deutschen zu beleben und zu vertiefen und den Gedanken von der Einheit der Nation wachzuhalten. Sie sollten dazu beitragen, den beiderseitigen Informationsaustausch zu fördern und zu mehr Begegnungen der Bürger untereinander zu verhelfen. Auf diese Weise kann dem gegenseitigen Verständnis gedient und ein Beitrag zur Überwindung der Teilung der Nation geleistet werden.

Der Bundesminister
für innerdeutsche Beziehungen　　　　　　　　　　　　　Stand: 2.8.1989

Innerdeutsche Städtepartnerschaften

A. Bereits vereinbart:

	Paraph.	Unterzeichnungs- bzw. Ratifizierungstermine
1. Saarlouis – Eisenhüttenstadt	25.04.86	19.09./06.10.86
2. Wuppertal – Schwerin	14.11.86	09.02./26.02.87
3. Neunkirchen (Saar) – Lübben	26.11.86	26.11./12.12.86
4. Erlangen – Jena	28.02.87	19.03./08.04.87
5. Saarbrücken – Cottbus	18.03.87	18.03./12.05.87
6. Trier – Weimar	24.05.87	05.09./18.09.87
7. Fellbach – Meißen	28.05.87	28.05./09.10.87
8. Karlsruhe – Halle	29.05.87	17.09./21.09.87
9. Bremen – Rostock	23.07.87	18.08./03.09.87
10. Hof – Plauen	04.08.87	09.10./22.10.87
11. Kiel – Stralsund	29.08.87	17.09./20.10.87
12. Hannover – Leipzig	14.09.87	23.11./04.12.87
13. Flensburg – Neubrandenburg	26.10.87	16.11./23.11.87
14. Lübeck – Wismar	28.10.87	28.10./16.12.87
15. Hamburg – Dresden	30.10.87	14.12./16.12.87
16. Bonn – Potsdam	01.11.87	26.01.88/06.03.89
17. Mainz – Erfurt	22.11.87	20.02./19.03.88
18. Osnabrück – Greifswald	03.12.87	18.02./01.03.88
19. Braunschweig – Magdeburg	– –	8.12.87/20. u. 27.2.88
20. Offenburg – Altenburg	12.12.87	10.03./25.03.88
21. Marburg – Eisenach	11.02.88	27.05./10.06.88

Die innerdeutschen Städtepartnerschaften

22. Ludwigshafen – Dessau	12.02.88	02.03./29.03.88
23. Göttingen – Wittenberg (Lutherstadt)	16.03.88	04.05./11.05.88
24. Neu-Ulm – Meiningen	25.03.88	27.05./24.06.88
25. Böblingen – Sömmerda	27.03.88	16.05./20.06.88
26. Aachen – Naumburg/Saale	08.04.88	17.05./30.05.88
27. Düsseldorf – Karl-Marx-Stadt	13.04.88	01.06./24.06.88
28. Dillingen (Saar) – Hoyerswerda	19.04.88	23,06./21.09.88
29. Schwäbisch-Hall – Neustrelitz	19.04.88	18.05./08.06.88
30. Heilbronn – Frankfurt/Oder	20.04.88	29.09./25.10.88
31. Kaiserslautern – Brandenburg a. d. Havel	– –	11.05./22.06.88
32. Eppelborn – Finsterwalde	13.05.88	01.07./22.09.88
33. Kulmbach – Saalfeld/Thüringen	18.05.88	15.09./29.09.88
34. Würzburg – Suhl	10.06.88	22.09./15.11.88
35. St. Ingbert – Radebeul	– –	24.06./28.09.88
36. Kronberg – Ballenstedt	28.06.88	06.10./13.10.88
37. Mannheim – Riesa	29.06.88	06.09./24.10.88
38. Salzgitter – Gotha	08.07.88	20.09./02.11.88
39. Nürnberg – Gera	22.07.88	03.10./07.12.88
40. Dortmund – Zwickau	05.08.88	01.12./05.12.88
41. Lemgo – Stendal	31.08.88	09.10./02.11.88
42. Sindelfingen – Torgau	13.09.88	26.10.88
43. Berlin-Spandau – Nauen	– –	20.09./28.09.88
44. Berlin-Zehlendorf – Königs Wusterhausen	– –	27.10./03.11.88
45. Nordhorn – Reichenbach	03.11.88	05.01./09.02.89
46. Bottrop – Merseburg	07.11.88	06.01./10.03.89
47. Neuwied – Güstrow	16.11.88	14.02./01.03.89
48. Homburg (Saar) – Ilmenau	22.02.89	29.06./ .09.89
49. Husum – Heiligenstadt	25.04.89	.09./ .10.89
50. Kassel – Arnstadt	27.05.89	26.06./12.07.89
51. Neustadt a.d.W. – Wernigerode	26.06.89	10.09./24.09.89
52. Unna – Döbeln	29.06.89	– – – –
53. Recklinghausen-Schmalkalden	01.07.89	.09./ .11.89
54. Lehrte – Staßfurt	08.07.89	13.09./16.09.89

Inkrafttreten jeweils spätestens zu den zeitlich letzten Terminen.

B. Nach Zusagen der DDR in Vorbereitung:

1. Wolfsburg – Halberstadt
2. Püttlingen – Senftenberg
3. Leverkusen – Schwedt/Oder
4. Reinheim – Fürstenwalde
5. Kornwestheim – Weißenfels
7. Neumünster – Parchim
8. Bad Kreuznach – Neuruppin

Thesen

1. Die innerdeutschen Städtepartnerschaftsabkommen unterscheiden sich von den Kontakten im Rahmen des Rates der Gemeinden Europas oder des internationalen Gemeindeverbands durch ihren hochpolitischen Inhalt und das Bestreben der DDR, außenpolitische Zielsetzungen zu verwirklichen.

2. Die innerdeutschen Städtepartnerschaftsübereinkommen unterliegen nicht dem Völkerrecht, da die Gemeinden nicht Völkerrechtssubjekte sind, von den Staaten nicht zum Abschluß ermächtigt werden und nicht in Vertretung der jeweiligen Regierungen gehandelt wird. Im übrigen kann es zwischen den beiden Staaten in Deutschland keine völkerrechtlichen Beziehungen geben.

3. Da die innerdeutschen Städtepartnerschaftsübereinkommen weder das Recht der Bundesrepublik Deutschland noch das Recht der DDR für anwendbar erklären, ist keine der Rechtsordnungen als alleiniger Maßstab heranzuziehen. Vielmehr gibt jede Stadt nach der für sie maßgebenden Rechtsordnung Zusagen, so daß das der Form nach zweiseitige Rechtsgeschäft in zwei sich einander entsprechende Erklärungen zerfällt.

4. Bei den Städtepartnerschaftsübereinkommen fehlt bei der Abgabe der Willenserklärungen der Rechtsbindungswille. Dies läßt jedoch nicht den Schluß zu, es fehlte bei den Vereinbarungen jeder Bindungswille. Ein politischer bzw. moralischer Bindungswille ist sehr wohl vorhanden.

5. Art. 32 GG vermag die Initiativen bundesdeutscher Gemeinden nicht zu hemmen, da die DDR kein „auswärtiger" Staat ist und es sich bei interkommunalen Kontakten nicht um eine nach Art. 32 GG dem Bund vorbehaltene „Pflege der Beziehungen" handelt.

6. Die Kommunen der Bundesrepublik Deutschland sind gemäß Art. 28 II GG bei all ihren Aktionen grundsätzlich auf Aufgaben der örtlichen Gemeinschaft beschränkt. Das sind solche Aufgaben, die in der örtlichen Gemeinschaft wurzeln oder auf die örtliche Gemeinschaft einen spezifischen Bezug haben und von einer örtlichen Gemeinschaft eigenverantwortlich und selbständig bewältigt werden können.

7. Städtepartnerschaftsabkommen wahren ihren kommunalpolitischen Charakter nicht, wenn sie hochpolitische Fragen behandeln und eine Nebendeutschlandpolitik betreiben.

8. Überschreitet eine Gemeinde die ihr gesetzten rechtlichen Schranken, so hat die Kommunalaufsichtsbehörde mit Mitteln der Kommunalaufsicht dagegen einzuschreiten.

Peter Jochen Winters

ZWISCHEN ANNÄHERUNG UND ABGRENZUNG

Die innerdeutschen Beziehungen aus der Sicht der DDR

Die Deutschlandpolitik der Deutschen Demokratischen Republik zeigt einen Januskopf. Jeder nach außen gerichteten Dialogbereitschaft, jeder Annäherung an die Bundesrepublik Deutschland folgt nach innen Abgrenzung und Repression. Das wiederum ergibt ein ständiges Auf und Ab in den Beziehungen zwischen den beiden Staaten in Deutschland. Im folgenden werde ich mich vorwiegend mit den nach außen gerichteten Aspekten der Deutschlandpolitik der DDR befassen, die Binnenwirkungen nur stichwortartig erwähnen.

I. Abkehr von der „innerdeutschen" Politik

In der Spätphase der Ära Ulbricht änderte die DDR während der zweiten Hälfte der sechziger Jahre ihre Deutschlandpolitik. Sie verwarf die bisher von ihr verfolgte, auf Wiedervereinigung gerichtete „innerdeutsche Politik", erteilte einer Wiedervereinigung und dem fortbestehenden gesamtdeutschen Bewußtsein eine endgültige Absage und verlangte ihre völkerrechtliche Anerkennung als eines souveränen, gleichberechtigten zweiten deutschen Staates. Die der Parole „Deutsche an einen Tisch" folgende Deutschlandpolitik der SED wurde ersetzt durch eine Politik der Abgrenzung. Bis dahin hatte es immer wieder Versuche gegeben, mit der Bundesregierung oder der bis 1966 in Opposition stehenden SPD in Gespräche über innerdeutsche Fragen zu kommen. Von westlicher Seite waren diese Bemühungen der DDR nicht erwidert worden. Als jedoch die SPD 1966 zum ersten Mal reagierte und auf den von der SED angebotenen Redneraustausch eingehen wollte, machte Ost-Berlin einen Rückzieher.

Nach der Bildung der Großen Koalition in Bonn am 1. Dezember 1966 bemühte sich die Bundesregierung um eine Entkrampfung des Verhältnisses zu den osteuropäischen Staaten. Die DDR fürchtete eine Isolierung innerhalb des Ostblocks. Walter Ulbricht versuchte, die Verbündeten zur Solidarität mit der DDR zu bewegen und mit einer Art „umgekehrten Hallstein-Doktrin" die Isolierung der DDR zu vermeiden. In den 1967 geschlossenen Verträgen mit Polen, der Tschechoslowakei, Ungarn und Bulgarien verpflichteten sich die Partner, diplomatische Beziehungen zur Bundesrepublik Deutschland solange nicht aufzunehmen, bis diese die DDR völkerrechtlich anerkannt habe.

Der „elastischen" Ostpolitik der Bundesregierung der Großen Koalition setzte Ulbricht die Politik der Abgrenzung entgegen. Im Februar 1967 wurde das „Gesetz über die Staatsbürgerschaft der DDR" beschlossen, das allen Deutschen, die 1949 auf dem Territorium der damals gegründeten DDR lebten, sowie ihren Nachkommen, eine eigene DDR-Staatsbürgerschaft gibt. Kurz zuvor war das 1965 errichtete Staatssekretariat für gesamtdeutsche Fragen in Staatssekretariat für westdeutsche Fragen umbenannt worden. (1971 wurde es endgültig aufgelöst.) Im Januar 1968 verabschiedete die Volkskammer ein eigenes Strafgesetzbuch der DDR, und im Juni wurde im Reise- und Transitverkehr zwischen der DDR und der Bundesrepublik der Paß- und Visumszwang eingeführt. Im April 1968 trat eine neue Verfassung in Kraft. Diese zweite Verfassung der DDR besiegelte die Teilung Deutschlands in zwei Staaten auch verfassungsrechtlich, hielt aber an der Einheit der deutschen Nation fest.

In der ersten DDR-Verfassung von 1949 hatte es geheißen: „Deutschland ist eine unteilbare demokratische Republik." ... „Es gibt nur eine deutsche Staatsangehörigkeit". 1968 bestimmte Artikel 1: „Die Deutsche Demokratische Republik ist ein sozialistischer Staat deutscher Nation. Sie ist die politische Organisation der Werktätigen in Stadt und Land, die gemeinsam unter Führung der Arbeiterklasse und ihrer marxistisch-leninistischen Partei den Sozialismus aufbauen."

Deutschlandpolitisch forderte Ulbricht die völkerrechtliche Anerkennung der DDR durch die Bundesrepublik als Voraussetzung für sachliche Regelungen zwischen den beiden Staaten in Deutschland. Nach der Bildung der sozialliberalen Koalition in Bonn unter Bundeskanzler Brandt im Oktober 1969 kam es im März und im Mai 1970 in Erfurt und Kassel zu den Begegnungen zwischen Bundeskanzler Brandt und DDR-Ministerpräsident Stoph. Nach den Vorstellungen Ulbrichts sollten diese Begegnungen die gegenseitige völkerrechtliche Anerkennung der beiden deutschen Staaten vorbereiten. In Kassel eröffnete Willi Stoph seine grundsätzlichen Ausführungen mit den Worten: „Lassen Sie mich gleich zum Kern der Sache sprechen: Wir sind in dem Bestreben in die Bundesrepublik gekommen, unsererseits alles zu tun, um endlich gleichberechtigte, völkerrechtliche Beziehungen zwischen der DDR und der BRD herzustellen..."[1] Nachdem Willy Brandt seine Ausführungen beendet hatte, entgegnete Stoph: „Wir müssen jedoch feststellen, daß wir in allen grundlegenden Fragen auf die ablehnende Haltung der Regierung der Bundesrepublik Deutschland gestoßen sind ... Die von Ihnen vorgetragenen Grundsätze für die Regelung der Bezie-

---

[1] „Grundsätzliche Ausführungen des Vorsitzenden des Ministerrates der DDR, Willi Stoph, in der Vormittagssitzung des Kasseler Treffens", in: Neues Deutschland vom 22. Mai 1970.

hungen zwischen der DDR und der BRD können nur als ein verschleiertes, aber eindeutiges Nein zur Herstellung gleichberechtigter völkerrechtlicher Beziehungen zwischen der DDR und der BRD aufgefaßt werden ... Wenn Sie davon sprechen, der nächstliegende Schritt müsse zuerst getan werden, so kann dieser Schritt angesichts der Lage nur in der Herstellung völkerrechtlicher Beziehungen zwischen der DDR und der BRD bestehen."[2]

Die starre Haltung Ulbrichts in der Deutschland-Frage und sein zunehmender Widerstand gegen die Entspannungspolitik der Sowjetunion – die sich mit den drei Westmächten über Berlin einigte, was weitgehend auf Kosten der DDR ging – führte im Mai 1971 zur Absetzung des langjährigen SED-Chefs.

II. Deutschlandpolitik als Koexistenzpolitik

Ulbrichts Nachfolger Erich Honecker erkannte die Führungsrolle der Sowjetunion bedingungslos an und fügte die Deutschlandpolitik der DDR nahtlos in das Konzept der Sowjetunion für die Ost-West-Entspannung ein. Für ihn ist die völkerrechtliche Anerkennung der DDR durch die Bundesrepublik Deutschland nicht mehr Voraussetzung für sachliche Regelungen zwischen den beiden deutschen Staaten. Sie bleibt jedoch ein vorrangiges Ziel der Deutschlandpolitik der DDR. Nach der Unterzeichnung des Berlin-Abkommens der Vier Mächte am 3. September 1971 und des Transitabkommens sowie der Regelungen für den Berliner Reise- und Besucherverkehr und den Gebietsaustausch – von den beiden deutschen Seiten ausgehandelte Vereinbarungen, die der Ausfüllung des Viermächte-Abkommens dienen und unter seinem Dach Geltung erlangen – im Dezember 1971 kam es dann im Juni 1972 zur Unterzeichnung des Verkehrsvertrages und im Dezember 1972 zur Unterzeichnung des Grundlagenvertrages.

Auf dem VIII. Parteitag der SED im Juni 1971, der nicht nur nach Ansicht der SED eine bedeutende Zäsur in der Geschichte der DDR darstellt, sagte Honecker: „Wenn man über die Entwicklung der Beziehungen zwischen der Deutschen Demokratischen Republik und der BRD spricht, so kann sich eine solche Entwicklung lediglich auf die Prinzipien der friedlichen Koexistenz zwischen souveränen Staaten mit unterschiedlicher Gesellschaftsordnung stützen. Es ist nur natürlich, daß dabei die allgemein anerkannten Normen des internationalen Rechts beachtet werden müssen."[3]

Mit der Unterzeichnung des „Vertrages über die Grundlagen der Beziehungen zwischen der Bundesrepublik Deutschland und der Deutschen Demokratischen Republik" am 21. Dezember 1972 machte die DDR deutlich, daß sie an

---

[2] „Ausführungen des Vorsitzenden des Ministerrates der DDR, Willi Stoph, in der Nachmittagssitzung des Kasseler Treffens, in: Neues Deutschland vom 23. Mai 1970.
[3] Erich Honecker: Reden und Aufsätze, Band 1, Ost-Berlin 1975, Seite 150.

vertraglichen Regelungen für eine Reihe von Sachgebieten mit der Bundesrepublik interessiert ist, ohne zuvor ihre völkerrechtliche Anerkennung durch die Bundesrepublik zu verlangen. In der Präambel zum Grundlagenvertrag wird zweierlei deutlich ausgesprochen: Einmal, daß der Vertrag in dem Bestreben geschlossen wurde, „einen Beitrag zur Entspannung und Sicherheit in Europa zu leisten" – was man auch so interpretieren kann, daß die DDR hier einem dringenden Wunsch der Sowjetunion nachkommt. Zweitens heißt es, beide Seiten hätten sich zum Abschluß des Vertrages entschlossen, „ausgehend von den historischen Gegebenheiten und unbeschadet der unterschiedlichen Auffassungen der Bundesrepublik Deutschland und der Deutschen Demokratischen Republik zu grundsätzlichen Fragen, darunter zur nationalen Frage". Die grundsätzlichen Fragen werden ausgeklammert und bleiben ungelöst stehen. Die DDR unter Honecker ist jedoch zuversichtlich, der Lösung der grundsätzlichen Fragen in ihrem Sinne durch den Abschluß des Vertrages näher zu kommen. Das kommt auch in dem zum Vertrag gehörenden „Vorbehalt zu Staatsangehörigkeitsfragen" im Hinblick auf diese grundsätzliche Frage zum Ausdruck. So erklärt die DDR: „Die Deutsche Demokratische Republik geht davon aus, daß der Vertrag eine Regelung der Staatsangehörigkeitsfragen erleichtern wird."

Der Abschluß des Grundlagenvertrages brachte der DDR zwar nicht die völkerrechtliche Anerkennung durch die Bundesrepublik Deutschland, wohl aber durch fast alle Staaten der Welt, einschließlich der drei Westmächte, die besondere Rechte und Verpflichtungen für Deutschland und Berlin als Ganzes innehaben. Das Wort von der „Anerkennungswelle" kam auf. Der Grundlagenvertrag führte 1973 zur Aufnahme beider deutscher Staaten in die Vereinten Nationen und zur gleichberechtigten Teilnahme beider Staaten an der Konferenz für Sicherheit und Zusammenarbeit in Europa, 1975 in Helsinki. Durch sein Einschwenken auf die Entspannungspolitik der Sowjetunion, die Modifikation der Deutschlandpolitik hat Honecker in der ersten Hälfte der siebziger Jahre die ersehnte internationale Aufwertung der DDR erreicht, sie zu einem gleichberechtigten Mitglied der Völkerfamilie gemacht und sich zudem durch den Abschluß weiterer Verträge mit der Bundesrepublik – nicht zuletzt solcher, die die Verkehrsverbindungen zwischen Berlin und dem Bundesgebiet verbesserten – erhebliche Deviseneinnahmen verschafft, die der von ihm betriebenen wirtschaftlichen Entwicklung der DDR zugutekamen.

Das Ziel der völkerrechtlichen Anerkennung der DDR durch die Bundesrepublik Deutschland hat die DDR in den folgenden Jahren niemals aus dem Auge verloren. Einen weiteren Anlauf, diesem Ziel näherzukommen, unternahm Honecker im Oktober 1980 mit seiner Rede auf der Aktivtagung zur Eröffnung des Parteilehrjahres 1980/81 in Gera. Die dort erhobenen „Geraer" Forderungen stellen den Versuch einer Revision des Grundlagenvertrages dar. Honecker sagte in Gera: „Natürlich kann man nicht übersehen, daß zwischen der DDR und der BRD weiterhin viele Probleme bestehen und wir von einer umfassenden Normalisierung noch ein beträchtliches Stück entfernt sind ... Weitergehenden Regelungen verschiedener Art, die den Bürgern der BRD und der DDR nützlich wären, werden von seiten der BRD noch immer schwerwiegende Hindernisse entgegengestellt. Wir haben oft auf ihre Beseitigung gedrungen, aber kein Entgegenkommen gefunden. Das gilt vor allem für die Anerkennung der Staatsbürgerschaft der DDR. Da die BRD an völkerrechtswidrigen Konzeptionen festhält und sich weigert, die Staatsbürgerschaft der DDR zu respektieren, wird die Personalhoheit unseres Staates geleugnet ... Überfällig ist die Auflösung der sogenannten Zentralen Erfassungsstelle Salzgitter ... Wir halten auch die Zeit für gekommen, auf diplomatischem Gebiet, so wie es den Beziehungen zwischen zwei souveränen, voneinander unabhängigen Staaten zukommt, Botschafter auszutauschen, das heißt, die Ständigen Vertretungen der DDR und der BRD in das zu verwandeln, was dem Völkerrecht entspricht – in Botschaften ... Den Interessen des Friedens und der guten Nachbarschaft würde es dienen, möglichst bald eine Regelung des Grenzverlaufs auf der Elbe entsprechend dem internationalen Recht herbeizuführen, die bisher an unannehmbaren Standpunkten der BRD scheitert."[4]

Die Bundesregierung Schmidt/Genscher hat diese Forderungen Honeckers ebenso abgelehnt wie die nachfolgende Regierung Kohl/Genscher. Beide haben aber nicht verhindern können, daß in der Bundesrepublik unter den Parteien und in der Öffentlichkeit eine Diskussion über diese Fragen eingesetzt hat. Dabei wurde von verschiedenen Seiten die Erfüllung der vier Forderungen Honeckers – allerdings abgestuft und in unterschiedlicher Intensität – gefordert. Die DDR kann der Diskussion in der Bundesrepublik gelassen zusehen. Sie setzt darauf, daß die Zeit für sie arbeitet. Das gilt vor allem für die Forderung nach Auflösung der Zentralen Erfassungsstelle der Landesjustizverwaltungen in Salzgitter und für das Begehren der DDR nach Feststellung der Grenze auf der Elbe zwischen Schnackenburg und Lauenburg in der Mitte des Flusses.

Ein weiterer Schritt zur völkerrechtlichen Anerkennung der DDR durch die Bundesrepublik war der Besuch des DDR-Staatsratsvorsitzenden Honecker im September 1987 in der Bundesrepublik Deutschland. Fast 38 Jahre nach der Gründung der Bundesrepublik Deutschland und der Deutschen Demokratischen Republik wurde der Repräsentant des zweiten deutschen Staates in der Hauptstadt des ersten deutschen Staates mit allen protokollarischen Ehren – Hymnen, Fahnen, militärisches Zeremoniell, Eskorte – von Bundespräsident, Bundestagspräsident und Bundeskanzler empfangen. Diese protokollarische Gleichstellung Honeckers mit ausländischen Gästen gleichen Ranges – wie etwa dem damaligen sowjetischen Partei- und Staatschef Breschnew – bedeutet für die DDR die faktische Anerkennung als unabhängiger und gleichberechtigter deutscher Staat durch die Bundesrepublik. Damit öffneten sich die Türen für Honecker

---

[4] Erich Honecker: Reden und Aufsätze, Band 7, Ost-Berlin 1982, Seite 431 ff.

(oder seinen Nachfolger) nun auch in Paris, London und Washington. Gewiß, de iure hat die Bundesrepublik der DDR keinerlei Zugeständnisse gemacht, völkerrechtlich hat sich nichts geändert zwischen den beiden Staaten in Deutschland. Politisch jedoch wird der Empfang Honeckers als Oberhaupt des zweiten deutschen Staates in Bonn von den europäischen Nachbarn als Sich-Abfinden mit der staatlichen Teilung Deutschlands und Respektierung der daraus resultierenden Konsequenzen verstanden. Für den April dieses Jahres hat sich der französische Staatspräsident Mitterand – als erstes Staatsoberhaupt eines der drei Westmächte – zu einem Staatsbesuch der DDR in Ost-Berlin angesagt. In einem offiziellen Kommentar der SED-Führung, den das SED-Zentralorgan „Neues Deutschland" im Anschluß an die erste turnusmäßige Sitzung des Politbüros nach Honeckers Rückkehr aus der Bundesrepublik im September 1987 veröffentlichte, hieß es: „Wir müssen uns, wie zwischen souveränen Staaten üblich, entsprechend dem Völkerrecht auf der Basis gegenseitiger Achtung respektieren und miteinander friedlich leben. Das ist während des offiziellen Besuchs des Staatsoberhauptes der Deutschen Demokratischen Republik in der Bundesrepublik Deutschland klar zum Ausdruck gebracht worden. Die Hymnen sowie das dazugehörende Zeremoniell haben das deutlich unterstrichen. Ohne Zweifel ist diese Erkenntnis während des Besuchs bei nicht wenigen Bürgern der BRD vertieft worden. Auch international fand dies die gebührende Beachtung. Und das ist gut so."[5]

Die Entspannungs- und Koexistenzpolitik der siebziger Jahre, die in der Unterzeichnung der Schlußakte der Konferenz von Helsinki am 1. August 1975 gipfelte, bewirkte bei der Bevölkerung der DDR zunehmende Forderungen nach mehr persönlicher und politischer Freiheit. Dadurch wiederum sah die SED die innere Stabilität der DDR gefährdet. Sie reagiert mit verstärkter Abgrenzung gegenüber der Bundesrepublik, deren erklärtes Ziel es ist, durch ihre Vertragspolitik mit der DDR die Lage der Menschen im geteilten Deutschland zu verbessern und die Einheit der Nation zu erhalten. Rigoros gingen die Behörden der DDR gegen oppositionelle Regungen im Inneren vor. Der Bundesrepublik wurde vorgeworfen, sie mische sich in innere Angelegenheiten der DDR ein.

Bereits auf dem VIII. Parteitag 1971 hatte Honecker gesagt: „Alles Gerede im Westen von der sogenannten Einheit der deutschen Nation und einem angeblich besonderen Charakter der Beziehungen zwischen der Deutschen Demokratischen Republik und der BRD soll offensichtlich jenen Vorschub leisten, deren Politik nach wie vor auf die Untergrabung der gesellschaftlichen und wirtschaftlichen Fundamente unserer Republik gerichtet ist. Die prinzipielle Linie unserer Partei geht davon aus, daß der gesamte Verlauf der Entwicklung und die Festigung unseres sozialistischen Staates objektiv dahin führt und füh-

---

[5] Neues Deutschland vom 16. September 1987.

ren muß, daß die Gegensätzlichkeit zwischen uns und der BRD, die den kapitalistischen Weg geht, sich verstärkt und daß darum der Prozeß der Abgrenzung zwischen beiden Staaten in allen Bereichen des gesellschaftlichen Lebens immer tiefgehender wird."[6]

Mit der Änderung der DDR-Verfassung am 7. Oktober 1974 vollzog die DDR für sich nach der staatlichen Teilung Deutschlands nun auch noch die Spaltung der einheitlichen deutschen Nation. Alle Bezüge auf die deutsche Nation werden aus der Verfassung getilgt. Ihr Artikel 1 lautet seitdem: „Die Deutsche Demokratische Republik ist ein sozialistischer Staat der Arbeiter und Bauern. Sie ist die politische Organisation der Werktätigen in Stadt und Land unter Führung der Arbeiterklasse und ihrer marxistisch-leninistischen Partei." Zugleich wird in Artikel 6 der Verfassung die Bindung der DDR an die Sowjetunion „verewigt". Es heißt dort: „Die Deutsche Demokratische Republik ist für immer und unwiderruflich mit der Union der Sozialistischen Sowjetrepubliken verbündet ... Die Deutsche Demokratische Republik ist untrennbarer Bestandteil der sozialistischen Staatengemeinschaft."

Die von der SED verkündete Teilung der einheitlichen deutschen Nation und die angeblicher Herausbildung einer sozialistischen deutschen Nation in der DDR stößt bei der dortigen Bevölkerung auf Ablehnung. Am 12. Dezember 1974 machte Honecker klar: „In der Deutschen Demokratischen Republik entwickelt sich die sozialistische Nation, die sich in allen entscheidenden Merkmalen von der bürgerlichen Nation der Bundesrepublik Deutschland unterscheidet. Wir sind im Vergleich zur Bundesrepublik Deutschland schon eine historische Epoche weitergegangen. Wir repräsentieren, um es kurz auszudrücken, im Gegensatz zur Bundesrepublik Deutschland das sozialistische Deutschland. Dieser Unterschied ist der entscheidende. Unser sozialistischer Staat heißt Deutsche Demokratische Republik, weil ihre Staatsbürger der Nationalität nach in der übergroßen Mehrheit Deutsche sind. Es gibt also keinen Platz für irgendwelche Unklarheiten beim Ausfüllen von Fragebogen, die hier und dort benötigt werden. Die Antwort auf diesbezügliche Fragen lautet schlicht und klar und ohne jede Zweideutigkeiten: Staatsbürgerschaft – DDR, Nationalität – deutsch. So liegen die Dinge."[7] Auch das neue Programm der SED von 1976 beschwört die sozialistische deutsche Nation: „In der Deutschen Demokratischen Republik entwickelt sich die sozialistische deutsche Nation. Ihre Wesenszüge prägt die Arbeiterklasse. Als die führende Kraft der sozialistischen Gesellschaft steht sie zugleich an der Spitze der sozialistischen Nation ... Sie umfaßt das Volk der Deutschen Demokratischen Republik und ist gekennzeichnet durch den souveränen sozialistischen Staat auf deren Territorium."[8]

---
[6] Erich Honecker: siehe Anm. 3, Seite 149 f.
[7] Erich Honecker: Reden und Aufsätze, Band 3, Ost-Berlin 1976, Seite 262.
[8] Programm und Statut der SED. Mit einem einleitenden Kommentar von Karl Wilhelm Fricke. Köln 1976, Seite 91.

Die These von der sozialistischen deutschen Nation ist entgegen anderslautenden Behauptungen im Westen von der SED bis auf den heutigen Tag nicht aufgegeben worden. Im Gegenteil. Ich verweise hier nur auf den Aufsatz „Zwei deutsche Staaten und Nationen im europäischen Haus" von Gerhard Basler und Jürgen Hofmann im soeben erschienenen Februar-Heft der „Einheit". Die SED hat jedoch früh erkannt, daß sie das von ihr erstrebte sozialistische Nationalbewußtsein in der Bevölkerung der DDR nur entwickeln kann, wenn sich an ein Geschichtsbewußtsein anknüpfen läßt. Daher seit 1981 das Bestreben der DDR, dieses Geschichtsbewußtsein zu schaffen. Professor Walter Schmidt, heute Direktor des Zantralinstituts für Geschichte der Akademie der Wissenschaften der DDR, hat 1981 in einem programmatischen Aufsatz formuliert: „Wir brauchen eine von den Positionen des siegreichen Sozialismus auf deutschem Boden geschriebene Nationalgeschichte der DDR ... Eine solche Nationalgeschichte muß sich der ganzen deutschen Geschichte stellen; und zwar in dreifacher Beziehung: erstens chronologisch, zweitens territorial, drittens sozialstrukturell ... Diese Nationalgeschichte kann und darf erstens nicht verstanden werden als unmittelbare Genesis und Entwicklung der DDR, sondern muß die deutsche Geschichte seit der Entstehung des deutschen Volkes als ethnische Einheit einschließen. Die Geschichte der DDR beginnt nicht erst 1949 oder 1945 ... Sie reicht weit zurück in die deutsche Geschichte bis in die Zeit der Urgesellschaft und der Entstehung des deutschen Volkes ... Es darf zweitens keinerlei Verengung dieser mehr als ein Jahrtausend langen ‚Vorgeschichte' unserer sozialistischen Nation auf die deutschen Territorien, die heute zur DDR gehören, zugelassen werden ... Gleichsam unter sozial-struktureller Fragestellung verlangt dies drittens auch das historische Wirken aller Klassen und Schichten des deutschen Volkes zu untersuchen und darauf zu befragen, was in ihm an Progressivem, Positivem eingeschlossen ist, das in unseren Traditionsbestand aufgenommen werden muß."[9] Seitdem erhebt die DDR Anspruch auf die ganze deutsche Geschichte.

Die — zugegeben — unbefangene Aufarbeitung der deutschen Geschichte, die wir seit Beginn der achtziger Jahre in der DDR erleben, geht so rasant vor sich, daß das eigentliche Ziel dieses Unternehmens, nämlich die Schaffung eines Geschichtsbewußtseins, das zur Identifizierung der Bürger mit ihrer „sozialistischen Nation" führen soll, fast vergessen zu sein scheint. Dennoch ist es wichtig, auf diese Zusammenhänge immer wieder hinzuweisen.

III. Deutschlandpolitik als Wirtschaftspolitik

Die internationale Rohstoffkrise, die im wesentlichen eine Ölkrise war — traf Ende der siebziger Jahre auch die DDR. Das rohstoffarme Land, dessen einzig

---

[9] Walter Schmidt: Das Gewesene ist nie erledigt. Worauf muß sich eine Nationalgeschichte der DDR stützen?", in: Sonntag, Ost-Berlin, Nr. 27, vom 5. Juli 1981.

nennenswerte Bodenschätze immer unergiebiger werdende Braunkohlenlagerstätten sind, hatte sich in seinen Rohstoffimporten ganz auf die Sowjetunion verlassen. Nun plötzlich erhöhte diese die Rohstoffpreise innerhalb einer Fünfjahrplan-Periode und kürzte die Lieferungen in die DDR entgegen den Festlegungen der langfristigen Handelsverträge. Entsprechende Preiserhöhungen für Halb- und Fertigprodukte, die die DDR in die Sowjetunion exportiert, wurden vom großen Partner nicht akzeptiert. Dadurch kam das Gefüge des Fünfjahrplans durcheinander; die Volkswirtschaft der DDR geriet in eine Krise. Die Haltung der Sowjetunion wirkte ernüchternd auf die DDR-Führung, die sich doch soeben erst zum immerwährenden Bündnis mit der Sowjetunion verpflichtet und ihre Volkswirtschaft auf sowjetischen Druck hin zunehmend mit der der Sowjetunion verflochten hatte. Seitdem lockerten sich die starren politischen Bindungen der DDR an die Sowjetunion. Um die krisenhafte wirtschaftliche Situation zu meistern, orientierte sich die DDR nach Westen. Öffentlich wurde in der DDR über die Schwierigkeiten, in die die DDR durch die – auch durch ein beachtliches Handesbilanz-Defizit der DDR verursachte – wenig brüderliche Haltung der Sowjtunion gekommen war, lange Zeit geschwiegen. Erst im Bericht des Politbüros an die 7. Tagung des Zentralkomitees Anfang Dezember 1988 hat Erich Honecker zum ersten Mal öffentlich dieses Thema angesprochen. Er sagte: „1980 haben wir aus der Sowjetunion 19 Millionen Tonnen Erdöl bezogen. Ab 1982 betrug diese Lieferung jährlich 2 Millionen Tonnen weniger, das heißt 17 Millionen Tonnen. Für die DDR war es dadurch notwendig, Anlagen für die tiefere Spaltung von Erdöl im Wert von fast 7 Milliarden Mark zu installieren. Zugleich entstanden zur Ablösung von Heizöl und Importgas zusätzliche Aufwendungen in Höhe von 12 Milliarden Mark ... Hinzu kommt, daß bei so wichtigen Rohstoffen wie Blei, Zink, Ammoniumphosphat, Zellstoff und anderen die Lieferungen aus der UdSSR gegenüber dem Niveau von 1985 verringert wurden. Insgesamt bedeutet das bei diesen Positionen für die Jahre 1986 bis 1990 einen Wert von fast einer Milliarde Valutamark für NSW-Importe."[10]

Die DDR war und ist zur Überwindung dieser wirtschaftlichen Schwierigkeiten auf potente westliche Partner angewiesen. Versuche, wirtschaftliche und finanzielle Hilfestellung von westlichen Industriestaaten wie Japan, Österreich, Italien, Frankreich oder Großbritannien zu erhalten, führten nach anfänglichen Erfolgen nicht weiter. Immer mehr sah sich die DDR auf die Bundesrepublik Deutschland verwiesen. Hier hat sie einen verläßlichen, entgegenkommenden und vor allem leistungskräftigen Partner, der über das Instrument des innerdeutschen Handels jederzeit bereit ist, schnell und effektiv zu helfen, wenn es in der DDR-Volkswirtschaft irgendwo hakt. Ob es um wissenschaftlich-technisches Know-how, um Milliardenkredite, um außerplanmäßige Steinkohlenlieferungen oder um einen Stromverbund geht, über den die DDR in

---

[10] Neues Deutschland vom 2. Dezember 1988.

strengen Wintern, wenn ihre Braunkohlengruben nicht mehr fördern können, mit elektrischer Energie versorgt werden kann: in der Bundesrepublik stößt die DDR nicht auf taube Ohren. Aus diesen ökonomischen und finanziellen Gründen hat die DDR seit dem Ende der siebziger Jahre ein vitales Eigeninteresse an guten Beziehungen zur Bundesrepublik Deutschland. So ist diese als eines der führenden Industrieländer des Westens für die DDR immer mehr zu einem unentbehrlichen Partner geworden, auf den man sich jederzeit verlassen, und an den man sich in schwierigen wirtschaftlichen Situationen anlehnen kann. Ohne Unterstützung aus der Bundesrepublik hätten die großen Anstrengungen der DDR in den achtziger Jahren, ihre Volkswirtschaft voranzubringen, um den Herausforderungen der Zeit gewachsen zu sein, kaum Erfolg gehabt.

Daß sie für wirtschaftliches und finanzielles Entgegenkommen einen politischen Preis — vor alllem in Form von Reiseerleichterungen für ihre Bürger — zahlen muß, ist der DDR durchaus bewußt. Und weil sie ein Eigeninteresse an guten Beziehungen zu Bonn hat, ist sie auch daran interessiert, das deutschdeutsche Verhältnis von den Schwankungen im Ost-West-Verhältnis, von den Beziehungen zwischen der Sowjetunion und den Vereinigten Staaten weitgehend unabhängig zu machen. So konnte — weil beide Staaten es aus unterschiedlichen Motiven wollen — ein Geflecht von Verträgen zwischen den beiden Staaten in Deutschland entstehen, wodurch zwar noch lange keine Normalisierung ihres Verhältnisses zueinander eingetreten ist, aber doch eine Stabilisierung der Beziehungen.

IV. Deutschlandpolitik als Friedenspolitik

Die Verschlechterung der internationalen Lage durch die Nichtratifizierung von SALT II in den Vereinigten Staaten von Amerika, den Einmarsch der Sowjetunion in Afghanistan und den Nato-Doppelbeschluß Ende 1979 drohte auch das deutsch-deutsche Verhältnis zu belasten. Die DDR konnte aus den genannten Gründen daran kein Interesse haben. So bemühte sie sich vor und vor allem nach dem Nato-Doppelbeschluß, die drohende Stationierung amerikanischer atomarer Mittelstreckenraketen in Westeuropa abzuwenden und schädliche Folgen für das deutsch-deutsche Verhältnis möglichst gar nicht erst eintreten zu lassen. In seiner schon erwähnten Geraer Rede vom 13. Oktober 1980 charakterisierte Honecker die Vertragspolitik zwischen den beiden deutschen Staaten als Teil der Friedenspolitik: „In letzter Zeit war viel von der Entwicklung des Verhältnisses zwischen der DDR und der BRD die Rede. Für uns versteht sich von selbst, daß unsere Vertragpolitik mit der BRD ein Teil der abgestimmten Politik unseres Bündnisses der Staaten des Warschauer Vertrages zur Friedenssicherung ist ... Niemand soll doch ernsthaft glauben, er könne aktiv die Politik des westlichen Bündnisses vertreten, aus Solidarität mit den USA die Olympischen Spiele in Moskau boykottieren, als Erfinder und Einpeitscher des Brüsseler Raketenbeschlusses auftreten und gleichzeitig so tun, als brauche man mit der DDR nur über Reiseerleichterungen zu sprechen."[11]

Die offene Unterstützung der westlichen Friedensbewegung, die gegen die Raketenstationierung kämpfte, das Werben um die „Grünen", deren Vertreter von Honecker in Ost-Berlin offiziell empfangen wurden, und das seit dem Gespräch Honeckers mit dem Vorstand des DDR-Kirchenbundes am 6. März 1978 entspanntere Verhältnis zwischen Staat und Kirche in der DDR führten dazu, daß sich auch in der DDR immer mehr Friedensgruppen, zumeist unter dem Dach der evangelischen Kirche, bildeten, die sich gegen die Aufrüstung nicht nur im Westen, sondern auch im Osten wandten. Deren auf Bildung einer unabhängigen Friedensbewegung in der DDR gerichtete Aktivitäten verunsicherten die SED-Führung. Sie reagierte mit stalinistischen Methoden und versucht sich Entlastung im Inneren dadurch zu verschaffen, daß sie die Wortführer zur Ausreise in den Westen zwang und großzügig mehrere Zehntausend Menschen, die nicht mehr in der DDR leben wollen, in die Bundesrepublik übersiedeln läßt.

Nach der Stationierung der amerikanischen Mittelstreckenraketen in Westeuropa trat Honecker als erster Führer eines osteuropäischen Staates dafür ein, nicht den Eisernen Vorhang zwischen Ost und West wieder herabzulassen und keine Eiszeit eintreten zu lassen, sondern „jetzt erst recht" mit allen am Frieden interessierten Kräften im Westen zu verhandeln. In deutlicher Distanz zur damaligen sowjetischen Führung sagte Honecker auf der 7. Tagung des Zentralkomitees im November 1983 zur Stationierung operativ-taktischer Raketen auf dem Territorium der DDR und der Tschechowlowakei als Moskauer Reaktion auf die amerikanischen Mittelstreckenraketen in Westeuropa: „Selbstverständlich lösen diese Maßnahmen, die unumgänglich waren, um eine militärstrategische Überlegenheit der USA zu vereiteln, in unserem Lande keinen Jubel aus. Wir waren nie Anhänger des Wettrüstens und werden es nie sein." Er fuhr fort: „Auf die Frage, wie es nun in der durch den Stationierungsbeginn der Nato veränderten Lage weitergeht und worauf es ankommt, antworten wir: Der Kampf für die Abwendung eines nuklearen Weltkrieges, für die Beendigung des Wettrüstens wird jetzt erst recht fortgesetzt ... Nach wie vor gibt es zur Politik der friedlichen Koexistenz von Staaten unterschiedlicher sozialer Ordnung keine vernünftige Alternative ... Von großer Bedeutung ist es, den politischen Dialog mit allen Kräften fortzusetzen, die ihre Verantwortung für die Geschicke ihrer Völker und der Menschheit wahrzunehmen und zu einer Verständigung bereit sind ... Realismus und Vernunft müssen die Oberhand gewinnen." Und zum deutsch-deutschen Verhältnis sagte Honecker: „Wir sind dafür, den Schaden möglichst zu begrenzen. Das bestehende Vertragssystem bleibt auch weiterhin eine gute Grundlage für die Entwicklung friedlicher Beziehungen zwi-

---

[11] Siehe Anm. 4, Seite 430.

schen den Staaten, wenn das bisher Erreichte bewahrt und im Einklang mit seinen Bestimmungen ausgebaut wird."[12]

Deutschlandpolitik wird nun von der DDR vorwiegend als Friedenspolitik charakterisiert. Honecker, der für eine „Koalition der Vernunft" wirbt, versucht sich als Vorreiter für eine zweite Phase der Entspannung zu profilieren. Er unternimmt in den achtziger Jahren nicht nur Reisen in mehrere europäische Nato-Länder einschließlich Bundesrepublik Deutschland und Frankreich, er versucht auch im Zusammenwirken mit der SPD Abrüstungsvorschläge in die Diskussion zu bringen – wie die Schaffung von kern- und chemiewaffenfreien Zonen in Mitteleuropa oder einer „Zone des Vertrauens und der Sicherheit in Zentraleuropa". Die Zusammenarbeit zwischen SED und SPD führt im August 1987 zu einem ersten gemeinsamen Dokument beider Parteien seit 70 Jahren: „Der Streit der Ideologien und die gemeinsame Sicherheit." Der deutschlandpolitische Spielraum der DDR wird in der zweiten Hälfte der achtziger Jahre größer.

Die zweite Phase der Entspannung, zu der sich nach seinem Amtsantritt auch der neue sowjetische Parteichef Gorbatschow bekennt, der in Verhandlungen mit den Vereinigten Staaten mit der Vereinbarung über die Mittelstreckenraketen erstmals in der Geschichte konkrete Abrüstung zustandebringt, verleiht der Deutschlandpolitik aus der Sicht der DDR immer mehr europäischen Charakter, nicht zuletzt deshalb, weil die vorgesehene Bildung eines gemeinsamen westeuropäischen Binnenmarktes die DDR – ebenso wie die Sowjetunion – bedeutende wirtschaftliche Nachteile befürchten läßt. Immer mehr wirken sich auch die internationalen Vereinbarungen im Rahmen des KSZE-Prozesses vor allem die über persönliche und politische Rechte auf das Verhältnis zwischen den beiden Staaten in Deutschland aus, weil die DDR die auf den KSZE-Konferenzen eingegangenen Verpflichtungen durch Änderung ihrer innerstaatlichen Rechtsvorschriften umsetzen muß.

Mit dem Gedanken eines gesamteuropäischen Hauses versucht Gorbatschow, Anschluß an die Entwicklung in Westeuropa zu behalten und eine Vertiefung der wirtschaftlichen Spaltung Europas in EG und RGW zu verhindern. Dabei kann keine Rede mehr davon sein, die Amerikaner vom europäischen Kontinent zu vertreiben. Im Gegenteil: Wie im KSZE-Prozeß sollen die Vereinigten Staaten und Kanada nach den Vorstellungen der Sowjetunion auch bei der Schaffung des gesamteuropäischen Hauses und eines Marktes vom Atlantik bis zum Ural beteiligt und behilflich sein. Die DDR in der Spätphase Honeckers macht sich diese sowjetische Politik in ihrer Deutschlandpolitik zunutze, wie sie denn ja auch außenpolitisch – vor allem in der Westpolitik – im Gegensatz zu ihrem sonstigen Verhalten dem Kurs Gorbatschows getreulich folgt.

---

[12] Erich Honecker: Reden und Aufsätze, Band 10, Ost-Berlin 1986, Seite 9 ff.

Nach dem Besuch von Bundesminister Schäuble bei Honecker in Ost-Berlin im November 1988 hieß es bei ADN: „Erich Honecker und Wolfgang Schäuble erörterten eine Reihe von Fragen im Zusammenhang mit der weiteren Entwicklung der Beziehungen zwischen der DDR und der BRD ... Erich Honecker unterstrich, daß manche Frage in den beiderseitigen Beziehungen zügiger gelöst werden könnte, wenn auf BRD-Seite mehr Entgegenkommen in den offenen politischen Grundfragen gezeigt würde. Gegenseitige Achtung ser Souveränität, territorialen Integrität und Nichteinmischung, Beachtung beiderseitiger Interessen sowie eine möglichst weitgehende Übereinstimmung in Sicherheitsfragen seien wichtige Voraussetzungen für eine konstruktive Entwicklung der Beziehungen ... Der Ausbau der Beziehungen zwischen beiden deutschen Staaten bleibe ein wichtiges stabilisierendes Element der internationalen Entwicklung ... Die DDR sei für ein unteilbares Europa des Friedens und der Zusammenarbeit, für ein gemeinsames europäisches Haus."[13]

Hier fließen alle Elemente der Deutschlandpolitik der DDR in der gegenwärtigen Phase zusammen: Anerkennungspolitik, Koexistenzpolitik, Wirtschaftspolitik, Friedenspolitik und Europapolitik.

---

[13] Neues Deutschland vom 11. November 1988.

Thesen

1. Absage an „innerdeutsche" Beziehungen in der Spätphase der Ära Ulbricht. Forderung nach Aufgabe der „Alleinvertretungsanmaßung" und völkerrechtlicher Anerkennung der DDR durch die Bundesrepublik Deutschland.

2. Erich Honecker erkennt die Führungsrolle der Sowjetunion bedingungslos an und fügt die Westpolitik der DDR nahtlos in das sowjetische Konzept für die Ost-West-Entspannung ein. Zugeständnisse der DDR an die Westpolitik der Sowjetunion. Abschluß der ersten Verträge mit der Bundesrepublik Deutschland unter Verzicht auf vorherige völkerrechtliche Anerkennung der DDR. Honecker läßt sich auf den Abschluß des Grundlagenvertrages ein und damit auf die vertragliche Regelung sachlicher Fragen auf den verschiedensten Gebieten bei Aufrechterhaltung unterschiedlicher, ja gegensätzlicher Auffassungen zu grundsätzlichen Fragen, darunter zur nationalen Frage. Die DDR setzt darauf, langfristig ihr Anerkennungsziel doch zu erreichen.

3. Die Deutschlandpolitik als Instrument zur Erreichung internationaler Anerkennung.
Anerkennungswelle und Aufnahme der DDR als Mitglied der UNO und gleichberechtigtes Mitglied der Völkerfamilie. Innenpolitische Folgen: Die Entspannungs- und Koexistenzpolitik der DDR bedroht ihre innere Stabilität. Auswirkungen der Schlußakte von Helsinki. Abgrenzungspolitik gegenüber der Bundesrepublik, um Hoffnung auf Annäherung zu dämpfen. Weitere Bemühungen um völkerrechtliche Anerkennung der DDR, die schließlich zum Honecker-Besuch führen.

4. Deutschlandpolitik als Mittel zur Sicherung und Entwicklung der DDR-Volkswirtschaft.
Die internationale Rohstoffkrise trifft Mitte der siebziger Jahre die DDR, da die Sowjetunion ihre Rohstofflieferungen innerhalb einer Fünfjahrplanperiode reduziert und die Preise erhöht. Seitdem Lockerung der festen Bindungen an Moskau. Bemühungen um einen größeren außen-, vor allem westpolitischen Spielraum. Ost-Berlins Deutschlandpolitik ist nun vor allem auf Wirtschaftsfragen ausgerichtet. Da Versuche, andere westliche Industriestaaten als die Bundesrepublik als wirtschaftliche Partner zu gewinnen, nicht zum gewünschten Erfolg führen, sieht sich die DDR auf die Bundesrepublik als einzigen verläßlichen, potenten und entgegenkommenden Partner zurückverwiesen. Eigenes vitales Interesse der DDR an guten Beziehungen zur Bundesrepublik bei weiterer politischer und ideologischer Abgrenzung. Schaffung eines Geflechts von Verträgen zwischen den beiden deutschen Staaten, um diese Beziehungen möglichst unabhängig vom Verhältnis der beiden Supermächte zueinander zu machen.

5. Deutschlandpolitik als Instrument im Kampf gegen Raketenstationierung. Der Nato-Doppelbeschluß und die bevorstehende Stationierung amerikani-

scher atomarer Mittelstreckenraketen in Westeuropa veranlaßt die DDR zu verstärkten Bemühungen um die sich im Westen bildende Friedensbewegung. Aufkommende Hoffnungen auf weitere Annäherung der beiden Staaten in Deutschland wird durch die „Geraer Forderungen" und die Verdoppelung des Mindestumtausches gedämpft. Die offene Unterstützung der westlichen Friedensbewegung führt zum Entstehen zahlreicher Friedensgruppen in der DDR, deren auf Bildung einer unabhängigen Friedensbewegung gerichtete Aktivitäten die DDR-Führung verunsichern. Rigoroses Vorgehen gegen die meist unter dem Dach der evangelischen Kirche arbeitenden Gruppen ist die Folge.

6. Deutschlandpolitik als Friedenspolitik.

Nach der Stationierung der amerikanischen atomaren Mittelstreckenraketen in Westeuropa fordert Honecker, „jetzt erst recht" mit allen am Frieden interessierten Kräften im Westen zu verhandeln. Er will „Schadensbegrenzung", fordert politischen Dialog und eine „Koalition der Vernunft". Deutschlandpolitik der DDR wird nun zur Friedenspolitik erklärt. Sicherheitspartnerschaft zwischen den beiden deutschen Staaten. Der Gedanke des gemeinsamen europäischen Hauses.

DIE VERFASSER

Dr. *Manfred Ackermann,* Bundesministerium für innerdeutsche Beziehungen, Bonn

Priv.-Doz. Dr. *Gilbert Gornig,* Universität Würzburg

Prof. Dr. *Jens Hacker,* Institut für Politikwissenschaft der Universität Regensburg

Prof. Dr. *Eckart Klein,* Fachbereich Rechts- und Wirtschaftswissenschaft der Johannes Gutenberg-Universität, Mainz

Detlef Kühn, Präsident des Gesamtdeutschen Instituts, Bundesanstalt für gesamtdeutsche Aufgaben, Bonn

MinRat Dr. *Hans Heinrich Mahnke,* L.L.M., Bundesministerium für innerdeutsche Beziehungen, Bonn

Dr. *Peter Jochen Winters,* Leiter der Berliner Redaktion der Frankfurter Allgemeinen Zeitung, Berlin

DIE HERAUSGEBER

Dipl.-Volkswirt *Maria Haendcke-Hoppe,* Geschäftsführer und Wissenschaftlicher Referent, Forschungsstelle für gesamtdeutsche wirtschaftliche und soziale Fragen, Berlin

Dr. *Erika Lieser-Triebnigg,* Fachbereichsleiter im Wissenschaftlichen Fachdienst des Deutschen Bundestages, Bonn

Printed by Libri Plureos GmbH
in Hamburg, Germany